박문각

기출로 합격까지

정지웅 기출문제

공인중개사법·중개실무 2차

박문각 공인중개사

브랜드만족
1위
박문각

2025

근거자료
별면표기

이 책의 머리말

본 책은 최근 19년간의 기출문제 가운데 중요한 문제를 모두 수록하였으며 개정된 공인중개사법령 및 부동산 거래신고 등에 관한 법령을 반영하였습니다.

최근 출제경향을 보면 공인중개사법령(약 24문제)은 내용이 쉽고 문제도 쉽게 출제되고 있으나 부동산 거래신고 등에 관한 법령 및 중개실무는 출제되는 문제 수(약 16문제)는 많지 않으나 문제 자체는 까다롭게 출제되고 있어서 후반부의 중요도가 점점 커지고 있습니다.

공인중개사법·중개실무는 제2차 시험의 합격을 좌우하는 중요한 과목입니다. 2차 시험의 타 과목은 고득점을 얻기가 쉽지 않은 반면, 본 과목은 80점 이상의 점수를 얻을 수 있습니다. 타 과목에 비해 내용이 어렵지 않으며 시험에 출제되는 거의 모든 부분을 학습할 수 있을 정도로 양이 많지 않고 어떤 문제가 나올지도 어느 정도 예상이 가능하기 때문입니다. 상대적으로 적은 시간을 투자하고도 고득점이 가능하므로 80점 이상의 득점을 목표로 준비하여야 합니다.

그러나 타 과목에 비하여 쉬운 편일 뿐, 어느 단원도 만만하지 않습니다. 최근 기출문제를 살펴보면 법조문을 그대로 옮기는 단순한 형태의 지문보다는 변형된 지문이 대부분입니다. 더욱이 중요한 내용만 출제하는 것이 아니라 구석구석 어느 한 곳 빠짐없이 모두 출제됩니다. 기출문제가 다시 출제되는 비율이 매년 70%가 넘기 때문에 기출 지문을 반복해서 훈련하여 눈에 익숙해질 수 있도록 해야 합니다.

끝으로 본 책을 쓸 수 있도록 도움을 주신 박문각 출판사 직원 여러분께 감사드립니다. 아무쪼록 본서가 여러분들의 합격을 위한 발판이 될 수 있기를 진심으로 바랍니다. 여러분의 '마음의 0순위'가 꼭 이루어지길 빕니다!

2025년 1월

편저자 정지웅 씀

CONTENTS

이 책의 차례

PART
02

부동산 거래신고
등에 관한 법령

PART
03

중개실무

박문각 공인중개사 ────────────────────

공인중개사법령

01 공인중개사법령상 용어와 관련된 설명으로 옳은 것을 모두 고른 것은? (다툼이 있으면 판례에 따름)

제27회

> ㄱ. 개업공인중개사란 「공인중개사법」에 의하여 중개사무소의 개설등록을 한 자이다.
> ㄴ. 소속공인중개사에는 개업공인중개사인 법인의 사원 또는 임원으로서 중개업무를 수행하는 공인중개사인 자가 포함된다.
> ㄷ. 공인중개사로서 개업공인중개사에 고용되어 그의 중개업무를 보조하는 자도 소속공인중개사이다.
> ㄹ. 우연한 기회에 단 1회 임대차계약의 중개를 하고 보수를 받은 사실만으로는 중개를 업으로 한 것이라고 볼 수 없다.

① ㄱ, ㄴ   ② ㄱ, ㄷ   ③ ㄱ, ㄴ, ㄷ
④ ㄴ, ㄷ, ㄹ   ⑤ ㄱ, ㄴ, ㄷ, ㄹ

해설

ㄷ. 소속공인중개사인지 여부를 묻는 문제에서는 항상 '공인중개사'인지 여부를 먼저 찾는다. 개업공인중개사에게 소속되어 중개업무를 수행하는 자이든 보조하는 자이든 상관없이 '공인중개사'인 자는 모두 소속공인중개사이다.

ㄹ. "우연히 단 1회"라는 말이 나오면 무조건 중개업이 아니다.

02 공인중개사법령상 중개업 및 중개행위에 관한 설명으로 **틀린** 것은? (다툼이 있으면 판례에 의함) 제20회

① 타인의 의뢰에 의하여 일정한 보수를 받고 토지에 대하여 저당권의 설정에 관한 행위의 알선을 업으로 하는 경우는 중개업에 해당한다.

② 부동산 중개행위가 부동산 컨설팅행위에 부수하여 이루어진 경우라도 중개업에 해당될 수 있다.

③ 중개행위는 거래당사자 간의 매매 등 법률행위가 용이하게 성립할 수 있도록 조력하고 주선하는 사실행위이다.

④ 중개행위에 해당하는지 여부는 진정으로 거래당사자를 위해 거래를 알선·중개하려는 의사를 갖고 있었느냐고 하는 개업공인중개사의 주관적 의사에 의해 결정된다.

⑤ 중개행위에는 개업공인중개사가 거래의 쌍방 당사자로부터 의뢰를 받아 중개하는 경우뿐만 아니라 거래의 일방 당사자의 의뢰에 의하여 중개하는 경우도 포함한다.

해설

② 부동산 중개행위가 부동산 컨설팅행위에 부수하여 이루어졌다고 하여 이를 중개업에 해당하지 않는다고 볼 것은 아니라고 할 것이다(2006도7594).

④ 중개행위에 해당하는지 여부는 개업공인중개사가 진정으로 거래당사자를 위하여 거래를 알선·중개하려는 의사를 갖고 있었느냐고 하는 개업공인중개사의 주관적 의사에 의하여 결정할 것이 아니라 객관적으로 보아 사회통념상 거래의 알선·중개를 위한 행위라고 인정되는지 여부에 의하여 결정해야 한다(2005다32197).

⑤ 중개행위의 범위에는 개업공인중개사가 거래당사자 쌍방으로부터 중개의뢰를 받는 경우뿐만 아니라 일방당사자의 의뢰에 의하여 중개대상물의 매매·교환·임대차 그 밖의 권리의 득실변경에 관한 행위를 알선·중개하는 경우도 포함된다(94다47261).

03 공인중개사법령상 중개업에 관한 설명으로 틀린 것은? (다툼 있으면 판례에 의함)

제22회

① 타인의 의뢰에 의하여 보수를 받고 금전소비대차의 알선에 부수하여 부동산에 대한 저당권의 설정에 관한 행위의 알선을 업으로 한 경우 중개업에 해당한다.
② 개업공인중개사가 실제 계약당사자가 아닌 자에게 전세계약서를 작성·교부하여, 그가 이를 담보로 금전을 대여 받음으로써 대부업자에게 손해를 입힌 경우 주의의무 위반에 따른 손해배상책임이 있다.
③ 변호사가 중개업을 하고자 하는 경우 공인중개사법령상의 중개사무소 개설등록의 기준을 적용받아야 한다.
④ 우연한 기회에 1회 중개하고 보수를 받은 사실만으로는 알선·중개를 업으로 한 것으로 볼 수 없다.
⑤ 중개사무소 개설등록을 하지 않고 부동산 거래를 중개한 자가 거래당사자들에게서 단지 보수를 받을 것을 약속하거나 요구하는 데 그친 경우라도 공인중개사법령상 처벌대상이 된다.

해설

보수를 현실에는 '중개업'에 해당하지 않는다. 따라서 중개사무소 개설등록을 하지 아니하고 부동산 거래를 중개하면서 그에 대한 보수를 약속·요구하는 행위를 「공인중개사법」 위반죄로 처벌할 수는 없다(2006도4842).

04 공인중개사법령에서 사용하는 용어의 정의로 옳은 것은?

제22회

① 공인중개사는 이 법에 의한 공인중개사 자격을 취득하고 중개업을 영위하는 자를 말한다.
② 개업공인중개사는 이 법에 의하여 중개사무소의 개설등록을 한 공인중개사를 말한다.
③ 중개업은 다른 사람의 의뢰에 의하여 일정한 보수를 받고 중개를 업으로 행하는 것을 말한다.
④ 중개보조원은 공인중개사가 아닌 자로서 개업공인중개사에 소속되어 일반서무 및 중개업무를 수행하는 자를 말한다.
⑤ 소속공인중개사는 개업공인중개사에 소속된 공인중개사로서 개업공인중개사의 중개업무와 관련된 현장안내 및 단순한 업무를 보조하는 자를 말한다.

해설

① '~만 말한다'라고 읽어 푼다. 이 법에 의하여 공인중개사 자격을 취득한 자를 말한다.
② '공인중개사만 말한다'라고 하면 틀리다. 법인 개업공인중개사 및 부칙상 개업공인중개사도 개업공인중개사에 해당한다.
④ 수행(×) ⑤ 수행하거나 보조하는 자를 말한다.

05 공인중개사법령상 용어와 관련된 설명으로 **틀린** 것은? (다툼이 있으면 판례에 의함)

제24회

① 법인인 개업공인중개사의 소속공인중개사는 그 개업공인중개사의 중개업무를 보조할 수 있다.
② 거래당사자 사이에 부동산에 관한 환매계약이 성립하도록 알선하는 행위도 중개에 해당한다.
③ 부동산 컨설팅에 부수하여 반복적으로 이루어진 부동산 중개행위는 중개업에 해당하지 않는다.
④ 공인중개사 자격취득 후 중개사무소 개설등록을 하지 않은 자는 개업공인중개사가 아니다.
⑤ 소속공인중개사에는 개업공인중개사인 법인의 사원 또는 임원으로서 공인중개사인 자가 포함된다.

> **해설**
> ② 환매계약은 매매계약과 별도로 성립되는 것은 아니지만, 소유권의 득실변경에 관한 계약이므로 부동산의 환매계약을 알선하는 것도 중개에 해당한다.
> ④ 개설등록을 하지 않았으므로 '개업공인중개사'는 아니고 '공인중개사'에 해당한다.

06 공인중개사법령상 중개업에 관한 설명으로 **옳은** 것은? (다툼이 있으면 판례에 의함)

제25회

① 반복, 계속성이나 영업성이 없이 우연한 기회에 타인 간의 임야매매중개행위를 하고 보수를 받은 경우, 중개업에 해당한다.
② 중개사무소의 개설등록을 하지 않은 자가 일정한 보수를 받고 중개를 업으로 행한 경우, 중개업에 해당하지 않는다.
③ 일정한 보수를 받고 부동산 중개행위를 부동산 컨설팅 행위에 부수하여 업으로 하는 경우, 중개업에 해당하지 않는다.
④ 보수를 받고 오로지 토지만의 중개를 업으로 하는 경우, 중개업에 해당한다.
⑤ 타인의 의뢰에 의하여 일정한 보수를 받고 부동산에 대한 저당권설정행위의 알선을 업으로 하는 경우, 그 행위의 알선이 금전소비대차의 알선에 부수하여 이루어졌다면 중개업에 해당하지 않는다.

> **해설**
> ② 개설등록 여부에 관계없이 보수를 받고 중개를 업으로 한 행위는 중개업에 해당한다. 다만, 중개사무소 개설등록을 하지 않고 중개업을 하는 경우는 처벌(3-3)된다.

정답 03 ⑤ 04 ③ 05 ③ 06 ④

07 공인중개사법령상 용어에 관한 설명으로 옳은 것은? 제34회

① 중개대상물을 거래당사자 간에 교환하는 행위는 '중개'에 해당한다.
② 다른 사람의 의뢰에 의하여 중개를 하는 경우는 그에 대한 보수를 받지 않더라도 '중개업'에 해당한다.
③ 개업공인중개사인 법인의 임원으로서 공인중개사인 자가 중개업무를 수행하는 경우에는 '개업공인중개사'에 해당한다.
④ 공인중개사가 개업공인중개사에 소속되어 개업공인중개사의 중개업무와 관련된 단순한 업무를 보조하는 경우에는 '중개보조원'에 해당한다.
⑤ 공인중개사자격을 취득한 자는 중개사무소의 개설등록 여부와 관계없이 '공인중개사'에 해당한다.

해설

① 교환하는 행위를 '알선'하는 것 ② 보수를 받지 않으면 중개업에 해당하지 않는다.
③④ 소속공인중개사 ⑤ '공인중개사'는 이 법에 의하여 공인중개사 자격을 취득한 자를 말한다.

08 공인중개사법령상 용어와 관련된 설명으로 옳은 것은? (다툼이 있으면 판례에 따름) 제28회

① "공인중개사"에는 외국법에 따라 공인중개사 자격을 취득한 자도 포함된다.
② "중개업"은 다른 사람의 의뢰에 의하여 보수의 유무와 관계없이 중개를 업으로 행하는 것을 말한다.
③ 개업공인중개사인 법인의 사원으로서 중개업무를 수행하는 공인중개사는 "소속공인중개사"가 아니다.
④ "중개보조원"은 개업공인중개사에 소속된 공인중개사로서 개업공인중개사의 중개업무를 보조하는 자를 말한다.
⑤ 개업공인중개사의 행위가 손해배상책임을 발생시킬 수 있는 "중개행위"에 해당하는지 객관적으로 보아 사회통념상 거래의 알선·중개를 위한 행위라고 인정되는지에 따라 판단해야 한다.

해설

① '공인중개사'는 「공인중개사법」에 의하여 자격을 취득한 자만 말한다.
③ 개업공인중개사인 법인의 사원 또는 임원으로서 중개업무를 수행하거나 중개업무를 보조하는 자는 소속공인중개사이다.
④ 공인중개사가 아닌 자로서 ⑤ 주관적× 객관적·사회통념상○

09 공인중개사법령에 관한 내용으로 **틀린** 것은? (다툼이 있으면 판례에 따름) 제30회

① 개업공인중개사에 소속된 공인중개사로서 중개업무를 수행하거나 개업공인중개사의 중개업무를 보조하는 자는 소속공인중개사이다.

② 개업공인중개사인 법인의 사원으로서 중개업무를 수행하는 공인중개사는 소속공인중개사이다.

③ 무등록 중개업자에게 중개를 의뢰한 거래당사자는 무등록 중개업자의 중개행위에 대하여 무등록 중개업자와 공동정범으로 처벌된다.

④ 개업공인중개사는 다른 개업공인중개사의 중개보조원 또는 개업공인중개사인 법인의 사원·임원이 될 수 없다.

⑤ 거래당사자 간 지역권의 설정과 취득을 알선하는 행위는 중개에 해당한다.

해설

거래당사자가 무등록중개업자에게 중개를 의뢰한 행위 및 개업공인중개사에게 미등기 부동산의 전매에 대하여 중개를 의뢰한 행위를 「공인중개사법」 위반으로 처벌할 수 없으며, 공동정범 행위로 처벌할 수도 없다(2013도3246).

10 공인중개사법령상 중개대상물에 해당하지 **않는** 것을 모두 고른 것은? 제30회

ㄱ. 미채굴광물	ㄴ. 온천수
ㄷ. 금전채권	ㄹ. 점유

① ㄱ, ㄴ   ② ㄷ, ㄹ   ③ ㄱ, ㄴ, ㄹ
④ ㄴ, ㄷ, ㄹ   ⑤ ㄱ, ㄴ, ㄷ, ㄹ

해설

ㄱ. 미채굴광물 : 국유재산이므로 중개대상물이 될 수 없다.

ㄴ. 온천수 : 토지나 건물에 해당하지 않으므로 중개대상물이 아니다.

ㄷ. 금전채권 : 금전채권 매매계약을 중개한 것은 중개행위에 해당하지 않으므로, 중개보수의 한도액은 이에 적용되지 않는다(2017도13559).

ㄹ. 점유 : 점유는 법률행위인 계약을 통해 취득하는 것이 아니므로 중개대상이 아니다.

정답 07 ⑤   08 ⑤   09 ③   10 ⑤

11 공인중개사법령상 개업공인중개사의 중개대상이 될 수 있는 권리 및 대상물로 **틀린** 항목이 들어 있는 것을 모두 고른 것은? 제19회

> ㄱ. 미등기건물, 개인의 공유수면 매립토지, 유치권이 행사 중인 건물
> ㄴ. 지상권, 법정저당권의 성립, 가등기가 설정되어 있는 토지
> ㄷ. 무허가건물, 권리금, 질권
> ㄹ. 지역권, 등기된 환매권, 「공장 및 광업재단 저당법」에 따른 공장재단
> ㅁ. 법정지상권의 양도, 특허권, 접도구역에 포함된 사유지

① ㄱ, ㄴ, ㄷ   ② ㄱ, ㄷ, ㄹ   ③ ㄴ, ㄷ, ㅁ
④ ㄴ, ㄹ, ㅁ   ⑤ ㄷ, ㄹ, ㅁ

해설
ㄴ. 법정저당권은 법률의 규정에 따라 성립되므로 이의 성립은 중개대상이 아니다.
ㄷ. 권리금은 중개대상물이 아니며, 질권은 동산담보물권이므로 중개대상권리가 아니다.
ㅁ. 특허권은 중개대상물에 대한 권리가 아니므로 중개대상권리가 아니다.

12 공인중개사법령상 중개대상에 관한 설명으로 옳은 것은? (다툼이 있으면 판례에 의함) 제21회

① 점포 위치에 따른 영업상의 이점(利點)은 중개대상물이다.
② 명인방법을 갖춘 수목은 중개대상물이 될 수 없다.
③ 동산질권은 중개대상이 아니다.
④ 아파트에 대한 추첨기일에 신청을 하여 당첨이 되면 아파트의 분양예정자로 선정될 수 있는 지위를 가리키는 입주권도 중개대상물이 된다.
⑤ 20톤 미만의 선박은 중개대상물이 된다.

해설
① 영업용 건물의 영업시설·비품 등 유형물 / 거래처, 신용, 영업상의 노하우 또는 점포 위치에 따른 영업상의 이점 등 무형의 재산적 가치는 중개대상물이라고 할 수 없다(2005도6054).
④ 특정한 아파트에 입주할 수 있는 권리가 아니라 아파트에 대한 추첨기일에 신청을 하여 당첨이 되면 아파트의 분양예정자로 선정될 수 있는 지위를 가리키는 데에 불과한 입주권은 중개대상물인 건물에 해당한다고 보기 어렵다(90도1287).

13 공인중개사법령상 중개대상물에 해당하는 것을 모두 고른 것은? (다툼이 있으면 판례에 따름)

제34회

> ㄱ. 근저당권이 설정되어 있는 피담보채권
> ㄴ. 아직 완성되기 전이지만 동·호수가 특정되어 분양계약이 체결된 아파트
> ㄷ. 「입목에 관한 법률」에 따른 입목
> ㄹ. 점포 위치에 따른 영업상의 이점 등 무형의 재산적 가치

① ㄱ, ㄹ   ② ㄴ, ㄷ   ③ ㄴ, ㄹ
④ ㄱ, ㄴ, ㄷ   ⑤ ㄱ, ㄷ, ㄹ

해설

ㄱ. 근저당권은 중개대상 권리에 해당하나 피담보채권은 중개대상물에 해당하지 않는다.

14 공인중개사법령상 중개대상물에 해당하는 것을 모두 고른 것은? (다툼이 있으면 판례에 따름)

제29회

> ㄱ. 특정 동·호수에 대하여 수분양자가 선정된 장차 건축될 아파트
> ㄴ. 「입목에 관한 법률」의 적용을 받지 않으나 명인방법을 갖춘 수목의 집단
> ㄷ. 콘크리트 지반 위에 볼트조립방식으로 철제 파이프 기둥을 세우고 3면에 천막을 설치하여 주벽이라고 할 만한 것이 없는 세차장 구조물
> ㄹ. 토지거래 허가구역 내의 토지

① ㄱ   ② ㄱ, ㄹ   ③ ㄴ, ㄷ
④ ㄱ, ㄴ, ㄹ   ⑤ ㄴ, ㄷ, ㄹ

해설

ㄷ. 중개대상물인 건축물은 「민법」상의 부동산인 건축물에 한정된다(판례). 그러므로 중개대상물인 건축물이 되려면 지붕, 기둥 및 주벽을 모두 갖추어야 한다.

정답   11 ③   12 ③   13 ②   14 ④

15 공인중개사법령상 중개대상에 해당하는 것을 모두 고른 것은? (다툼이 있으면 판례에 따름)
제31회

> ㄱ. 「공장 및 광업재단 저당법」에 따른 공장재단
> ㄴ. 영업용 건물의 영업시설·비품 등 유형물이나 거래처, 신용 등 무형의 재산적 가치
> ㄷ. 가압류된 토지
> ㄹ. 토지의 정착물인 미등기 건축물

① ㄱ   ② ㄱ, ㄴ   ③ ㄱ, ㄷ, ㄹ
④ ㄴ, ㄷ, ㄹ   ⑤ ㄱ, ㄴ, ㄷ, ㄹ

16 공인중개사법령상 중개대상물에 해당하는 것은? (다툼이 있으면 판례에 따름)
제32회

① 토지에서 채굴되지 않은 광물
② 영업상 노하우 등 무형의 재산적 가치
③ 토지로부터 분리된 수목
④ 지목(地目)이 양어장인 토지
⑤ 주택이 철거될 경우 일정한 요건하에 택지개발지구 내 이주자택지를 공급받을 수 있는 지위

해설

③ 명인방법을 갖추지 않았거나 「입목에 관한 법률」에 따라 등기되지 않은 수목은 중개대상물에 해당하지 않는다.
⑤ 대토권은 이 사건 주택이 철거될 경우 일정한 요건하에 택지개발지구 내에 이주자택지를 공급받을 지위에 불과하고 특정한 토지에 해당한다고 볼 수 없으므로 중개대상물이 아니다 (2011다23682).

정답   15 ③   16 ④

01 공인중개사법령상 공인중개사 시험에 관한 설명으로 옳은 것을 모두 고른 것은?

제23회 수정

> ㄱ. 심의위원회에서 공인중개사 시험 등 공인중개사의 자격취득에 관한 사항을 심의한 경우 시·도지사는 이에 따라야 한다.
> ㄴ. 시·도지사가 직접 시험문제를 출제하려는 경우에는 공인중개사 정책심의위원회의 의결을 미리 거쳐야 한다.
> ㄷ. 시험시행기관장은 시험을 시행하기 어려운 부득이한 사정이 있는 경우에는 심의위원회의 의결을 거쳐 해당 연도의 시험을 시행하지 않을 수 있다.
> ㄹ. 국토교통부장관은 공인중개사시험의 합격자에게 공인중개사자격증을 교부해야 한다.

① ㄱ, ㄴ   ② ㄱ, ㄷ   ③ ㄴ, ㄷ
④ ㄷ, ㄹ   ⑤ ㄱ, ㄷ, ㄹ

해설

ㄴ. 국토교통부장관이 직접 시험문제를 출제하거나 시험을 시행하려는 경우에는 심의위원회의 의결을 미리 거쳐야 한다.
ㄹ. 시·도지사는 합격자에게 국토교통부령으로 정하는 공인중개사자격증을 교부해야 한다.

정답 ▶ 01 ②

02 공인중개사법령상 공인중개사 정책심의위원회(이하 '위원회'라 함)에 관한 설명으로 틀린 것은? 제34회

① 위원은 위원장이 임명하거나 위촉한다.
② 심의사항에는 중개보수 변경에 관한 사항이 포함된다.
③ 위원회에서 심의한 사항 중 공인중개사의 자격취득에 관한 사항의 경우 시·도지사는 이에 따라야 한다.
④ 위원장 1명을 포함하여 7명 이상 11명 이내의 위원으로 구성한다.
⑤ 위원이 속한 법인이 해당 안건의 당사자의 대리인이었던 경우 그 위원은 위원회의 심의·의결에서 제척된다.

해설

① 심의위원회 위원장은 국토교통부 제1차관이 되고, 위원은 국토교통부장관이 임명하거나 위촉한다.
⑤ 위원이나 위원이 속한 법인·단체 등이 해당 안건의 당사자의 대리인이거나 대리인이었던 경우 해당 위원은 심의·의결에서 제척(除斥)된다.

03 공인중개사법령상 공인중개사 정책심의위원회에 관한 설명으로 틀린 것은? 제30회

① 국토교통부에 심의위원회를 둘 수 있다.
② 심의위원회는 위원장 1명을 포함하여 7명 이상 11명 이내의 위원으로 구성한다.
③ 심의위원회의 위원이 해당 안건에 대하여 자문을 한 경우 심의위원회의 심의·의결에서 제척된다.
④ 심의위원회의 위원장이 부득이한 사유로 직무를 수행할 수 없을 때에는 부위원장이 그 직무를 대행한다.
⑤ 심의위원회의 회의는 재적위원 과반수의 출석으로 개의(開議)하고, 출석위원 과반수의 찬성으로 의결한다.

해설

③ 심의위원회의 위원이 해당 안건에 대하여 증언, 진술, 자문, 조사, 연구, 용역 또는 감정을 한 경우 심의·의결에서 제척(除斥)된다.
④ 위원장이 부득이한 사유로 직무를 수행할 수 없을 때에는 위원장이 미리 지명한 위원이 그 직무를 대행한다. 협회 공제사업 운영위원회의 경우 부위원장이 그 직무를 대행한다.

04 공인중개사법령상 공인중개사자격증, 중개사무소등록증의 교부에 관한 설명으로 틀린 것은? 제26회

① 자격증 및 등록증의 교부는 국토교통부령으로 정하는 바에 따른다.
② 등록증은 중개사무소를 두려는 지역을 관할하는 시장(구가 설치되지 아니한 시의 시장과 특별자치도 행정시의 시장을 말함)·군수 또는 구청장이 교부한다.
③ 자격증 및 등록증을 잃어버리거나 못쓰게 된 경우에는 시·도지사에게 재교부를 신청한다.
④ 등록증을 교부한 관청은 그 사실을 공인중개사협회에 통보해야 한다.
⑤ 자격증의 재교부를 신청하는 자는 해당 지방자치단체의 조례가 정하는 바에 따라 수수료를 납부해야 한다.

해설
① 시·도지사는 합격자에게 국토교통부령으로 정하는 바에 따라 공인중개사자격증을 교부해야 한다(법 제5조). 등록관청은 중개사무소의 개설등록을 한 자에 대하여 국토교통부령으로 정하는 바에 따라 중개사무소등록증을 교부해야 한다(법 제11조).
④ 등록관청은 다음의 사항을 다음 달 10일까지 공인중개사협회에 통보해야 한다.
  ㉠ 중개사무소등록증을 교부한 때
  ㉡ 중개사무소 이전신고, 분사무소 설치신고, 고용신고 및 고용관계 종료신고, 휴업·폐업·휴업한 중개업의 재개·휴업기간 변경 신고를 받은 때
  ㉢ 등록취소 또는 업무정지 처분을 한 때

05 공인중개사법령상 공인중개사 정책심의위원회(이하 "위원회"라 함)에 관한 설명으로 옳은 것은? 제35회

① 위원회는 국무총리 소속으로 한다.
② 손해배상책임의 보장에 관한 사항은 위원회의 심의사항에 해당하지 않는다.
③ 위원회 위원장은 위원이 제척사유에 해당하는 데에도 불구하고 회피하지 아니한 경우에는 해당 위원을 해촉할 수 있다.
④ 위원회에서 심의한 중개보수 변경에 관한 사항의 경우 시·도지사는 이에 따라야 한다.
⑤ 국토교통부장관이 직접 공인중개사자격시험을 시행하려는 경우에는 위원회의 의결을 미리 거쳐야 한다.

해설
① 국토교통부에 둘 수 있다. ③ 국토교통부장관
④ 공인중개사 시험 등 자격취득에 관한 사항을 심의한 경우 시·도지사는 이에 따라야 한다.

정답 02 ① 03 ④ 04 ③ 05 ⑤

06 공인중개사법령상 공인중개사 정책심의위원회의 소관사항이 <u>아닌</u> 것은? 제28회

① 중개보수 변경에 관한 사항의 심의
② 공인중개사협회의 설립인가에 관한 의결
③ 심의위원에 대한 기피신청을 받아들일 것인지 여부에 관한 의결
④ 국토교통부장관이 직접 공인중개사자격시험 문제를 출제할 것인지 여부에 관한 의결
⑤ 부득이한 사정으로 해당 연도의 공인중개사자격시험을 시행하지 않을 것인지 여부에 관한 의결

해설

※ 정책심의위원회 의결사항
 1. 심의위원회 위원에 대한 기피신청이 있는 경우
 2. 국토교통부장관이 직접 시험문제를 출제하거나 시험을 시행하려는 경우
 3. 해당 연도의 시험을 시행하지 아니하고자 하는 경우

07 「공인중개사법」 제7조에서 규정하고 있는 '자격증 대여 등의 금지' 행위에 해당하는 것을 모두 고른 것은? 제28회

> ㄱ. 다른 사람의 공인중개사자격증을 양수하여 이를 사용하는 행위
> ㄴ. 공인중개사가 다른 사람에게 자기의 공인중개사자격증을 양도하는 행위
> ㄷ. 공인중개사가 다른 사람에게 자기의 공인중개사자격증을 대여하는 행위
> ㄹ. 공인중개사가 다른 사람에게 자기의 성명을 사용하여 중개업무를 하게 하는 행위

① ㄱ, ㄹ ② ㄴ, ㄷ ③ ㄱ, ㄴ, ㄷ
④ ㄴ, ㄷ, ㄹ ⑤ ㄱ, ㄴ, ㄷ, ㄹ

해설

법 제7조(자격증 대여 등의 금지)
① 공인중개사는 다른 사람에게 자기의 성명을 사용하여 중개업무를 하게 하거나 자기의 공인중개사자격증을 양도 또는 대여하여서는 아니된다.
② 누구든지 다른 사람의 공인중개사자격증을 양수하거나 대여받아 이를 사용하여서는 아니된다.
③ 누구든지 제1항 및 제2항에서 금지한 행위를 알선해서는 아니된다.

08 공인중개사법령상 공인중개사 자격시험 등에 관한 설명으로 옳은 것은?   제30회

① 국토교통부장관이 직접 시험을 시행하려는 경우에는 미리 공인중개사 정책 심의위원회의 의결을 거치지 않아도 된다.

② 공인중개사자격증의 재교부를 신청하는 자는 재교부신청서를 국토교통부장 관에게 제출해야 한다.

③ 국토교통부장관은 공인중개사시험의 합격자에게 공인중개사자격증을 교부 해야 한다.

④ 시험 시행기관장은 시험에서 부정한 행위를 한 응시자에 대하여는 그 시험을 무효로 하고, 그 처분이 있은 날부터 5년간 시험응시자격을 정지한다.

⑤ 시험 시행기관장은 시험을 시행하고자 하는 때에는 시험 시행에 관한 개략적 인 사항을 전년도 12월 31일까지 관보 및 일간신문에 공고해야 한다.

해설

① 심의위원회의 의결을 미리 거쳐야 한다.

② 자격증을 교부한 시·도지사에 재교부 신청해야 한다.

③ 시·도지사는 합격자에게 국토교통부령으로 정하는 바에 따라 공인중개사자격증을 교부해 야 한다.

⑤ 개략적인 사항을 매년 2월 말일까지 관보 및 일간신문에 공고하여야 한다.

09 공인중개사법령상 공인중개사 등에 관한 설명으로 틀린 것은?   제31회

① 공인중개사의 자격이 취소된 후 3년이 지나지 아니한 자는 중개보조원이 될 수 없다.

② 공인중개사는 자기의 공인중개사자격증을 무상으로도 대여해서는 안 된다.

③ 자격정지처분을 받은 날부터 6개월이 경과한 공인중개사는 법인인 개업공인 중개사의 임원이 될 수 있다.

④ 다른 사람에게 자기의 성명을 사용하여 중개업무를 하게 한 경우에는 자격정 지 처분사유에 해당한다.

⑤ 공인중개사가 아닌 자는 공인중개사 또는 이와 유사한 명칭을 사용하지 못한다.

해설

공인중개사는 다른 사람에게 자기의 성명을 사용하여 중개업무를 하게 하거나, 자기의 공인 중개사 자격증을 양도 또는 대여하여서는 아니된다. 이를 위반한 경우 자격취소 사유에 해당 하며 1년 이하의 징역 또는 1천만원 이하의 벌금에 처한다.

정답   06 ②   07 ⑤   08 ④   09 ④

10 공인중개사법령상 공인중개사 정책심의위원회(이하 '위원회'라 함)에 관한 설명으로 옳은 것을 모두 고른 것은? 제32회

> ㄱ. 위원회는 중개보수 변경에 관한 사항을 심의할 수 있다.
> ㄴ. 위원회는 위원장 1명을 포함하여 7명 이상 11명 이내의 위원으로 구성한다.
> ㄷ. 위원장은 국토교통부장관이 된다.
> ㄹ. 위원장이 부득이한 사유로 직무를 수행할 수 없을 때에는 위원 중에서 호선된 자가 그 직무를 대행한다.

① ㄱ, ㄴ   ② ㄱ, ㄷ   ③ ㄷ, ㄹ
④ ㄱ, ㄴ, ㄷ   ⑤ ㄱ, ㄴ, ㄹ

해설
ㄷ. 위원장은 국토교통부 제1차관이 된다.
ㄹ. 위원장이 미리 지명한 위원이 그 직무를 대행한다.

11 공인중개사법령상 개업공인중개사 등의 교육에 관한 설명으로 옳은 것은? 제27회
① 분사무소의 책임자가 되고자 하는 공인중개사는 설치신고일 전 1년 이내에 시·도지사가 실시하는 연수교육을 받아야 한다.
② 폐업신고 후 1년 이내에 중개사무소의 개설등록을 다시 신청하려는 공인중개사는 실무교육을 받지 않아도 된다.
③ 시·도지사는 연수교육을 실시하려는 경우 실무교육 또는 연수교육을 받은 후 2년이 되기 1개월 전까지 연수교육의 일시·장소·내용 등을 당사자에게 통지해야 한다.
④ 연수교육의 교육시간은 3시간 이상 4시간 이하이다.
⑤ 고용관계 종료 신고 후 1년 이내에 고용신고를 다시 하려는 중개보조원도 직무교육은 받아야 한다.

해설
① 실무교육
③ 2년이 되기 2개월 전까지
④ 연수교육 12시간 이상 16시간 이하, 직무교육 3시간 이상 4시간 이하
⑤ 고용관계 종료 신고 후 1년 이내에 고용신고를 다시 하려는 중개보조원은 직무교육을 받지 않아도 된다.

12 공인중개사법령상 개업공인중개사 등의 교육에 관한 설명으로 옳은 것은? 제26회

① 실무교육을 받은 개업공인중개사는 실무교육을 받은 후 2년마다 시·도지사가 실시하는 직무교육을 받아야 한다.

② 분사무소의 책임자가 되고자 하는 공인중개사는 설치신고일 전 1년 이내에 시·도지사가 실시하는 연수교육을 받아야 한다.

③ 고용관계 종료신고 후 1년 이내에 다시 중개보조원으로 고용신고의 대상이 된 자는 시·도지사 또는 등록관청이 실시하는 직무교육을 받지 않아도 된다.

④ 실무교육은 28시간 이상 32시간 이하, 연수교육은 3시간 이상 4시간 이하로 한다.

⑤ 국토교통부장관이 마련하여 시행하는 교육지침에는 교육대상, 교육과목 및 교육시간 등이 포함되어야 하나, 수강료는 그러하지 않다.

해설

① 연수교육 ② 실무교육 ④ 연수교육은 12시간 이상 16시간 이하

⑤ 국토교통부장관은 시·도지사가 실시하는 실무교육, 직무교육 및 연수교육의 전국적인 균형 유지를 위하여 필요하다고 인정하면 해당 교육의 지침을 마련하여 시행할 수 있다(교육지침: 교육 목적, 교육대상, 교육과목 및 교육시간, 강사의 자격, 수강료, 수강신청, 출결 확인 등).

13 공인중개사법령상 개업공인중개사 등의 교육에 관한 설명으로 옳은 것을 모두 고른 것은? (단, 다른 법률의 규정은 고려하지 않음) 제29회

> ㄱ. 실무교육을 받는 것은 중개사무소 개설등록의 기준에 해당한다.
> ㄴ. 개업공인중개사로서 폐업신고를 한 후 1년 이내에 소속공인중개사로 고용 신고를 하려는 자는 실무교육을 받아야 한다.
> ㄷ. 연수교육의 교육시간은 28시간 이상 32시간 이하이다.
> ㄹ. 연수교육을 정당한 사유 없이 받지 않으면 500만원 이하의 과태료를 부과한다.

① ㄱ, ㄴ　　　　　② ㄱ, ㄹ　　　　　③ ㄴ, ㄷ
④ ㄱ, ㄷ, ㄹ　　　　⑤ ㄴ, ㄷ, ㄹ

해설

ㄱ. 실무교육은 등록신청일 전 1년 이내에 받아야 하므로 등록기준에 해당한다.

정답　10 ① 　11 ② 　12 ③ 　13 ②

14 공인중개사법령상 개업공인중개사 등의 교육에 관한 설명으로 옳은 것은? (단, 다른 법률의 규정은 고려하지 않음) 제31회

① 중개사무소 개설등록을 신청하려는 법인의 공인중개사가 아닌 사원은 실무교육 대상이 아니다.
② 개업공인중개사가 되려는 자의 실무교육시간은 26시간 이상 32시간 이하이다.
③ 중개보조원이 받는 직무교육에는 부동산중개 관련 법·제도의 변경사항이 포함된다.
④ 국토교통부장관, 시·도지사, 등록관청은 개업공인중개사 등에 대한 부동산 거래사고 예방 등의 교육을 위하여 교육 관련 연구에 필요한 비용을 지원할 수 있다.
⑤ 소속공인중개사는 2년마다 국토교통부장관이 실시하는 연수교육을 받아야 한다.

> **해설**
> ① 법인의 대표자 및 임원 또는 사원의 전원은 실무교육을 받아야 한다.
> ③ 부동산중개 관련 법·제도의 변경사항은 연수교육의 내용이다. ⑤ 시·도지사

15 공인중개사법령상 개업공인중개사 등의 교육 등에 관한 설명으로 옳은 것은? 제34회

① 폐업신고 후 400일이 지난 날 중개사무소의 개설등록을 다시 신청하려는 자는 실무교육을 받지 않아도 된다.
② 중개보조원의 직무수행에 필요한 직업윤리에 대한 교육 시간은 5시간이다.
③ 시·도지사는 연수교육을 실시하려는 경우 실무교육 또는 연수교육을 받은 후 2년이 되기 2개월 전까지 연수교육의 일시·장소·내용 등을 대상자에게 통지하여야 한다.
④ 부동산 중개 및 경영 실무에 대한 교육시간은 36시간이다.
⑤ 시·도지사가 부동산거래사고 예방을 위한 교육을 실시하려는 경우에는 교육일 7일 전까지 교육일시·교육장소 및 교육내용을 교육대상자에게 통지하여야 한다.

> **해설**
> ① 폐업신고일부터 1년이 지났으므로 다시 받아야 한다.
> ② 직무교육은 3시간 이상 4시간 이하
> ④ 직무수행에 필요한 법률지식, 부동산 중개 및 경영 실무, 직업윤리를 내용으로 하는 실무교육의 이수시간은 28시간 이상 32시간 이하로 한다.
> ⑤ 예방교육은 10일 전까지

16 공인중개사법령상 공인중개사인 개업공인중개사 甲과 그에 소속된 소속공인중개
사 乙에 관한 설명으로 **틀린** 것을 모두 고른 것은?   제35회

> ㄱ. 甲과 乙은 실무교육을 받은 후 2년마다 등록관청이 실시하는 연수교육
> 을 받아야 한다.
> ㄴ. 甲이 중개를 의뢰받아 乙의 중개행위로 중개가 완성되어 중개대상물 확
> 인·설명서를 작성하는 경우 乙은 甲과 함께 그 확인·설명서에 서명 또
> 는 날인하여야 한다.
> ㄷ. 乙이 甲과의 고용관계 종료 신고 후 1년 이내에 중개사무소의 개설등록
> 을 신청한 경우 개설등록 후 1년 이내에 실무교육을 받아야 한다.

① ㄱ   ② ㄴ   ③ ㄱ, ㄷ
④ ㄴ, ㄷ   ⑤ ㄱ, ㄴ, ㄷ

해설

ㄱ. 연수교육은 시·도지사가 실시한다.
ㄴ. 서명 및 날인
ㄷ. 고용관계 종료신고 후 1년 이내에 개설등록을 신청하거나 다시 소속공인중개사로 고용신고
를 하려는 경우 실무교육이 면제된다.

중개사무소 개설등록

01 공인중개사법령상 중개사무소의 개설등록에 관한 설명으로 옳은 것은? (다른 법률에 의해 중개업을 할 수 있는 법인은 제외됨) 제22회

① 공인중개사가 개설등록을 신청하려는 경우 연수교육을 받아야 한다.

② 개설등록을 하고자 하는 자가 사용대차한 건물에는 개설등록할 수 없다.

③ 「건축법」상 가설건축물대장에 기재된 건축물에 개설등록할 수 있다.

④ 법인의 경우 대표자는 공인중개사이어야 하며, 대표자를 포함한 임원 또는 사원의 3분의 1 이상은 공인중개사이어야 한다.

⑤ 외국에 주된 영업소를 둔 법인이 개설등록을 하기 위해서는 「상법」상 외국회사 규정에 따른 영업소의 등기를 증명할 수 있는 서류를 첨부해야 한다.

해설
① 실무교육 ② 소유·전세·임대차 또는 사용대차 등 사용권 확보 ④ 대표자를 제외한

02 공인중개사법령상 법인이 중개사무소를 개설등록하려는 경우에 관한 설명으로 옳은 것을 모두 고른 것은? 제23회

> ㄱ. 중개업 및 주택의 분양대행을 영위할 목적으로 설립된 법인은 개설등록을 신청할 수 있다.
> ㄴ. 자본금 5천만원인 유한책임회사는 개설등록을 신청할 수 있다.
> ㄷ. 대표자를 제외한 임원 또는 사원(합명회사 또는 합자회사의 무한책임사원을 말함)이 7명이라면 그중 2명이 공인중개사이면 된다.
> ㄹ. 분사무소를 설치하는 경우, 그 분사무소의 책임자는 설치신고일 전 1년 이내에 직무교육을 받은 자이어야 한다.

① ㄱ, ㄴ   ② ㄱ, ㄹ   ③ ㄴ, ㄷ
④ ㄴ, ㄹ   ⑤ ㄷ, ㄹ

해설
ㄷ. 대표자 제외하고 6명이면 2명 이상, 7명이면 3명 이상 ㄹ. 실무교육

03 공인중개사법령상 중개사무소의 개설등록에 관한 설명으로 옳은 것은? 제24회

① 중개사무소 개설등록 신청을 받은 등록관청은 그 등록 여부를 신청일부터 10일 이내에 신청인에게 통지해야 한다.

② 광역시장은 개설등록을 한 자에 대하여 법령에 따라 중개사무소등록증을 교부해야 한다.

③ 법인인 개업공인중개사가 주택분양을 대행하는 경우, 겸업제한위반을 이유로 그 등록이 취소될 수 있다.

④ 소속공인중개사는 중개사무소를 두려는 지역을 관할하는 등록관청에 개설등록을 신청할 수 없다.

⑤ A광역시 甲구(區)에 주된 사무소 소재지를 둔 법인인 개업공인중개사는 A광역시 乙구(區)에 분사무소를 둘 수 없다.

해설

① 7일

② 광역시장은 등록관청이 아니다. 광역시장(시 · 도지사)은 공인중개사자격증을 교부한다.

③ 법인인 개업공인중개사는 주택의 분양대행을 겸업할 수 있다.

⑤ 주된 사무소가 소재하는 시 · 군 · 구를 제외한 시 · 군 · 구에 1개씩 분사무소를 둘 수 있으므로 A광역시 甲구(區)에는 둘 수 없고, 乙구(區)에는 분사무소를 둘 수 있다.

04 공인중개사법령상 중개사무소의 개설등록기준에 관한 설명으로 옳은 것은? (다툼이 있으면 판례에 의함) 제24회

① 「농업협동조합법」에 따라 부동산중개업을 할 수 있는 지역농업협동조합도 공인중개사법령에 정한 개설등록기준을 갖추어야 한다.

② 개설등록을 하기 위해서는 $20m^2$ 이상의 사무소 면적을 확보해야 한다.

③ 「건축법」상 가설건축물대장에 기재된 건축물을 사무소로 확보한 등록 신청자에 의한 중개업등록은 허용된다.

④ 「상법」상 합명회사는 자본금이 5천만원 미만인 경우라도 개설등록을 할 수 있다.

⑤ 변호사가 부동산중개업무를 하기 위해서는 공인중개사법령에서 정한 기준에 따라 개설등록을 해야 한다.

해설

① 다른 법률에 따라 중개업을 할 수 있는 법인은 등록기준을 적용하지 않는다.

② 공인중개사법령에 중개사무소의 면적기준은 없다. ③ 가설건축물 : 등록×

④ 「상법」상 회사(주식회사, 유한회사, 유한책임회사, 합명회사, 합자회사)인 경우 자본금이 5천만원 이상이어야 한다.

정답 ▶ 01 ⑤ 02 ① 03 ④ 04 ⑤

05 공인중개사법령상 중개사무소의 개설등록에 관한 설명으로 틀린 것은? (다른 법률에 의해 중개업을 할 수 있는 경우는 제외함) 제25회

① 법인이 중개사무소를 개설등록하기 위해서는 「상법」상 회사 또는 「협동조합 기본법」상 협동조합으로서 자본금 5천만원 이상이어야 한다.

② 공인중개사(소속공인중개사 제외) 또는 법인이 아닌 자는 중개사무소의 개설등록을 신청할 수 없다.

③ 개업공인중개사는 다른 개업공인중개사의 소속공인중개사·중개보조원이 될 수 없다.

④ 폐업신고 후 1년 이내에 중개사무소의 개설등록을 다시 신청하려는 공인중개사는 실무교육을 받지 않아도 된다.

⑤ 등록관청이 중개사무소등록증을 교부한 때에는 이 사실을 다음 달 10일까지 국토교통부장관에게 통보해야 한다.

해설

등록관청은 매월 아래의 사항을 다음 달 10일까지 공인중개사협회에 통보해야 한다.
㉠ 중개사무소등록증을 교부한 때
㉡ 중개사무소 이전신고, 분사무소 설치신고, 고용신고 및 고용관계 종료신고, 휴업·폐업·휴업한 중개업의 재개·휴업기간 변경 신고를 받은 때
㉢ 등록취소 또는 업무정지 처분을 한 때

06 공인중개사법령상 법인이 중개사무소를 개설하려는 경우 그 등록기준으로 옳은 것은? (다른 법률에 따라 중개업을 할 수 있는 경우는 제외함) 제27회 수정

① 건축물대장에 기재된 건물에 $100m^2$ 이상의 중개사무소를 확보할 것

② 대표자, 임원 또는 사원 전원이 부동산거래사고 예방교육을 받았을 것

③ 「협동조합 기본법」에 따른 사회적 협동조합인 경우 자본금이 5천만원 이상일 것

④ 「상법」상 회사의 경우 자본금이 5천만원 이상일 것

⑤ 대표자를 제외한 임원 또는 사원의 2분의 1 이상은 공인중개사일 것

해설

② 대표자, 임원 또는 사원 전원이 등록신청일 전 1년 이내에 실무교육을 받아야 한다.
③ 사회적 협동조합은 비영리 협동조합이라 개설등록을 할 수 없다.
⑤ 대표자를 제외한 임원 또는 사원(합자·합명회사의 무한책임사원)의 3분의 1 이상은 공인중개사이어야 한다.

07 공인중개사법령상 공인중개사 자격·자격증, 중개사무소등록증에 관한 설명으로 **틀린** 것은? (다툼이 있으면 판례에 따름) 제26회

① 자격증 대여행위는 유·무상을 불문하고 허용되지 않는다.

② 자격을 취득하지 않은 자가 자신의 명함에 '부동산뉴스(중개사무소의 상호임) 대표'라는 명칭을 기재하여 사용한 것은 공인중개사와 유사한 명칭을 사용한 것에 해당한다.

③ 공인중개사가 자기 명의로 개설등록을 마친 후 무자격자에게 중개사무소의 경영에 관여하게 하고 이익을 분배하였더라도 그 무자격자에게 부동산거래 중개행위를 하도록 한 것이 아니라면 등록증 대여행위에 해당하지 않는다.

④ 개업공인중개사가 등록증을 타인에게 대여한 경우 공인중개사 자격의 취소 사유가 된다.

⑤ 자격증이나 등록증을 타인에게 대여한 자는 1년 이하의 징역 또는 1천만원 이하의 벌금에 처한다.

> **해설**
> 중개사무소등록증 양도 또는 대여 : 절대적 등록취소 & 1-1
> 공인중개사자격증 양도 또는 대여 : 자격취소 & 1-1

08 공인중개사법령상 이중등록 및 이중소속 금지에 관한 설명으로 옳은 것을 모두 고른 것은? 제27회

> ㄱ. A군에서 중개사무소 개설등록을 하여 중개업을 하고 있는 자가 다시 A군에서 개설등록을 한 경우, 이중등록에 해당한다.
> ㄴ. B군에서 중개사무소 개설등록을 하여 중개업을 하고 있는 자가 다시 C군에서 개설등록을 한 경우, 이중등록에 해당한다.
> ㄷ. 개업공인중개사 甲에게 고용되어 있는 중개보조원은 개업공인중개사인 법인 乙의 사원이 될 수 없다.
> ㄹ. 이중소속의 금지에 위반한 경우 1년 이하의 징역 또는 1천만원 이하의 벌금형에 처한다.

① ㄱ, ㄴ   ② ㄷ, ㄹ   ③ ㄱ, ㄴ, ㄷ

④ ㄴ, ㄷ, ㄹ   ⑤ ㄱ, ㄴ, ㄷ, ㄹ

정답   05 ⑤   06 ④   07 ④   08 ⑤

09 공인중개사법령상 중개사무소의 개설등록 및 등록증 교부에 관한 설명으로 옳은 것은?

제28회

① 소속공인중개사는 중개사무소의 개설등록을 신청할 수 있다.

② 등록관청은 중개사무소등록증을 교부하기 전에 개설등록을 한 자가 손해배상책임을 보증하기 위한 조치(보증)를 하였는지 여부를 확인해야 한다.

③ 국토교통부장관은 중개사무소의 개설등록을 한 자에 대하여 국토교통부령으로 정하는 바에 따라 중개사무소등록증을 교부해야 한다.

④ 중개사무소의 개설등록신청서에는 신청인의 여권용 사진을 첨부하지 않아도 된다.

⑤ 중개사무소의 개설등록을 한 개업공인중개사가 종별을 달리하여 업무를 하고자 등록신청서를 다시 제출하는 경우 종전의 등록증은 반납하지 않아도 된다.

> **해설**
>
> ③ 등록관청은 중개사무소의 개설등록을 한 자에 대하여 국토교통부령으로 정하는 바에 따라 중개사무소등록증을 교부해야 한다.
>
> ⑤ 중개사무소 개설등록을 한 개업공인중개사란 공인중개사인 개업공인중개사 및 법인인 개업공인중개사를 말한다. 이들이 서로 종별을 달리하여 업무를 계속하고자 하는 경우에는 등록신청서를 다시 제출해야 하는데, 종전에 제출한 서류 중 변동사항이 없는 서류는 제출하지 아니할 수 있으며 종전의 등록증은 반납해야 한다.

10 공인중개사법령상 개업공인중개사에게 금지되어 있는 행위를 모두 고른 것은?

제28회

> ㄱ. 다른 사람에게 자기의 상호를 사용하여 중개업무를 하게 하는 행위
> ㄴ. 중개업을 하려는 공인중개사에게 중개사무소등록증을 대여하는 행위
> ㄷ. 공인중개사를 고용하여 중개업무를 보조하게 하는 행위

① ㄴ   ② ㄷ   ③ ㄱ, ㄴ
④ ㄱ, ㄷ   ⑤ ㄱ, ㄴ, ㄷ

> **해설**
>
> ㄱ, ㄴ. 다른 사람에게 자기의 성명 또는 상호를 사용하여 중개업무를 하게 하거나, 중개사무소등록증을 양도 또는 대여하는 행위는 절대적 등록취소 사유이며 1년 이하 징역 또는 1천만원 이하의 벌금에 처한다.

11 공인중개사법령상 등록관청이 공인중개사협회에 통보해야 하는 경우로 틀린 것은?

제29회

① 중개사무소등록증을 교부한 때
② 중개사무소등록증을 재교부한 때
③ 휴업기간변경신고를 받은 때
④ 중개보조원 고용신고를 받은 때
⑤ 업무정지처분을 한 때

해설

①③④⑤ 등록관청은 다음의 어느 하나에 해당하는 때에는 그 사실을 공인중개사협회에 통보해야 한다.
1. 중개사무소등록증을 교부한 때
2. 중개사무소 이전신고를 받은 때
3. 분사무소 설치신고를 받은 때
4. 소속공인중개사 또는 중개보조원의 고용 또는 고용관계 종료신고를 받은 때
5. 중개업의 휴업, 폐업, 휴업한 중개업의 재개, 휴업기간의 변경신고를 받은 때
6. 등록취소 또는 업무정지 처분을 한 때

12 공인중개사법령상 중개사무소의 개설등록에 관한 설명으로 틀린 것은? 제27회

① 사기죄로 징역 2년형을 선고받고 그 형의 집행이 3년간 유예된 경우, 그 유예기간이 종료된 날부터 2년이 경과한 공인중개사는 중개사무소의 개설등록을 할 수 있다.
② 배임죄로 징역 2년의 실형을 선고받고 그 집행이 종료된 날부터 2년이 경과된 공인중개사는 중개사무소의 개설등록을 할 수 있다.
③ 등록관청은 이중으로 등록된 중개사무소의 개설등록을 취소해야 한다.
④ 개업공인중개사인 법인이 해산한 경우, 등록관청은 그 중개사무소의 개설등록을 취소해야 한다.
⑤ 등록관청은 중개사무소등록증을 교부한 경우, 그 등록에 관한 사항을 다음 달 10일까지 공인중개사협회에 통보해야 한다.

해설

어떤 법률을 위반했던 금고 또는 징역형의 실형선고를 받고 집행이 종료되거나 집행이 면제된 날부터 3년이 경과되지 않은 자는 결격사유이다. 따라서 집행이 종료된 날부터 2년이 경과된 공인중개사는 개설등록을 할 수 없다.

정답 09 ② 10 ③ 11 ② 12 ②

13 공인중개사법령상 중개사무소의 개설등록에 관한 설명으로 옳은 것은? (단, 다른 법률의 규정은 고려하지 않음) 제31회

① 합명회사가 개설등록을 하려면 사원 전원이 실무교육을 받아야 한다.

② 자본금이 3천만원인 「협동조합 기본법」상 협동조합(사회적 협동조합 제외)은 개설등록을 할 수 있다.

③ 합명회사가 개설등록을 하려면 대표자는 공인중개사이어야 하며, 대표자를 포함하여 임원 또는 사원의 3분의 1 이상이 공인중개사이어야 한다.

④ 법인 아닌 사단은 개설등록을 할 수 있다.

⑤ 개설등록을 하려면 소유권에 의하여 사무소의 사용권을 확보하여야 한다.

> **해설**
> ② 자본금이 5천만원 이상이어야 한다.
> ③ 대표자를 제외한 임원 또는 사원의 3분의 1 이상이 공인중개사이어야 한다.
> ④ 공인중개사 또는 법인이 아닌 자는 중개사무소 개설등록을 할 수 없다.
> ⑤ 소유ㆍ전세ㆍ임대차 또는 사용대차 등의 방법에 의하여 사용권을 확보해야 한다.

14 공인중개사법령상 중개사무소 개설등록에 관한 설명으로 옳은 것을 모두 고른 것은? 제32회

> ㄱ. 피특정후견인은 중개사무소의 등록을 할 수 없다.
> ㄴ. 금고 이상의 형의 집행유예를 받고 그 유예기간이 만료된 날부터 2년이 지나지 아니한 자는 중개사무소의 등록을 할 수 없다.
> ㄷ. 「협동조합 기본법」상 사회적 협동조합은 중개사무소 개설등록을 할 수 있다.

① ㄱ ② ㄴ ③ ㄱ, ㄴ
④ ㄱ, ㄷ ⑤ ㄴ, ㄷ

> **해설**
> ㄱ. 피특정후견인은 등록의 결격사유에 해당하지 않으므로 중개사무소 개설등록을 할 수 있다.
> ㄷ. 사회적 협동조합(비영리 협동조합을 말함)을 설립한 경우에는 등록을 할 수 없다.

15 공인중개사법령상 중개사무소의 개설등록을 위한 제출 서류에 관한 설명으로 틀린 것은?　　　　　　　제34회

① 공인중개사자격증 사본을 제출하여야 한다.

② 사용승인을 받았으나 건축물대장에 기재되지 아니한 건물에 중개사무소를 확보하였을 경우에는 건축물대장 기재가 지연되는 사유를 적은 서류를 제출하여야 한다.

③ 여권용 사진을 제출하여야 한다.

④ 실무교육을 위탁받은 기관이 실무교육 수료 여부를 등록관청이 전자적으로 확인할 수 있도록 조치한 경우에는 실무교육의 수료확인증 사본을 제출하지 않아도 된다.

⑤ 외국에 주된 영업소를 둔 법인의 경우에는 「상법」상 외국회사 규정에 따른 영업소의 등기를 증명할 수 있는 서류를 제출하여야 한다.

> **해설**
>
> 등록관청은 공인중개사자격증을 발급한 시·도지사에게 개설등록을 하려는 자(법인의 경우에는 대표자를 포함한 공인중개사인 임원 또는 사원)의 공인중개사 자격 확인을 요청하여야 하므로 등록신청을 할 때 공인중개사자격증 사본을 첨부하지 않는다.

16 공인중개사법령상 중개사무소의 개설등록을 할 수 있는 자는?　　　　제22회

① 피성년후견인

② 징역형의 집행유예를 받고 그 유예기간이 만료된 날부터 2년이 지나지 아니한 자

③ 법인인 개업공인중개사의 업무정지사유 발생 후 업무정지처분을 받기 전에 그 법인의 임원으로 선임되었던 자

④ 업무정지처분을 받고 폐업신고를 한 자로서 업무정지기간이 경과되지 않은 자

⑤ 자신의 행위로 공인중개사법령을 위반하여 300만원 이상의 벌금형을 선고받고 3년이 경과되지 않은 자

> **해설**
>
> ③ 업무정지처분을 받은 법인인 개업공인중개사의 업무정지 사유가 발생한 당시의 사원 또는 임원이었던 자는 그 업무정지기간 중 결격사유이며, 사유가 발생한 이후에 새롭게 선임된 사원 또는 임원은 업무정지기간 중 결격사유에 해당하지 않는다.

정답　　13 ①　　14 ②　　15 ①　　16 ③

17 공인중개사법령상 중개사무소 개설등록의 결격사유에 해당하는 자를 모두 고른 것은?

제24회

> ㄱ. 미성년자가 임원으로 있는 법인
> ㄴ. 개인회생을 신청한 후 법원의 인가 여부가 결정되지 않은 공인중개사
> ㄷ. 공인중개사의 자격이 취소된 후 4년이 된 자
> ㄹ. 음주교통사고로 징역형을 선고받고 그 형의 집행유예기간 중인 공인중개사

① ㄱ   ② ㄱ, ㄹ   ③ ㄴ, ㄷ
④ ㄱ, ㄴ, ㄹ   ⑤ ㄴ, ㄷ, ㄹ

해설

ㄴ. 파산선고를 받지 않은 자는 결격사유에 해당하지 않는다.
ㄹ. 어떤 법률을 위반했든 상관없이 징역형의 집행유예를 받고 그 유예기간이 만료된 날부터 2년이 지나지 아니한 자는 결격사유에 해당한다.

18 2015년 10월 23일 현재 공인중개사법령상 중개사무소 개설등록 결격사유에 해당하는 자는? (주어진 조건만 고려함)

제26회

① 형의 선고유예 기간 중에 있는 자
② 2009년 4월 15일 파산선고를 받고 2015년 4월 15일 복권된 자
③ 「도로교통법」을 위반하여 2012년 11월 15일 벌금 500만원을 선고받은 자
④ 거짓으로 중개사무소의 개설등록을 하여 2012년 11월 15일 개설등록이 취소된 자
⑤ 2015년 4월 15일 공인중개사 자격의 정지처분을 받은 자

해설

① 선고유예 : 결격×
③ 「공인중개사법」이 아닌 법률을 위반하여 벌금형을 선고받은 자 : 결격×
⑤ 자격정지의 경우 6개월을 초과할 수 없으므로 2015년 10월 15일부터는 결격사유에 해당하지 않는다.

19 공인중개사법령상 甲이 중개사무소의 개설등록을 할 수 있는 경우에 해당하는 것은?

제28회

① 甲이 부정한 방법으로 공인중개사의 자격을 취득하여 그 자격이 취소된 후 2년이 경과되지 않은 경우
② 甲이 「도로교통법」을 위반하여 금고 이상의 실형을 선고받고 그 집행이 종료된 날부터 3년이 경과되지 않은 경우
③ 甲이 등록하지 않은 인장을 사용하여 공인중개사의 자격이 정지되고 그 자격정지기간 중에 있는 경우
④ 甲이 대표자로 있는 개업공인중개사인 법인이 해산하여 그 등록이 취소된 후 3년이 경과되지 않은 경우
⑤ 甲이 중개대상물 확인 · 설명서를 교부하지 않아 업무정지처분을 받고 폐업신고를 한 후 그 업무정지기간이 경과되지 않은 경우

해설

④ 법인인 개업공인중개사의 해산으로 인하여 등록이 취소된 경우 대표자, 임원 또는 사원이었던 자는 모두 결격사유에 해당하지 않는다.

20 공인중개사법령상 중개사무소 개설등록의 결격사유에 해당하는 자를 모두 고른 것은?

제29회

> ㄱ. 피특정후견인
> ㄴ. 형의 선고유예를 받고 3년이 경과되지 아니한 자
> ㄷ. 금고 이상의 형의 집행유예를 받고 그 유예기간이 만료된 날부터 1년이 지나지 아니한 자
> ㄹ. 공인중개사자격증을 대여하여 그 자격이 취소된 후 3년이 경과되지 아니한 자

① ㄱ, ㄴ   ② ㄱ, ㄷ   ③ ㄴ, ㄷ
④ ㄴ, ㄹ   ⑤ ㄷ, ㄹ

해설

ㄱ. 피한정후견인 및 피성년후견인은 결격사유에 해당하나 피특정후견인은 결격사유가 아니다.
ㄴ. 금고 또는 징역형의 선고유예를 받은 자는 결격사유가 아니다.

정답   17 ②   18 ④   19 ④   20 ⑤

21 공인중개사법령상 중개사무소 개설등록의 결격사유가 있는 자를 모두 고른 것은?

제33회

> ㄱ. 금고 이상의 실형의 선고를 받고 그 집행이 면제된 날부터 2년이 된 자
> ㄴ. 「공인중개사법」을 위반하여 200만원의 벌금형의 선고를 받고 2년이 된 자
> ㄷ. 사원 중 금고 이상의 형의 집행유예를 받고 그 유예기간이 만료된 날부터 2년이 지나지 아니한 자가 있는 법인

① ㄱ 　　　　② ㄴ 　　　　③ ㄱ, ㄷ
④ ㄴ, ㄷ 　　　　⑤ ㄱ, ㄴ, ㄷ

해설

ㄱ. 금고 또는 징역의 실형선고를 받고 집행이 면제된 날부터 3년이 지나지 아니한 자는 결격사유에 해당한다.
ㄴ. 「공인중개사법」을 위반하여 <u>300만원 이상의 벌금형</u>을 선고받고 3년이 지나지 아니한 자는 결격사유에 해당한다.

22 공인중개사법령상 중개사무소 개설등록의 결격사유를 모두 고른 것은?　　제31회

> ㄱ. 파산선고를 받고 복권되지 아니한 자
> ㄴ. 피특정후견인
> ㄷ. 공인중개사 자격이 취소된 후 3년이 지나지 아니한 임원이 있는 법인
> ㄹ. 개업공인중개사인 법인의 해산으로 중개사무소 개설등록이 취소된 후 3년이 지나지 않은 경우 그 법인의 대표이었던 자

① ㄱ 　　　　② ㄱ, ㄷ 　　　　③ ㄴ, ㄷ
④ ㄴ, ㄹ 　　　　⑤ ㄱ, ㄷ, ㄹ

해설

ㄹ. 개업공인중개사인 법인의 해산으로 중개사무소 개설등록이 취소된 경우는 등록취소 후 3년이 지나지 않았더라도 그 법인의 대표자 및 사원·임원이었던 자는 결격사유에 해당하지 않는다.

정답 ▶ 21 ③　22 ②

중개사무소의 운영

01 공인중개사법령상 법인인 개업공인중개사의 분사무소에 대한 설명 중 옳은 것은?

제17회

① 다른 법률의 규정에 따라 중개업을 할 수 있는 법인의 분사무소인 경우에는 공인중개사를 책임자로 두지 않아도 된다.

② 주된 사무소의 소재지를 포함한 시·군·구별로 설치하되, 시·군·구별로 1개소를 초과할 수 없다.

③ 분사무소를 설치하는 경우 이를 설치하고자 하는 시·군·구에 신고해야 한다.

④ 분사무소의 설치신고를 하는 자는 국토교통부장관이 결정·공고하는 수수료를 납부해야 한다.

⑤ 분사무소 책임자는 공인중개사이어야 하지만 실무교육을 받아야 할 의무는 없다.

해설

② 제외한 ④ 지방자치단체 조례로 정하는 수수료 ⑤ 설치신고일 전 1년 이내에 받아야 한다.

02 공인중개사법령상 A군(郡)에 중개사무소를 두고 있는 공인중개사인 개업공인중개사 甲과 법인인 개업공인중개사 乙, 乙 법인 분사무소의 책임자 丙에 관한 설명으로 옳은 것은?

제18회

① 甲은 B군에 분사무소를 둘 수 있다.

② 甲이 B군에 임시중개시설물을 설치한 경우 등록이 취소될 수 있으며, 3년 이하의 징역 또는 3천만원 이하의 벌금에 처하게 된다.

③ 乙이 B군에 분사무소를 두고자 할 때는 B군 군수에게 설치신고서를 제출해야 한다.

④ 乙은 B군, C군, D군에 각각 분사무소 1개소를 설치할 수 있다.

⑤ 丙은 설치신고일 전 1년 이내에 연수교육을 받아야 한다.

해설

① 법인인 개업공인중개사(乙)만 설치할 수 있다. ② 임등취 & 1-1 ③ A군 ⑤ 실무교육

정답 01 ① 02 ④

03 공인중개사법령상 중개사무소의 명칭 등에 관한 설명으로 틀린 것은? 제27회

① 법인인 개업공인중개사는 그 사무소의 명칭에 "공인중개사사무소" 또는 "부동산중개"라는 문자를 사용해야 한다.

② 개업공인중개사는 옥외광고물을 설치할 의무를 부담하지 않는다.

③ 개업공인중개사가 설치한 옥외광고물에 인식할 수 있는 크기의 연락처를 표기하지 않으면 100만원 이하의 과태료 부과대상이 된다.

④ 개업공인중개사가 아닌 자가 사무소 간판에 "공인중개사사무소"의 명칭을 사용한 경우 등록관청은 그 간판의 철거를 명할 수 있다.

⑤ 개업공인중개사가 아닌 자는 중개대상물에 대한 표시 · 광고를 해서는 안 된다.

> **해설**
> ② 공인중개사법령에 의하면 옥외광고물을 설치할 의무는 없으며, 옥외광고물을 설치하는 경우 이에 개업공인중개사의 성명을 표기할 의무가 있다.
> ③ 옥외광고물에는 성명을 표기할 의무만 있다. 성명을 표기하지 아니한 경우 100만 과태료를 부과한다.

04 공인중개사법령상 중개사무소 명칭 및 표시 · 광고에 관한 설명으로 옳은 것은? 제29회

① 공인중개사는 개설등록을 하지 않아도 그 사무소에 "부동산중개"라는 명칭을 사용할 수 있다.

② 공인중개사인 개업공인중개사가 법령에 따른 옥외광고물을 설치하는 경우 중개사무소등록증에 표기된 개업공인중개사의 성명을 표기할 필요가 없다.

③ 법 제7638호 부칙 제6조 제2항에 규정된 개업공인중개사는 사무소의 명칭에 "공인중개사사무소"라는 문자를 사용해서는 안 된다.

④ 등록관청은 규정을 위반한 사무소 간판의 철거를 명할 수 있으나, 법령에 의한 대집행은 할 수 없다.

⑤ 법인인 개업공인중개사가 의뢰받은 중개대상물에 대하여 법령에 따른 표시 · 광고를 하는 경우 대표자의 성명을 명시할 필요는 없다.

> **해설**
> ① 개업공인중개사가 아닌 자는 "공인중개사사무소", "부동산중개" 또는 이와 유사한 명칭을 사용하여서는 아니된다.
> ④ 철거명령에 불응한 경우 행정대집행을 할 수 있다.
> ⑤ 중개사무소의 명칭, 소재지, 연락처, 등록번호 및 대표자의 성명을 표기해야 한다.

05 공인중개사법령상 소속공인중개사를 둔 개업공인중개사가 중개사무소 안의 보기 쉬운 곳에 게시하여야 하는 것을 모두 고른 것은?   제35회

> ㄱ. 소속공인중개사의 공인중개사자격증 원본
> ㄴ. 보증의 설정을 증명할 수 있는 서류
> ㄷ. 소속공인중개사의 고용신고서
> ㄹ. 개업공인중개사의 실무교육 수료확인증

① ㄱ, ㄴ   ② ㄱ, ㄹ
③ ㄴ, ㄷ   ④ ㄷ, ㄹ
⑤ ㄱ, ㄴ, ㄹ

06 중개사무소를 등록관청 관할지역 외의 지역으로 이전하고 이를 신고한 경우, 이에 관한 설명으로 옳은 것(○)과 틀린 것(×)을 바르게 표시한 것은?   제23회

> ㄱ. 개업공인중개사는 이전한 날부터 10일 이내에 이전 전의 등록관청에 이전사실을 신고해야 한다.
> ㄴ. 이전신고 전에 발생한 사유로 인한 개업공인중개사에 대한 행정처분은 이전 전의 등록관청이 이를 행한다.
> ㄷ. 이전신고를 받은 등록관청은 원래의 중개사무소등록증에 변경사항을 기재하여 이를 교부할 수 있다.

① ㄱ (×), ㄴ (×), ㄷ (×)   ② ㄱ (×), ㄴ (○), ㄷ (×)
③ ㄱ (×), ㄴ (×), ㄷ (○)   ④ ㄱ (○), ㄴ (○), ㄷ (×)
⑤ ㄱ (○), ㄴ (○), ㄷ (○)

해설

ㄱ. 이전 후의 등록관청에 신고
ㄴ. 이전 후의 등록관청이 행한다.
ㄷ. <u>관할지역 내로 이전한 경우</u> 등록관청은 등록증을 재교부하거나 기존의 등록증에 변경사항을 적어 교부해야 한다. <u>외로 이전한 경우</u> 등록관청은 등록증을 재교부해야 한다.

07 공인중개사법령상 중개사무소에 관한 설명으로 옳은 것은? 제23회

① 법인인 개업공인중개사는 주된 사무소가 소재하는 등록관청 관할구역 안에 분사무소를 둘 수 있다.

② 개업공인중개사는 천막, 그 밖에 이동이 용이한 임시중개시설물을 설치할 수 있다.

③ 다른 법률의 규정에 따라 중개업을 할 수 있는 법인의 분사무소에도 공인중개사를 책임자로 두어야 한다.

④ 분사무소의 설치신고를 하려는 자는 분사무소 설치신고서를 주된 사무소의 소재지를 관할하는 등록관청에 제출해야 한다.

⑤ 휴업기간 중인 개업공인중개사는 다른 개업공인중개사와 중개사무소를 공동으로 사용할 수 없다.

> **해설**
> ① 주된 사무소 소재지가 속한 시 · 군 · 구를 제외한 시 · 군 · 구에 설치
> ⑤ 휴업기간 중에는 중개사무소를 공동으로 사용할 수 있고, 업무정지 기간 중인 중개사무소를 다른 개업공인중개사가 공동으로 사용할 수 없다.

08 공인중개사법령상 분사무소의 설치에 관한 설명으로 옳은 것을 모두 고른 것은? 제25회

> ㄱ. 다른 법률의 규정에 따라 중개업을 할 수 있는 법인의 분사무소에는 공인중개사를 책임자로 두어야 한다.
> ㄴ. 분사무소의 설치신고를 하려는 자는 그 신고서를 주된 사무소의 소재지를 관할하는 등록관청에 제출해야 한다.
> ㄷ. 분사무소의 설치신고를 받은 등록관청은 그 신고내용이 적합한 경우에는 국토교통부령으로 정하는 신고확인서를 교부해야 한다.
> ㄹ. 분사무소의 설치신고를 하려는 자는 법인등기사항증명서를 제출해야 한다.

① ㄱ, ㄴ   ② ㄱ, ㄷ   ③ ㄴ, ㄷ
④ ㄷ, ㄹ   ⑤ ㄱ, ㄴ, ㄹ

> **해설**
> ㄱ. 법인인 개업공인중개사의 분사무소 책임자는 공인중개사이어야 하나, 다른 법률의 규정에 따라 중개업을 할 수 있는 법인의 분사무소의 경우 책임자를 공인중개사로 두지 않아도 된다.
> ㄹ. 등록관청은 행정정보의 공동이용을 통하여 건축물대장과 법인등기사항증명서를 확인해야 한다. 책임자의 공인중개사자격증 사본, 건축물대장, 법인등기사항증명서는 제출할 서류가 아니다.

09 공인중개사법령상 중개사무소의 설치에 관한 설명으로 **틀린** 것은? 제26회

① 법인 아닌 개업공인중개사는 분사무소를 둘 수 없다.

② 분사무소의 설치는 업무정지기간 중에 있는 다른 개업공인중개사의 중개사무소를 공동으로 사용하는 방법으로는 할 수 없다.

③ 법인인 개업공인중개사가 분사무소를 설치하려는 경우 분사무소 소재지의 시장·군수 또는 구청장에게 신고해야 한다.

④ 「공인중개사법」을 위반하여 둘 이상의 중개사무소를 둔 경우 등록관청은 중개사무소 개설등록을 취소할 수 있다.

⑤ 개업공인중개사는 이동이 용이한 임시 중개시설물을 설치해서는 아니된다.

> **해설**
>
> ① 법인인 개업공인중개사만 분사무소를 둘 수 있다.
> ③ 주된 사무소의 소재지를 관할하는 등록관청에 신고 ④⑤ 임등취 & 1-1

10 공인중개사법령상 등록관청 관할지역 외의 지역으로 중개사무소를 이전한 경우에 관한 설명으로 **틀린** 것은? 제26회

① 개업공인중개사는 이전 후의 중개사무소를 관할하는 등록관청에 이전사실을 신고해야 한다.

② 법인인 개업공인중개사가 분사무소를 이전한 경우 이전 후의 분사무소를 관할하는 등록관청에 이전사실을 신고해야 한다.

③ 등록관청은 중개사무소의 이전신고를 받은 때에는 그 사실을 공인중개사협회에 통보해야 한다.

④ 이전신고 전에 발생한 사유로 인한 개업공인중개사에 대한 행정처분은 이전 후의 등록관청이 이를 행한다.

⑤ 업무정지 중이 아닌 다른 개업공인중개사의 중개사무소를 공동사용하는 방법으로 사무소의 이전을 할 수 있다.

> **해설**
>
> ② 분사무소의 이전신고는 주된 중개사무소의 소재지를 관할하는 등록관청에 해야 한다.
> ③ 등록관청은 중개사무소 이전신고를 받은 때에는 그 사실을 다음 달 10일까지 공인중개사협회에 통보해야 한다.

정답 07 ④ 08 ③ 09 ③ 10 ②

11 공인중개사법령상 분사무소 설치신고서의 기재사항이 <u>아닌</u> 것은? 제28회

① 본사 명칭
② 본사 소재지
③ 본사 등록번호
④ 분사무소 설치사유
⑤ 분사무소 책임자의 공인중개사자격증 발급 시·도

해설
별지 제9호 서식인 분사무소 설치신고서 내용을 묻는 문제이다.
①②③⑤ 분사무소 설치신고서에는 대표자 성명·주소, 본사 명칭, 등록번호 및 소재지, 분사무소 책임자의 성명, 책임자의 공인중개사자격증 발급 시·도, 분사무소의 소재지를 기재한다.
④ 분사무소 설치사유는 돈 벌려는 목적이므로 적을 필요가 없다.

12 공인중개사법령상 중개사무소의 명칭에 관한 설명으로 옳은 것은? 제28회

① 개업공인중개사가 아닌 자로서 "부동산중개"라는 명칭을 사용한 자는 1년 이하의 징역 또는 1천만원 이하의 벌금에 처한다.
② 개업공인중개사가 아닌 자가 "공인중개사사무소"라는 명칭을 사용한 간판을 설치한 경우, 등록관청은 그 철거를 명할 수 없다.
③ 법인 분사무소의 옥외광고물을 설치하는 경우 법인 대표자의 성명을 표기해야 한다.
④ 개업공인중개사는 옥외광고물을 설치해야 할 의무가 있다.
⑤ 개업공인중개사가 사무소의 명칭에 "공인중개사사무소" 또는 "부동산중개"라는 문자를 사용하지 않은 경우, 이는 개설등록의 취소사유에 해당한다.

해설
② 1-1 & 철거명령
③ 주된 사무소의 옥외광고물에는 대표자의 성명, 분사무소의 경우 책임자의 성명
④ 공인중개사법령에 옥외광고물을 설치해야 하는 의무는 없다. 다만, 설치한 옥외광고물에는 개업공인중개사의 성명을 표기해야 할 의무가 있다.
⑤ 100만원 이하의 과태료 사유이다.

13 공인중개사법령상 중개사무소의 이전신고에 관한 설명으로 틀린 것은? 제28회

① 중개사무소를 이전한 때에는 이전한 날부터 10일 이내에 이전신고를 해야 한다.

② 분사무소를 이전한 때에는 주된 사무소의 소재지를 관할하는 등록관청에 이전신고를 해야 한다.

③ 분사무소 이전신고를 하려는 법인인 개업공인중개사는 중개사무소등록증을 첨부해야 한다.

④ 분사무소의 이전신고를 받은 등록관청은 지체 없이 이를 이전 전 및 이전 후의 소재지를 관할하는 시장 · 군수 또는 구청장에게 통보해야 한다.

⑤ 중개사무소를 등록관청의 관할지역 외의 지역으로 이전한 경우, 그 이전신고 전에 발생한 사유로 인한 개업공인중개사에 대한 행정처분은 이전 후 등록관청이 행한다.

해설

분사무소 이전신고서에는 분사무소설치신고확인서 & 분사무소 확보 증명서류 첨부

14 공인중개사법령상 개업공인중개사가 의뢰받은 중개대상물에 대하여 표시 · 광고를 하려는 경우 '중개사무소, 개업공인중개사에 관한 사항'으로서 명시해야 하는 것을 모두 고른 것은? 제30회

> ㄱ. 중개사무소의 연락처 ㄴ. 중개사무소의 명칭
> ㄷ. 소속공인중개사의 성명 ㄹ. 개업공인중개사의 성명

① ㄱ, ㄴ ② ㄴ, ㄷ ③ ㄷ, ㄹ
④ ㄱ, ㄴ, ㄹ ⑤ ㄱ, ㄷ, ㄹ

해설

④ 개업공인중개사가 의뢰받은 중개대상물에 대하여 표시 · 광고를 하려면 중개사무소 및 개업공인중개사에 관한 다음의 사항을 명시해야 한다.
1. 중개사무소의 명칭, 소재지, 연락처 및 등록번호
2. 개업공인중개사의 성명(법인인 경우에는 대표자의 성명)

정답 11 ④ 12 ① 13 ③ 14 ④

15 공인중개사법령상 개업공인중개사가 중개사무소 안의 보기 쉬운 곳에 게시해야 하는 것은? 제31회 수정

① 개업공인중개사의 실무교육 수료확인증 원본
② 소속공인중개사가 있는 경우, 소속공인중개사의 실무교육 수료확인증 사본
③ 중개사무소등록증 사본
④ 소속공인중개사가 있는 경우 소속공인중개사의 공인중개사자격증 사본
⑤ 분사무소의 경우 분사무소설치신고확인서 원본

해설
⑤ 개업공인중개사는 다음의 사항을 해당 중개사무소 안의 보기 쉬운 곳에 게시하여야 한다.
  1. 중개사무소등록증 원본(분사무소의 경우에는 분사무소설치신고확인서 원본)
  2. 개업공인중개사 및 소속공인중개사의 공인중개사자격증 원본
  3. 중개보수·실비의 요율 및 한도액표
  4. 보증의 설정을 증명할 수 있는 서류
  5. 「부가가치세법 시행령」에 따른 사업자등록증

16 공인중개사법령상 개업공인중개사가 의뢰받은 중개대상물에 대하여 표시·광고를 하는 경우에 관한 설명으로 옳은 것은? 제31회

① 중개보조원이 있는 경우 개업공인중개사의 성명과 함께 중개보조원의 성명을 명시할 수 있다.
② 중개대상물에 대한 표시·광고를 위하여 대통령령으로 정해진 사항의 구체적인 표시·광고 방법은 국토교통부장관이 정하여 고시한다.
③ 중개대상물의 내용을 사실과 다르게 거짓으로 표시·광고한 자를 신고한 자는 포상금 지급 대상이다.
④ 인터넷을 이용하여 표시·광고를 하는 경우 중개사무소에 관한 사항은 명시하지 않아도 된다.
⑤ 인터넷을 이용한 중개대상물의 표시·광고 모니터링 업무 수탁 기관은 기본계획서에 따라 6개월마다 기본 모니터링 업무를 수행한다.

해설
① 중개보조원을 명시하면 개업공인중개사에게 100만원 이하의 과태료를 부과한다.
③ 개업공인중개사가 아닌 자로서 중개대상물의 표시·광고를 한 자를 신고한 경우가 포상금 지급 대상이다. 다르게 거짓으로 표시·광고한 자에게는 500만원 이하의 과태료를 부과한다.
④ 중개사무소 및 개업공인중개사에 관한 사항(사무소의 명칭, 소재지, 연락처, 등록번호 및 개공의 성명)은 인터넷을 이용하든 이용하지 않든 항상 명시해야 할 사항이다.
⑤ 기본 모니터링 : 분기별 실시, 수시 모니터링 : 국토교통부장관이 필요하다고 판단하여 실시

17 공인중개사법령상 법인인 개업공인중개사의 중개사무소등록증 원본 또는 사본이 첨부되어야 하는 경우에 해당하지 **않는** 것은? 제31회 수정

① 중개사무소 이전신고
② 중개사무소 폐업신고
③ 분사무소 설치신고
④ 등록인장 변경신고
⑤ 3개월을 초과하는 중개사무소 휴업신고

해설

※ 중개사무소등록증 원본을 첨부하는 경우 : 중개사무소 이전신고서, 인장등록신고서, 등록인장 변경신고서, 3개월 초과하는 부동산중개업의 휴업신고서, 부동산중개업의 폐업신고서

18 공인중개사법령상 중개사무소 명칭에 관한 설명으로 옳은 것은? 제31회

① 공인중개사인 개업공인중개사는 그 사무소의 명칭에 "공인중개사사무소" 또는 "부동산중개"라는 문자를 사용하여야 한다.
② 공인중개사가 중개사무소의 개설등록을 하지 않은 경우, 그 사무소에 "공인중개사사무소"라는 명칭을 사용할 수 없지만, "부동산중개"라는 명칭은 사용할 수 있다.
③ 공인중개사인 개업공인중개사가 관련 법령에 따른 옥외 광고물을 설치하는 경우, 중개사무소등록증에 표기된 개업공인중개사의 성명을 표기할 필요는 없다.
④ 중개사무소 개설등록을 하지 않은 공인중개사가 "부동산중개"라는 명칭을 사용한 경우, 국토교통부장관은 그 명칭이 사용된 간판 등의 철거를 명할 수 있다.
⑤ 개업공인중개사가 의뢰받은 중개대상물에 대하여 표시·광고를 하려는 경우, 중개사무소의 명칭은 명시하지 않아도 된다.

해설

② 개업공인중개사가 아닌 자는 그 사무소의 명칭에 "공인중개사사무소", "부동산중개" 또는 이와 유사한 명칭을 사용하여서는 안 된다. 위반시 1-1 & 철거명령
④ 등록관청은 간판의 철거를 명할 수 있다.
⑤ 중개사무소 명칭, 소재지, 연락처, 등록번호 및 개업공인중개사의 성명 명시

정답 15 ⑤ 16 ② 17 ③ 18 ①

19 공인중개사법령상 분사무소의 설치에 관한 설명으로 옳은 것은? 　제31회

① 군(郡)에 주된 사무소가 설치된 경우 동일 군(郡)에 분사무소를 둘 수 있다.
② 개업공인중개사가 분사무소를 설치하기 위해서는 등록관청으로부터 인가를 받아야 한다.
③ 공인중개사인 개업공인중개사는 분사무소를 설치할 수 없다.
④ 다른 법률의 규정에 따라 중개업을 할 수 있는 법인의 분사무소에도 공인중개사를 책임자로 두어야 한다.
⑤ 분사무소의 책임자인 공인중개사는 등록관청이 실시하는 실무교육을 받아야 한다.

> **해설**
> ① 주된 사무소 소재지가 속한 시·군·구 내에 분사무소를 둘 수 없다.
> ② 주된 사무소 관할 등록관청에 신고해야 한다.
> ⑤ 분사무소 설치신고일 전 1년 이내에 시·도지사가 실시하는 실무교육을 받아야 한다.

20 공인중개사법령상 법인인 개업공인중개사가 등록관청 관할지역 외의 지역으로 중개사무소 또는 분사무소를 이전하는 경우에 관한 설명으로 옳은 것은? 　제31회

① 중개사무소 이전신고를 받은 등록관청은 그 내용이 적합한 경우, 중개사무소등록증의 변경사항을 기재하여 교부하거나 중개사무소등록증을 재교부하여야 한다.
② 건축물대장에 기재되지 않은 건물에 중개사무소를 확보한 경우, 건축물대장의 기재가 지연된 사유를 적은 서류는 첨부할 필요가 없다.
③ 중개사무소 이전신고를 하지 않은 경우 과태료 부과대상이 아니다.
④ 분사무소 이전신고는 이전한 날부터 10일 이내에 이전할 분사무소의 소재지를 관할하는 등록관청에 하면 된다.
⑤ 등록관청은 분사무소의 이전신고를 받은 때에는 지체 없이 그 분사무소의 이전 전 및 이전 후의 소재지를 관할하는 시장·군수 또는 구청장에게 이를 통보하여야 한다.

> **해설**
> ① 관할지역 외로 이전한 경우이므로 등록증을 재교부해야 한다.
> ② 첨부할 의무가 있다.
> ③ 100만원 이하의 과태료
> ④ 주된 사무소 관할 등록관청에 신고

21 공인중개사법령상 중개사무소의 명칭 및 등록증 등의 게시에 관한 설명으로 틀린 것은? (다툼이 있으면 판례에 따름) 제32회

① 법인인 개업공인중개사의 분사무소에는 분사무소설치신고확인서 원본을 게시해야 한다.

② 소속공인중개사가 있는 경우 그 소속공인중개사의 공인중개사자격증 원본도 게시해야 한다.

③ 개업공인중개사가 아닌 자가 '부동산중개'라는 명칭을 사용한 경우, 3년 이하의 징역 또는 3천만원 이하의 벌금에 처한다.

④ 무자격자가 자신의 명함에 '부동산뉴스 대표'라는 명칭을 기재하여 사용하였다면 공인중개사와 유사한 명칭을 사용한 것에 해당한다.

⑤ 공인중개사인 개업공인중개사가 「옥외광고물 등의 관리와 옥외광고산업 진흥에 관한 법률」에 따른 옥외광고물을 설치하는 경우, 중개사무소등록증에 표기된 개업공인중개사의 성명을 표기해야 한다.

해설

1년 이하의 징역 또는 1천만원 이하의 벌금에 처한다.

22 공인중개사법령상 중개대상물의 표시·광고 및 모니터링에 관한 설명으로 틀린 것은? 제32회

① 개업공인중개사는 의뢰받은 중개대상물에 대하여 표시·광고를 하려면 개업공인중개사, 소속공인중개사 및 중개보조원에 관한 사항을 명시해야 한다.

② 개업공인중개사는 중개대상물이 존재하지 않아서 실제로 거래를 할 수 없는 중개대상물에 대한 광고와 같은 부당한 표시·광고를 해서는 안 된다.

③ 개업공인중개사는 중개대상물의 가격 등 내용을 과장되게 하는 부당한 표시·광고를 해서는 안 된다.

④ 국토교통부장관은 인터넷을 이용한 중개대상물에 대한 표시·광고의 규정준수 여부에 관하여 기본 모니터링과 수시 모니터링을 할 수 있다.

⑤ 국토교통부장관은 인터넷 표시·광고 모니터링 업무 수행에 필요한 전문인력과 전담조직을 갖췄다고 국토교통부장관이 인정하는 단체에게 인터넷 표시·광고 모니터링 업무를 위탁할 수 있다.

해설

① 중개보조원에 관한 사항은 명시해서는 아니되며, 소속공인중개사에 관한 사항은 명시해야 할 의무는 없으나 함께 명시해도 위반은 아니다.

②③ **존존존빠다과자** – 500 과

⑤ 국토교통부장관은 다음의 기관에 모니터링 업무를 위탁할 수 있다. – 공정민 **인정**

정답 19 ③ 20 ⑤ 21 ③ 22 ①

23 공인중개사법령상 개업공인중개사가 지체 없이 사무소의 간판을 철거해야 하는 사유를 모두 고른 것은? 제32회

> ㄱ. 등록관청에 중개사무소의 이전사실을 신고한 경우
> ㄴ. 등록관청에 폐업사실을 신고한 경우
> ㄷ. 중개사무소의 개설등록 취소처분을 받은 경우
> ㄹ. 등록관청에 6개월을 초과하는 휴업신고를 한 경우

① ㄹ   ② ㄱ, ㄷ   ③ ㄴ, ㄷ
④ ㄱ, ㄴ, ㄷ   ⑤ ㄱ, ㄴ, ㄷ, ㄹ

24 공인중개사법령상 중개사무소의 설치에 관한 설명으로 틀린 것은? 제32회

① 법인이 아닌 개업공인중개사는 그 등록관청의 관할구역 안에 1개의 중개사무소만 둘 수 있다.
② 다른 법률의 규정에 따라 중개업을 할 수 있는 법인의 분사무소에는 공인중개사를 책임자로 두지 않아도 된다.
③ 개업공인중개사가 중개사무소를 공동으로 사용하려면 중개사무소의 개설등록 또는 이전신고를 할 때 그 중개사무소를 사용할 권리가 있는 다른 개업공인중개사의 승낙서를 첨부해야 한다.
④ 법인인 개업공인중개사가 분사무소를 두려는 경우 소유·전세·임대차 또는 사용대차 등의 방법으로 사용권을 확보해야 한다.
⑤ 법인인 개업공인중개사가 그 등록관청의 관할구역 외의 지역에 둘 수 있는 분사무소는 시·도별로 1개소를 초과할 수 없다.

해설

분사무소는 주된 사무소의 소재지가 속한 시·군·구를 제외한 시·군·구별로 설치하되, 시·군·구별로 1개소를 초과할 수 없다.

25 공인중개사법령상 공인중개사인 개업공인중개사가 중개사무소를 등록관청의 관할 지역 내로 이전한 경우에 관한 설명으로 **틀린** 것을 모두 고른 것은? 제32회

> ㄱ. 중개사무소를 이전한 날부터 10일 이내에 신고해야 한다.
> ㄴ. 등록관청이 이전신고를 받은 경우, 중개사무소등록증에 변경사항만을 적어 교부할 수 없고 재교부해야 한다.
> ㄷ. 이전신고를 할 때 중개사무소등록증을 제출하지 않아도 된다.
> ㄹ. 건축물대장에 기재되지 않은 건물로 이전신고를 하는 경우, 건축물대장 기재가 지연되는 사유를 적은 서류도 제출해야 한다.

① ㄱ, ㄴ   ② ㄱ, ㄹ   ③ ㄴ, ㄷ
④ ㄷ, ㄹ   ⑤ ㄴ, ㄷ, ㄹ

해설

ㄴ. 등록증을 재교부하거나 기존의 등록증에 변경사항을 적어 교부해야 한다.
ㄷ. 중개사무소 이전신고서에 첨부할 서류 : 중개사무소**등록증**, 중개**사**무소 확보 증명서류

26 공인중개사법령상 중개사무소의 설치에 관한 설명으로 **틀린** 것은? 제34회
① 개업공인중개사는 그 등록관청의 관할 구역 안에 1개의 중개사무소만을 둘 수 있다.
② 개업공인중개사는 이동이 용이한 임시 중개시설물을 설치하여서는 아니 된다.
③ 주된 사무소의 소재지가 속한 군에는 분사무소를 설치할 수 없다.
④ 법인이 아닌 개업공인중개사가 그 관할 구역 외의 지역에 분사무소를 설치하기 위해서는 등록관청에 신고하여야 한다.
⑤ 분사무소 설치신고를 받은 등록관청은 그 신고내용이 적합한 경우에는 신고확인서를 교부하여야 한다.

해설

법인인 개업공인중개사는 등록관청에 신고하고 그 관할구역 외의 지역에 분사무소를 둘 수 있다. 법인이 아닌 개업공인중개사는 분사무소를 둘 수 없다.

정답   23 ④   24 ⑤   25 ③   26 ④

27 공인중개사법령상 개업공인중개사의 중개사무소 이전신고 등에 관한 설명으로 **틀린** 것은? 제34회

① 개업공인중개사가 중개사무소를 등록관청의 관할 지역 외의 지역으로 이전한 경우에는 이전 후의 중개사무소를 관할하는 시장·군수 또는 구청장에게 신고하여야 한다.

② 개업공인중개사가 등록관청에 중개사무소의 이전사실을 신고한 경우에는 지체 없이 사무소의 간판을 철거하여야 한다.

③ 분사무소의 이전신고를 하려는 경우에는 주된 사무소의 소재지를 관할하는 등록관청에 중개사무소이전신고서를 제출해야 한다.

④ 업무정지 기간 중에 있는 개업공인중개사는 중개사무소의 이전신고를 하는 방법으로 다른 개업공인중개사의 중개사무소를 공동으로 사용할 수 없다.

⑤ 공인중개사인 개업공인중개사가 중개사무소이전신고서를 제출할 때 중개사무소등록증을 첨부하지 않아도 된다.

해설

중개사무소이전신고서를 제출할 때 중개사무소등록증 및 중개사무소를 확보하였음을 증명하는 서류를 첨부해야 한다.

28 공인중개사법령상 중개사무소의 명칭 및 등록증 등의 게시에 관한 설명으로 **틀린** 것은? 제34회

① 공인중개사인 개업공인중개사는 공인중개사자격증 원본을 해당 중개사무소 안의 보기 쉬운 곳에 게시하여야 한다.

② 개업공인중개사는 「부가가치세법 시행령」에 따른 사업자등록증을 해당 중개사무소 안의 보기 쉬운 곳에 게시하여야 한다.

③ 법인인 개업공인중개사는 그 사무소의 명칭에 '공인중개사사무소' 또는 '부동산중개'라는 문자를 사용하여야 한다.

④ 법인인 개업공인중개사의 분사무소에 옥외광고물을 설치하는 경우 분사무소 설치 신고확인서에 기재된 책임자의 성명을 표기하여야 한다.

⑤ 법 제7638호 부칙 제6조 제2항에 따른 개업공인중개사는 그 사무소의 명칭에 '공인중개사사무소' 및 '부동산중개'라는 문자를 사용하여서는 아니된다.

해설

부칙상 개업공인중개사는 그 사무소의 명칭에 '공인중개사사무소'라는 문자를 사용하여서는 아니되며, '부동산중개'라는 문자는 사용할 수 있다.

2025 정지웅 기출문제 2차 공인중개사법·중개실무

29 공인중개사법령상 개업공인중개사의 겸업제한에 관한 설명으로 틀린 것은? 제20회

① 공인중개사인 개업공인중개사는 공인중개사법령 및 다른 법령에서 제한하지 않는 업무를 겸업할 수 있다.
② 법인이 아닌 모든 개업공인중개사는 「민사집행법」에 따른 경매대상 부동산의 매수신청대리를 할 수 있다.
③ 공인중개사인 개업공인중개사는 이사업체를 소개할 수 있다.
④ 공인중개사인 개업공인중개사는 「주택법」상 사업계획승인 대상이 아닌 주택의 분양대행을 할 수 있다.
⑤ 법인인 개업공인중개사가 겸업제한을 위반할 경우 중개사무소 개설등록을 취소할 수 있다.

해설

부칙상 개업공인중개사는 경매 및 공매 대상 부동산에 대한 권리분석 및 취득의 알선, 매수신청(입찰신청) 대리를 할 수 없다.

30 공인중개사법령상 부동산중개와 관련된 설명으로 옳은 것(○)과 틀린 것(×)을 바르게 표시한 것은? 제21회

ㄱ. 법인인 개업공인중개사는 토지의 분양대행업무도 할 수 있다.
ㄴ. 법인이 아닌 개업공인중개사는 부동산의 개발에 관한 상담을 하고 의뢰인으로부터 합의된 보수를 받을 수 있다.
ㄷ. 개업공인중개사는 중개보조원과의 고용관계가 종료한 때에는 지체 없이 등록관청에 신고해야 한다.
ㄹ. 개업공인중개사 甲이 임차한 중개사무소를 개업공인중개사 乙이 공동으로 사용하려는 경우, 乙은 개설등록신청시 건물주의 사용승낙서를 첨부해야 한다.

① ㄱ (×), ㄴ (○), ㄷ (×), ㄹ (×) ② ㄱ (×), ㄴ (×), ㄷ (○), ㄹ (○)
③ ㄱ (×), ㄴ (○), ㄷ (○), ㄹ (×) ④ ㄱ (○), ㄴ (×), ㄷ (○), ㄹ (○)
⑤ ㄱ (○), ㄴ (○), ㄷ (×), ㄹ (×)

해설

ㄱ. 상업용 건축물 및 주택의 분양대행 겸업 가능
ㄴ. 중개업이 아니므로 중개보수 적용× ㄷ. 고용관계 종료일부터 10일 이내에 신고
ㄹ. 그 중개사무소를 사용할 권리가 있는 개업공인중개사(甲)의 승낙서를 첨부해야 한다.

정답 ▷ 27 ⑤ 28 ⑤ 29 ② 30 ①

31 공인중개사법령상 법인인 개업공인중개사가 겸업할 수 있는 것은? (다툼이 있으면 판례에 의함)   제24회

① 농업용 건축물에 대한 관리대행
② 토지에 대한 분양대행
③ 개업공인중개사 아닌 공인중개사를 대상으로 한 중개업 경영기업의 제공행위
④ 부동산 개발에 관한 상담
⑤ 의뢰인에게 경매대상 부동산을 취득시키기 위하여 개업공인중개사가 자신의 이름으로 직접 매수신청을 하는 행위

해설
① 상업용 건축물 및 주택의 임대관리 등 부동산의 관리대행
② 상업용 건축물 및 주택의 분양대행
③ 개업공인중개사를 대상으로 한 중개업의 경영기법 및 경영정보의 제공
⑤ 경매 대상 부동산에 대한 매수신청 또는 입찰신청의 대리를 겸업할 수 있다.

32 공인중개사법령상 개업공인중개사의 겸업에 관한 설명으로 옳은 것은?   제22회

① 모든 개업공인중개사는 개업공인중개사를 대상으로 한 중개업의 경영기법의 제공업무를 겸업할 수 있다.
② 법인이 아닌 모든 개업공인중개사는 법인인 개업공인중개사에게 허용된 겸업업무를 모두 영위할 수 있다.
③ 법인인 개업공인중개사는 부동산의 이용 · 개발 및 거래에 관한 상담업무를 겸업해야 한다.
④ 법인인 개업공인중개사는 중개의뢰인의 의뢰에 따른 도배 · 이사업을 겸업할 수 있다.
⑤ 공인중개사인 개업공인중개사는 30호 미만으로 건설되는 단독주택의 분양대행업을 겸업할 수 없다.

해설
② 부칙상 개업공인중개사는 경매 및 공매 권리분석 · 취득의 알선 · 매수신청대리를 할 수 없다.
③ 겸업할 수 있다.
④ 도배 · 이사업체의 소개 등 주거이전에 부수되는 용역의 알선을 할 수 있다.
⑤ 공인중개사인 개업공인중개사는 겸업의 제한이 없으므로 할 수 있다.

33 공인중개사법령상 법인인 개업공인중개사의 업무범위에 관한 설명으로 옳은 것은? (다른 법률에 의해 중개업을 할 수 있는 경우는 제외함)   제25회

① 토지의 분양대행을 할 수 있다.

② 중개업에 부수되는 도배 및 이사업체를 운영할 수 있다.

③ 상업용 건축물의 분양대행을 할 수 없다.

④ 겸업제한 규정을 위반한 경우, 등록관청은 중개사무소 개설등록을 취소할 수 있다.

⑤ 대법원규칙이 정하는 요건을 갖춘 경우, 법원에 등록하지 않고 경매대상 부동산의 매수신청 대리를 할 수 있다.

해설

①③ 상업용 건축물 및 주택의 분양대행을 할 수 있다.

② 도배 · 이사업체의 소개 등 주거이전에 부수되는 용역의 알선을 할 수 있다.

⑤ 경매 매수신청대리를 하려면 '대법원규칙'이 정하는 요건을 갖추어 '법원'에 등록해야 한다.

34 공인중개사법령상 법인인 개업공인중개사가 겸업할 수 있는 업무를 모두 고른 것은? (단, 다른 법률의 규정은 고려하지 않음)   제29회

> ㄱ. 주택의 임대관리 및 부동산의 임대업
> ㄴ. 부동산의 이용 · 개발에 관한 상담
> ㄷ. 중개의뢰인의 의뢰에 따른 주거이전에 부수되는 용역의 제공
> ㄹ. 상업용 건축물의 분양대행
> ㅁ. 「국세징수법」에 의한 공매대상 부동산에 대한 입찰신청의 대리

① ㄱ, ㄴ   ② ㄷ, ㄹ   ③ ㄱ, ㄷ, ㅁ
④ ㄴ, ㄷ, ㄹ   ⑤ ㄴ, ㄹ, ㅁ

해설

ㄱ. 상업용 건축물 및 주택의 임대관리 등 부동산의 관리대행. 임대업(×)

ㄷ. 의뢰인의 의뢰에 따른 도배 · 이사업체의 소개 등 주거이전에 부수되는 용역의 알선

정답 ▶ 31 ④ 32 ① 33 ④ 34 ⑤

35 공인중개사법령상 법인인 개업공인중개사가 겸업할 수 있는 것을 모두 고른 것은?
(단, 다른 법률의 규정은 고려하지 않음)   제31회 수정

> ㄱ. 주택용지의 분양대행
> ㄴ. 주상복합 건물의 관리대행
> ㄷ. 부동산의 거래에 관한 상담 및 금융의 알선
> ㄹ. 「국세징수법」상 공매대상 동산에 대한 입찰신청의 대리
> ㅁ. 법인인 개업공인중개사를 대상으로 한 중개업의 경영기법 제공

① ㄱ, ㄴ   ② ㄴ, ㅁ   ③ ㄷ, ㄹ
④ ㄱ, ㄴ, ㅁ   ⑤ ㄴ, ㄷ, ㄹ, ㅁ

해설
ㄱ. 상업용 건축물 및 주택의 분양대행. 토지 분양대행(×)
ㄴ. 금융의 알선(×)
ㄹ. 공매대상 부동산에 대한 입찰신청의 대리

36 공인중개사법령상 개업공인중개사가 다음의 행위를 하기 위하여 법원에 등록해야 하는 것을 모두 고른 것은? (단, 법 제7638호 부칙 제6조 제2항은 고려하지 않음)
제35회

> ㄱ. 「민사집행법」에 의한 경매대상 부동산의 매수신청의 대리
> ㄴ. 「국세징수법」에 의한 공매대상 부동산의 입찰신청의 대리
> ㄷ. 중개행위에 사용할 인장의 변경
> ㄹ. 중개행위로 인한 손해배상책임을 보장하기 위한 보증보험의 가입

① ㄱ   ② ㄱ, ㄴ   ③ ㄴ, ㄹ
④ ㄱ, ㄴ, ㄷ   ⑤ ㄱ, ㄷ, ㄹ

해설
경매 대상 부동산의 매수신청 또는 입찰신청 대리를 하고자 하는 때에는 대법원규칙으로 정하는 요건을 갖추어 법원에 등록을 하고 그 감독을 받아야 한다.

37 공인중개사법령상 금지되는 행위를 모두 고른 것은? (단, 다른 법령의 규정은 고려하지 않음) 제34회

> ㄱ. 법인인 개업공인중개사가 중개업과 함께 주택의 분양대행을 겸업하는 행위
> ㄴ. 다른 사람의 중개사무소등록증을 양수하여 이를 사용하는 행위
> ㄷ. 공인중개사로 하여금 그의 공인중개사자격증을 다른 사람에게 대여하도록 알선하는 행위

① ㄴ   ② ㄱ, ㄴ   ③ ㄱ, ㄷ
④ ㄴ, ㄷ   ⑤ ㄱ, ㄴ, ㄷ

해설

ㄴ. 누구든지 다른 사람의 성명 또는 상호를 사용하여 중개업무를 하거나 다른 사람의 중개사무소등록증을 양수 또는 대여받아 이를 사용하는 행위를 하여서는 아니된다(법 제19조 제2항).
ㄷ. 누구든지 자격증의 양도·대여, 양수·대여를 알선하여서는 아니된다(법 제7조 제3항).

38 공인중개사법령상 개업공인중개사의 고용인에 관한 설명으로 옳은 것은? 제22회

① 개업공인중개사가 중개보조원을 고용한 경우 중개보조원이 업무를 개시하기 전에 등록관청에 신고해야 한다.
② 중개보조원의 모든 행위는 그를 고용한 개업공인중개사의 행위로 본다.
③ 개업공인중개사가 중개보조원과의 고용관계를 종료하려고 하는 때에는 사전에 등록관청에 신고해야 한다.
④ 소속공인중개사를 고용한 경우에는 공인중개사자격증 사본을 첨부한 신고서를 등록관청에 제출해야 한다.
⑤ 소속공인중개사는 중개행위에 사용할 인장으로 「인감증명법」에 따라 신고한 인장을 등록해야 한다.

해설

② 업무상 행위 ③ 고용관계 종료일부터 10일 이내 ④ 자격증 사본 첨부(×)
⑤ 실명 인장으로서 가로·세로 각각 7㎜ 이상 30㎜ 이내인 인장이어야 한다.

정답   35 ②   36 ①   37 ④   38 ①

39 공인중개사법령상 개업공인중개사의 고용인에 관한 설명으로 옳은 것은? 제34회
① 중개보조원의 업무상 행위는 그를 고용한 개업공인중개사의 행위로 보지 아니한다.
② 소속공인중개사를 고용하려는 개업공인중개사는 고용 전에 미리 등록관청에 신고해야 한다.
③ 개업공인중개사는 중개보조원과의 고용관계가 종료된 때에는 고용관계가 종료된 날부터 10일 이내에 등록관청에 신고하여야 한다.
④ 개업공인중개사가 소속공인중개사의 고용 신고를 할 때에는 해당 소속공인중개사의 실무교육 수료확인증을 제출하여야 한다.
⑤ 개업공인중개사는 외국인을 중개보조원으로 고용할 수 없다.

해설
① 개업공인중개사의 행위로 본다.
② 소속공인중개사 또는 중개보조원을 고용한 경우에는 실무교육 또는 직무교육을 받도록 한 후 업무개시 전까지 등록관청에 신고(전자문서에 의한 신고를 포함)해야 한다.
④ 소속공인중개사 또는 중개보조원의 고용신고를 받은 등록관청은 실무교육 또는 직무교육의 수료 여부를 확인해야 한다. 고용신고서에 실무(직무)교육 수료증 첨부(×)
⑤ 외국인을 소속공인중개사 또는 중개보조원으로 고용할 수 있으며, 외국인을 고용하는 경우에는 고용신고서에 결격사유에 해당하지 아니함을 증명하는 서류를 첨부해야 한다.

40 공인중개사법령상 개업공인중개사의 고용인과 관련된 설명으로 옳은 것은? (다툼이 있으면 판례에 따름) 제26회
① 소속공인중개사에 대한 고용신고를 받은 등록관청은 공인중개사자격증을 발급한 시·도지사에게 그 자격 확인을 요청해야 한다.
② 개업공인중개사가 소속공인중개사를 고용한 경우 그 업무개시 후 10일 이내에 등록관청에 신고해야 한다.
③ 소속공인중개사는 고용신고일 전 1년 이내에 직무교육을 받아야 한다.
④ 중개보조원의 업무상 행위는 그를 고용한 개업공인중개사의 행위로 추정한다.
⑤ 중개보조원의 업무상 과실로 인한 불법행위로 의뢰인에게 손해를 입힌 경우 개업공인중개사가 손해배상책임을 지고 중개보조원은 그 책임을 지지 않는다.

해설
② 고용한 경우에는 업무를 개시하기 전에 신고 ③ 실무교육 ④ 본다
⑤ 중개보조원은 「민법」상 불법행위자로서 손해를 배상할 책임을 진다(2006다29945).

41 공인중개사법령상 개업공인중개사의 고용인의 신고에 관한 설명으로 옳은 것은?

제28회

① 소속공인중개사에 대한 고용신고는 전자문서에 의하여도 할 수 있다.
② 중개보조원에 대한 고용신고를 받은 등록관청은 시·도지사에게 그의 공인 중개사 자격 확인을 요청해야 한다.
③ 중개보조원은 고용신고일 전 1년 이내에 실무교육을 받아야 한다.
④ 개업공인중개사는 소속공인중개사와 고용관계가 종료된 때에는 고용관계가 종료된 날부터 30일 이내에 등록관청에 신고해야 한다.
⑤ 외국인을 소속공인중개사로 고용 신고하는 경우에는 그 공인중개사 자격을 증명하는 서류를 첨부해야 한다.

해설
② 소속공인중개사 ③ 직무교육 ④ 고용관계가 종료된 날부터 10일 이내
⑤ 자격증 사본 첨부(×) 결격사유에 해당하지 아니함을 증명하는 서류를 제출해야 한다.

42 개업공인중개사 甲의 소속공인중개사 乙이 중개업무를 하면서 중개대상물의 거래상 중요사항에 관하여 거짓된 언행으로 중개의뢰인 丙의 판단을 그르치게 하여 재산상 손해를 입혔다. 공인중개사법령에 관한 설명으로 틀린 것은?

제29회

① 乙의 행위는 공인중개사 자격정지 사유에 해당한다.
② 乙은 1년 이하의 징역 또는 1천만원 이하의 벌금에 처한다.
③ 등록관청은 甲의 중개사무소 개설등록을 취소할 수 있다.
④ 乙이 징역 또는 벌금형을 선고받은 경우 甲은 乙의 위반행위 방지를 위한 상당한 주의·감독을 게을리 하지 않았더라도 벌금형을 받는다.
⑤ 丙은 甲에게 손해배상을 청구할 수 있다.

해설
③ 행정상 책임 : 소속공인중개사의 업무상 행위는 그를 고용한 개업공인중개사가 한 행위로 본다는 규정에 따라 개업공인중개사가 금지행위를 한 것으로 보아 등록관청은 甲의 중개사무소 개설등록을 취소할 수 있다(임의적 등록취소).
④ 개업공인중개사가 고용인의 위반행위를 방지하기 위하여 해당 업무에 관하여 상당한 주의와 감독을 게을리 하지 아니한 경우에는 양벌규정에 따른 벌금형을 받지 않는다.

정답 39 ③ 40 ① 41 ① 42 ④

43 개업공인중개사 甲은 소속공인중개사 乙과 중개보조원 丙을 고용하고자 한다. 공인 중개사법령상 이에 관한 설명으로 옳은 것을 모두 고른 것은? 제31회

> ㄱ. 丙은 외국인이어도 된다.
> ㄴ. 乙에 대한 고용신고를 받은 등록관청은 乙의 직무교육 수료 여부를 확인 하여야 한다.
> ㄷ. 甲은 乙의 업무개시 후 10일 이내에 등록관청에 고용신고를 하여야 한다.

① ㄱ   ② ㄱ, ㄴ   ③ ㄱ, ㄷ
④ ㄴ, ㄷ   ⑤ ㄱ, ㄴ, ㄷ

해설

ㄴ. 소속공인중개사에 대한 고용신고를 받은 등록관청은 실무교육 수료 여부를 확인하여야 한다.
ㄷ. 개업공인중개사는 소속공인중개사 또는 중개보조원을 고용한 경우에는 업무개시 전까지 등 록관청에 신고(전자문서에 의한 신고를 포함)해야 한다.

44 공인중개사인 개업공인중개사 甲의 소속공인중개사 乙의 중개행위로 중개가 완성 되었다. 공인중개사법령상 이에 관한 설명으로 틀린 것은? 제31회

① 乙의 업무상 행위는 甲의 행위로 본다.
② 중개대상물 확인·설명서에는 甲과 乙이 함께 서명 및 날인하여야 한다.
③ 乙은 甲의 위임을 받아 부동산거래계약 신고서의 제출을 대행할 수 있다.
④ 乙의 중개행위가 금지행위에 해당하여 乙이 징역형의 선고를 받았다는 이유 로 甲도 해당 조(條)에 규정된 징역형을 선고받는다.
⑤ 甲은 거래당사자에게 손해배상책임의 보장에 관한 사항을 설명하고 관계 증 서의 사본을 교부하거나 관계 증서에 관한 전자문서를 제공하여야 한다.

해설

법 제50조(양벌규정) 소속공인중개사·중개보조원 또는 개업공인중개사인 법인의 사원·임 원이 중개업무에 관하여 제48조(3-3) 또는 제49조(1-1)의 규정에 해당하는 위반행위를 한 때에는 그 행위자를 벌하는 외에 그 개업공인중개사에 대하여도 해당 조에 규정된 벌금형을 과한다. 다만, 그 개업공인중개사가 그 위반행위를 방지하기 위하여 해당 업무에 관하여 상 당한 주의와 감독을 게을리하지 아니한 경우에는 그러하지 아니하다.

45 공인중개사법령상 개업공인중개사의 고용인에 관한 설명으로 **틀린** 것은? 제32회

① 개업공인중개사는 중개보조원과 고용관계가 종료된 경우 그 종료일부터 10일 이내에 등록관청에 신고해야 한다.

② 소속공인중개사의 고용신고를 받은 등록관청은 공인중개사자격증을 발급한 시·도지사에게 그 소속공인중개사의 공인중개사 자격 확인을 요청해야 한다.

③ 중개보조원뿐만 아니라 소속공인중개사의 업무상 행위는 그를 고용한 개업공인중개사의 행위로 본다.

④ 개업공인중개사는 중개보조원을 고용한 경우, 등록관청에 신고한 후 업무개시 전까지 등록관청이 실시하는 직무교육을 받도록 해야 한다.

⑤ 중개보조원의 고용신고를 받은 등록관청은 그 사실을 공인중개사협회에 통보해야 한다.

해설

개업공인중개사는 중개보조원을 고용한 경우에는 직무교육을 받도록 한 후 업무개시 전까지 등록관청에 신고(전자문서에 의한 신고를 포함)해야 한다.

46 공인중개사법령상 고용인의 신고 등에 관한 설명으로 **옳은** 것은? 제35회

① 등록관청은 중개보조원의 고용 신고를 받은 경우 이를 공인중개사협회에 통보하지 않아도 된다.

② 개업공인중개사는 소속공인중개사를 고용한 경우에는 소속공인중개사가 업무를 개시한 날부터 10일 이내에 등록관청에 신고하여야 한다.

③ 개업공인중개사가 고용할 수 있는 중개보조원의 수는 개업공인중개사와 소속공인중개사를 합한 수의 5배를 초과하여서는 아니 된다.

④ 개업공인중개사는 소속공인중개사와의 고용관계가 종료된 때에는 고용관계가 종료된 날부터 30일 이내에 등록관청에 신고하여야 한다.

⑤ 소속공인중개사에 대한 고용 신고를 받은 등록관청은 공인중개사협회에게 그 소속공인중개사의 공인중개사 자격 확인을 요청하여야 한다.

해설

① 고용신고 및 고용관계종료신고 모두 협회에 통보해야 할 사항이다.
② 고용한 경우에는 업무를 개시하기 전에 신고해야 한다.
④ 10일 ⑤ 자격증을 발급한 시·도지사에게 확인 요청

정답 43 ① 44 ④ 45 ④ 46 ③

47 공인중개사법령상 인장의 등록에 관한 설명으로 옳은 것은? 제28회

① 소속공인중개사는 중개업무를 수행하더라도 인장등록을 하지 않아도 된다.

② 개업공인중개사가 등록한 인장을 변경한 경우, 변경일로부터 7일 이내에 그 변경된 인장을 등록관청에 등록하지 않으면 이는 업무정지사유에 해당한다.

③ 법인인 개업공인중개사의 주된 사무소에서 사용할 인장은 「상업등기규칙」에 따라 법인의 대표자가 보증하는 인장이어야 한다.

④ 법인인 개업공인중개사의 인장등록은 「상업등기규칙」에 따른 인감증명서의 제출로 갈음할 수 없다.

⑤ 개업공인중개사의 인장등록은 중개사무소 개설등록신청과 같이 할 수 없다.

해설

① 업무를 개시하기 전에 중개행위에 사용할 인장을 등록관청에 등록해야 한다.

③ 주된 사무소에서 사용할 인장은 「상업등기규칙」에 따라 신고한 법인의 인장이어야 한다.

④ 법인의 인장등록은 「상업등기규칙」에 따른 인감증명서 제출로 갈음한다.

⑤ 업무개시 전에 해야 하며, 중개사무소 개설등록신청과 같이 할 수 있다.

48 공인중개사법령상 인장등록에 관한 설명으로 옳은 것을 모두 고른 것은? 제25회

ㄱ. 개업공인중개사는 중개행위에 사용할 인장을 업무개시 전에 등록관청에 등록해야 한다.

ㄴ. 소속공인중개사의 인장의 크기는 가로·세로 각각 7mm 이상 30mm 이내이어야 한다.

ㄷ. 분사무소에서 사용할 인장으로는 '상업등기규칙'에 따라 법인의 대표자가 보증하는 인장을 등록할 수 있다.

ㄹ. 등록한 인장을 변경한 경우에는 개업공인중개사는 변경일부터 10일 이내에 그 변경된 인장을 등록관청에 등록해야 한다.

① ㄱ, ㄴ　　　　　② ㄷ, ㄹ　　　　　③ ㄱ, ㄴ, ㄷ
④ ㄴ, ㄷ, ㄹ　　　　⑤ ㄱ, ㄴ, ㄷ, ㄹ

해설

ㄹ. 변경일부터 7일 이내에 변경된 인장을 등록해야 한다.

49 공인중개사법령상 인장등록 등에 관한 설명으로 **틀린** 것은? 　제30회
① 법인인 개업공인중개사의 인장등록은 상업등기규칙에 따른 인감증명서의 제출로 갈음한다.
② 개업공인중개사가 등록하지 아니한 인장을 중개행위에 사용한 경우, 등록관청은 1년의 범위 안에서 업무의 정지를 명할 수 있다.
③ 인장의 등록은 중개사무소 개설등록신청과 같이 할 수 있다.
④ 소속공인중개사의 인장등록은 소속공인중개사에 대한 고용신고와 같이 할 수 있다.
⑤ 개업공인중개사가 등록한 인장을 변경한 경우, 변경일부터 7일 이내에 그 변경된 인장을 등록관청에 등록하여야 한다.

해설

업무정지와 자격정지처분은 모두 6개월의 범위 안에서 할 수 있다(법률). 그리고 인장 관련 위반에 대하여 국토교통부령에 정해진 기준기간은 3개월이다. 6개월 범위 안에서 업무정지(자격정지)처분을 할 수 있다고 하면 옳으며, 정확한 기준기간을 물을 경우에만 3개월이라고 답하면 된다.

50 공인중개사법령상 인장등록 등에 관한 설명으로 **옳은** 것은? 　제31회
① 중개보조원은 중개업무를 보조하기 위해 인장등록을 하여야 한다.
② 개업공인중개사가 등록한 인장을 변경한 경우 변경일부터 10일 이내에 그 변경된 인장을 등록관청에 등록하면 된다.
③ 분사무소에서 사용할 인장은 분사무소 소재지 시장 · 군수 또는 구청장에게 등록해야 한다.
④ 분사무소에서 사용할 인장은 「상업등기규칙」에 따라 신고한 법인의 인장이어야 하고, 「상업등기규칙」에 따른 인감증명서의 제출로 갈음할 수 없다.
⑤ 법인의 소속공인중개사가 등록하지 아니한 인장을 사용한 경우, 6개월의 범위 안에서 자격정지처분을 받을 수 있다.

해설

③ 분사무소에서 사용할 인장은 주된 사무소 소재지 관할 등록관청에 등록해야 한다.
④ 법인인 개업공인중개사의 경우 상업등기규칙에 의하여 신고한 법인의 인장이어야 하며, 분사무소에서 사용할 인장은 상업등기규칙에 따라 법인의 대표자가 보증하는 인장을 등록할 수 있다. 또한 법인인 개업공인중개사의 인장등록은 상업등기규칙에 따른 인감증명서의 제출로 갈음한다.

정답　47 ② 　48 ③ 　49 ② 　50 ⑤

51 공인중개사법령상 전자문서로 제출할 수 없는 것은? 제22회

① 폐업신고서
② 중개보조원의 고용신고서
③ 휴업한 중개업의 재개신고서
④ 인장등록신고서
⑤ 등록인장 변경신고서

해설

폐업신고서에는 등록증을 첨부해야 하므로 전자문서로 할 수 없다.

52 휴업에 관한 설명으로 옳은 것(○)과 틀린 것(×)을 바르게 표시한 것은? 제22회

> ㄱ. 휴업신고는 전자문서로 할 수 있다.
> ㄴ. 법인인 개업공인중개사의 분사무소는 주된 사무소와 별도로 휴업할 수 있다.
> ㄷ. 취학을 이유로 휴업하고자 하는 경우 6개월을 초과하여 휴업할 수 있다.
> ㄹ. 휴업기간을 변경하고자 하는 경우 등록관청에 미리 신고해야 한다.
> ㅁ. 휴업한 개업공인중개사가 휴업기간 만료 후 중개업의 재개신고를 하지 않으면 벌금형에 처한다.

① ㄱ (○), ㄴ (○), ㄷ (○), ㄹ (○), ㅁ (○)
② ㄱ (○), ㄴ (×), ㄷ (○), ㄹ (○), ㅁ (×)
③ ㄱ (○), ㄴ (○), ㄷ (×), ㄹ (○), ㅁ (○)
④ ㄱ (×), ㄴ (○), ㄷ (○), ㄹ (○), ㅁ (×)
⑤ ㄱ (×), ㄴ (×), ㄷ (×), ㄹ (×), ㅁ (○)

해설

ㄱ. 휴업신고 및 폐업신고는 등록증을 첨부해야 하므로 전자문서로 할 수 없다. 틀린 지문이다.
ㅁ. 3개월을 초과하는 휴업신고·폐업신고·휴업기간 변경신고 또는 중개업의 재개신고를 하지 않으면 100만원 이하의 과태료를 부과한다.

53 공인중개사법령상 개업공인중개사가 등록관청에 미리 신고해야 하는 사유를 모두 고른 것은? 제28회

> ㄱ. 질병 요양을 위한 6개월을 초과하는 휴업
> ㄴ. 신고한 휴업기간의 변경
> ㄷ. 분사무소의 폐업
> ㄹ. 신고하고 휴업한 중개업의 재개

① ㄱ   ② ㄴ, ㄷ   ③ ㄱ, ㄴ, ㄷ
④ ㄴ, ㄷ, ㄹ   ⑤ ㄱ, ㄴ, ㄷ, ㄹ

54 공인중개사법령상 개업공인중개사의 부동산중개업의 휴업에 관한 설명으로 틀린 것을 모두 고른 것은? 제29회

> ㄱ. 중개사무소 개설등록 후 업무를 개시하지 않고 3개월을 초과하는 경우 에는 신고해야 한다.
> ㄴ. 법령에 정한 사유를 제외하고 휴업은 6개월을 초과할 수 없다.
> ㄷ. 분사무소는 주된 사무소와 별도로 휴업할 수 없다.
> ㄹ. 휴업신고는 원칙적으로 휴업개시 후 휴업종료 전에 해야 한다.
> ㅁ. 휴업기간 변경신고서에는 중개사무소등록증을 첨부해야 한다.

① ㄱ, ㄴ   ② ㄷ, ㅁ   ③ ㄱ, ㄴ, ㄹ
④ ㄴ, ㄷ, ㅁ   ⑤ ㄷ, ㄹ, ㅁ

해설

ㄷ. 분사무소는 주된 사무소와 별도로 휴업 및 폐업이 가능하다. 분사무소설치 신고확인서를 첨 부하여 주된 사무소 관할 등록관청에 신고해야 한다.
ㄹ. 3개월을 초과하는 휴업을 하고자 하는 때에는 등록관청에 미리 신고해야 한다.
ㅁ. 3개월을 초과하는 휴업 및 폐업신고서에 중개사무소등록증을 첨부해야 한다.

정답   51 ①   52 ④   53 ⑤   54 ⑤

55 공인중개사법령상 휴업 등에 관한 설명으로 옳은 것은? 제24회

① 개업공인중개사가 중개사무소 개설등록 후 3개월을 초과하여 업무를 개시하지 않을 경우, 미리 휴업신고를 해야 한다.
② 법령상 부득이한 사유가 없는 한, 휴업은 3개월을 초과할 수 없다.
③ 부동산중개업의 재개신고나 휴업기간의 변경신고는 전자문서에 의한 방법으로 할 수 없다.
④ 개업공인중개사가 휴업기간의 변경신고를 할 때에는 그 신고서에 중개사무소등록증을 첨부해야 한다.
⑤ 개업공인중개사가 3개월을 초과하는 휴업을 하면서 휴업신고를 하지 않은 경우에는 500만원 이하의 과태료를 부과한다.

해설
② 6개월 ③ 중개업의 재개신고와 휴업기간의 변경신고는 전자문서로 할 수 있다.
④ 휴업기간의 변경신고서에는 등록증을 첨부하지 않는다. ⑤ 100만원 이하의 과태료

56 공인중개사법령상 휴업에 관한 설명으로 옳은 것을 모두 고른 것은? 제26회

ㄱ. 개업공인중개사는 3개월을 초과하는 휴업을 하고자 하는 경우 미리 등록관청에 신고해야 한다.
ㄴ. 개업공인중개사가 6개월의 휴업신고를 하고자 하는 때에는 국토교통부령으로 정하는 신고서에 중개사무소등록증을 첨부해야 한다.
ㄷ. 등록관청에 휴업신고를 한 때에는 개업공인중개사는 지체 없이 사무소의 간판을 철거해야 한다.

① ㄱ   ② ㄴ   ③ ㄱ, ㄴ
④ ㄴ, ㄷ   ⑤ ㄱ, ㄴ, ㄷ

해설
ㄴ. 모든 서식은 국토교통부령으로 정한다. 3개월 초과 휴업신고 또는 폐업신고를 하려는 때에는 국토교통부령으로 정하는 신고서에 중개사무소등록증을 첨부해야 한다.
ㄷ. 폐업신고를 한 때에는 지체 없이 사무소의 간판을 철거해야 한다.

57 공인중개사법령상 개업공인중개사의 휴업과 폐업 등에 관한 설명으로 틀린 것은?

제30회

① 부동산중개업휴업신고서의 서식에 있는 '개업공인중개사의 종별'란에는 법인, 공인중개사, 법 제7638호 부칙 제6조 제2항에 따른 개업공인중개사가 있다.
② 개업공인중개사가 부동산중개업 폐업신고서를 작성하는 경우에는 폐업기간, 부동산중개업 휴업신고서를 작성하는 경우에는 휴업기간을 기재하여야 한다.
③ 중개사무소의 개설등록 후 업무를 개시하지 않은 개업공인중개사라도 3개월을 초과하는 휴업을 하고자 하는 때에는 부동산중개업휴업 신고서에 중개사무소등록증을 첨부하여 등록관청에 미리 신고하여야 한다.
④ 개업공인중개사가 등록관청에 폐업사실을 신고한 경우에는 지체 없이 사무소의 간판을 철거하여야 한다.
⑤ 개업공인중개사가 취학을 하는 경우 6개월을 초과하여 휴업을 할 수 있다.

> **해설**
> 부동산중개업 휴업·폐업·재개·휴업기간 변경 신고서는 동일 서식이며 휴업신고서에는 휴업기간을 기재하고 폐업신고서에는 폐업일을 기재한다.

58 공인중개사법령상 휴업의 신고 등에 관한 설명으로 틀린 것은?

제35회

① 법인인 개업공인중개사가 4개월간 분사무소의 휴업을 하려는 경우 휴업신고서에 그 분사무소설치신고확인서를 첨부하여 분사무소의 휴업신고를 해야 한다.
② 개업공인중개사가 신고한 휴업기간을 변경하려는 경우 휴업기간 변경신고서에 중개사무소등록증을 첨부하여 등록관청에 미리 신고해야 한다.
③ 관할 세무서장이 「부가가치세법 시행령」에 따라 공인중개사법령상의 휴업신고서를 함께 받아 이를 해당 등록관청에 송부한 경우에는 휴업신고서가 제출된 것으로 본다.
④ 등록관청은 개업공인중개사가 대통령령으로 정하는 부득이한 사유가 없음에도 계속하여 6개월을 초과하여 휴업한 경우 중개사무소의 개설등록을 취소할 수 있다.
⑤ 개업공인중개사가 휴업한 중개업을 재개하고자 등록관청에 중개사무소재개신고를 한 경우 해당 등록관청은 반납받은 중개사무소등록증을 즉시 반환해야 한다.

> **해설**
> 휴업신고서 및 폐업신고서에 중개사무소등록증을 첨부해야 한다.

정답 55 ① 56 ③ 57 ② 58 ②

59 공인중개사법령상 중개업의 휴업 및 재개신고 등에 관한 설명으로 옳은 것은?

제32회

① 개업공인중개사가 3개월의 휴업을 하려는 경우 등록관청에 신고해야 한다.
② 개업공인중개사가 6개월을 초과하여 휴업을 할 수 있는 사유는 취학, 질병으로 인한 요양, 징집으로 인한 입영, 임신하거나 출산한 경우로 한정한다.
③ 개업공인중개사가 휴업기간 변경신고를 하려면 중개사무소등록증을 휴업기간변경신고서에 첨부하여 제출해야 한다.
④ 재개신고는 휴업기간 변경신고와 달리 전자문서에 의한 신고를 할 수 없다.
⑤ 재개신고를 받은 등록관청은 반납을 받은 중개사무소등록증을 즉시 반환해야 한다.

해설

① 3개월 이하 휴업은 신고의무가 없다.
② 6개월 초과 휴업할 수 있는 사유 : 질병으로 인한 요양, 징집으로 인한 입영, 취학, 임신 또는 출산, 그 밖에 이에 준하는 국토교통부장관이 정하여 고시하는 사유가 있는 경우

60 공인중개사법령상 개업공인중개사의 부동산중개업 휴업 또는 폐업에 관한 설명으로 옳은 것을 모두 고른 것은?

제34회

> ㄱ. 분사무소의 폐업신고를 하는 경우 분사무소설치신고확인서를 첨부해야 한다.
> ㄴ. 임신은 6개월을 초과하여 휴업할 수 있는 사유에 해당한다.
> ㄷ. 업무정지처분을 받고 부동산중개업 폐업신고를 한 개업공인중개사는 업무정지기간이 지나지 아니하더라도 중개사무소 개설등록을 할 수 있다.

① ㄴ   ② ㄱ, ㄴ   ③ ㄱ, ㄷ
④ ㄴ, ㄷ   ⑤ ㄱ, ㄴ, ㄷ

해설

ㄷ. 업무정지처분을 받고 폐업신고를 한 경우라도 업무정지기간이 모두 지날 때까지 등록의 결격사유에 해당하므로 중개사무소 개설등록을 할 수 없다.

정답 59 ⑤   60 ②

개업공인중개사의 의무와 책임

01 개업공인중개사는 물론 소속공인중개사, 중개보조원 및 개업공인중개사인 법인의 사원 · 임원에게도 적용되는 것은? 제17회

① 중개사무소등록증 등의 게시의무
② 중개사무소 이중등록의 금지
③ 인장등록의무
④ 품위유지 및 공정중개의무
⑤ 비밀누설금지의무

해설

①②③④ 게시의무, 이중등록 금지는 개업공인중개사의 의무이며, 인장등록의무와 품위유지 및 공정중개의무는 개업공인중개사 및 소속공인중개사의 의무이다.

02 공인중개사인 개업공인중개사가 다음의 행위를 한 경우, 공인중개사법령상 피해자 의 명시한 의사에 반하여 처벌할 수 <u>없는</u> 것은? 제23회

① 거짓 그 밖의 부정한 방법으로 중개사무소의 개설등록을 한 경우
② 임시중개시설물을 설치한 경우
③ 둘 이상의 중개사무소를 둔 경우
④ 업무상 알게 된 비밀을 누설한 경우
⑤ 중개대상물의 매매를 업으로 한 경우

해설

비밀누설금지의무에 위반한 경우 1년 이하의 징역 또는 1천만원 이하의 벌금에 처하나, 피해자의 명시한 의사에 반하여 벌하지 않는다.

정답 01 ⑤ 02 ④

03 공인중개사법령상 개업공인중개사의 일반중개계약과 전속중개계약에 관한 설명으로 옳은 것은? 제33회

① 일반중개계약은 중개의뢰인이 중개대상물의 중개를 의뢰하기 위해 특정한 개업공인중개사를 정하여 그 개업공인중개사에 한정하여 중개대상물을 중개하도록 하는 계약을 말한다.

② 개업공인중개사가 일반중개계약을 체결한 때에는 중개의뢰인이 비공개를 요청하지 않은 경우, 부동산거래정보망에 해당 중개대상물에 관한 정보를 공개해야 한다.

③ 개업공인중개사가 일반중개계약을 체결한 때에는 중개의뢰인에게 2주일에 1회 이상 중개업무 처리상황을 문서로 통지해야 한다.

④ 개업공인중개사가 국토교통부령으로 정하는 전속중개계약서에 의하지 아니하고 전속중개계약을 체결한 행위는 업무정지 사유에 해당하지 않는다.

⑤ 표준서식인 일반중개계약서와 전속중개계약서에는 개업공인중개사가 중개보수를 과다수령시 그 차액의 환급을 공통적으로 규정하고 있다.

해설

①②③ 전속중개계약에 관한 내용이다.
④ 순수 업무정지 사유에 해당한다.
⑤ 양 서식에 공통으로 기술된 개업공인중개사의 손해**배**상책임에 관한 내용이다.

04 공인중개사법령상 일반중개계약에 관한 설명으로 옳은 것은? 제28회

① 일반중개계약서는 국토교통부장관이 정한 표준이 되는 서식을 사용해야 한다.

② 중개의뢰인은 동일한 내용의 일반중개계약을 다수의 개업공인중개사와 체결할 수 있다.

③ 일반중개계약의 체결은 서면으로 해야 한다.

④ 중개의뢰인은 일반중개계약서에 개업공인중개사가 준수해야 할 사항의 기재를 요청할 수 없다.

⑤ 개업공인중개사가 일반중개계약을 체결한 때에는 부동산거래정보망에 중개대상물에 관한 정보를 공개해야 한다.

해설

① 표준서식(별지 제14호)이 있으나 이를 사용할 의무는 없다.
③ 구두계약 가능
④ 위가수준(**위**치 및 규모, 거래예정**가**격, 중개보**수**, **준**수해야 할 사항)
⑤ 일반중개계약을 체결한 경우 정보공개 의무가 없다.

05 중개의뢰인 甲과 개업공인중개사 乙은 공인중개사법령에 따른 전속중개계약을 체결하고 전속중개계약서를 작성하였다. 이에 관한 설명으로 **틀린** 것은? 제33회

① 甲과 乙이 전속중개계약의 유효기간을 4개월로 약정한 것은 유효하다.

② 乙은 전속중개계약서를 3년 동안 보존해야 한다.

③ 甲은 乙이 공인중개사법령상의 중개대상물 확인·설명 의무를 이행하는 데 협조해야 한다.

④ 전속중개계약에 정하지 않은 사항에 대하여는 甲과 乙이 합의하여 별도로 정할 수 있다.

⑤ 전속중개계약의 유효기간 내에 甲이 스스로 발견한 상대방과 거래한 경우, 甲은 乙에게 지급해야 할 중개보수 전액을 위약금으로 지급해야 한다.

해설

중개보수의 50%에 해당하는 금액의 **범위에서** 소요비용을 지불해야 한다.

06 甲은 2010년 10월 10일 자기 소유의 주택매매와 관련하여 개업공인중개사 乙과 유효기간 5개월의 전속중개계약을 체결하였다. 공인중개사법령상 옳은 설명은? 제21회

① 전속중개계약의 유효기간은 3개월이므로 甲과 乙 간의 전속중개계약의 기간은 3개월로 단축된다.

② 乙이 전속중개계약서를 보존해야 하는 기간은 5년이다.

③ 乙이 일간신문에 중개대상물에 관한 정보를 공개한 경우 지체 없이 甲에게 그 내용을 문서로써 통지해야 한다.

④ 甲이 비공개를 요청하지 않는 한 乙은 2010년 10월 20일 이내에 중개대상물에 관한 정보를 공개해야 한다.

⑤ 乙은 甲에게 계약체결 후 2주일에 1회 이상 중개업무처리 상황을 통지해야 하며, 그 방법에는 제한이 없다.

해설

① 원칙 3개월, 약정에 따라 달리 정할 수 있다. ② 3년
④ 전속중개계약 체결 후 7일 이내에 정보를 공개해야 한다. 10월 17일까지 ⑤ 문서로

07 개업공인중개사가 주택을 임차하려는 중개의뢰인과 일반중개계약을 체결하면서 공인중개사법령상 표준서식인 일반중개계약서를 작성할 때 기재할 사항은? 제33회

① 소유자 및 등기명의인
② 은행융자 · 권리금 · 제세공과금 등
③ 중개의뢰 금액
④ 희망 지역
⑤ 거래규제 및 공법상 제한사항

해설

Ⅰ. 권리이전용(매도 · 임대 등) : 중개대상물의 **표시**, **권리**관계, 거래규제 및 **공법**상 제한사항, **소유자** 및 등기명의인, **중개의뢰금액**
Ⅱ. 권리취득용(매수 · 임차 등) : **희망물건의 종류, 취득 희망가격, 희망** 지역

08 공인중개사법령상 개업공인중개사와 중개의뢰인의 중개계약에 관한 설명으로 **틀린** 것은? 제35회

① 일반중개계약은 계약서의 작성 없이도 체결할 수 있다.
② 전속중개계약을 체결하면서 유효기간을 3개월 미만으로 약정한 경우 그 유효기간은 3개월로 한다.
③ 전속중개계약을 체결한 개업공인중개사는 중개대상물의 권리자의 인적사항에 관한 정보를 공개해서는 안 된다.
④ 중개의뢰인은 일반중개계약을 체결하면서 거래예정가격을 포함한 일반중개계약서의 작성을 요청할 수 있다.
⑤ 임대차에 대한 전속중개계약을 체결한 개업공인중개사는 중개의뢰인의 비공개 요청이 없어도 중개대상물의 공시지가를 공개하지 아니할 수 있다.

해설

전속중개계약의 유효기간은 3개월을 원칙으로 하되, 약정이 있는 경우에는 그 약정에 따른다. 따라서 유효기간을 3개월 미만으로 약정한 경우에는 그 약정한 기간에 따른다.

09 공인중개사법령상 중개계약에 관한 설명으로 옳은 것은? 제23회

① 국토교통부장관이 일반중개계약의 표준이 되는 서식을 정하고 있으므로 개업공인중개사는 그 서식을 반드시 사용해야 한다.
② 전속중개계약을 체결할 경우 당사자 간에 다른 약정이 없으면 그 유효기간은 6개월로 한다.
③ 개업공인중개사가 국토교통부령이 정하는 전속중개계약서에 의하지 않고 전속중개계약을 체결한 경우 등록관청은 중개사무소 개설등록을 취소할 수 있다.
④ 전속중개계약서 서식에는 개업공인중개사가 중개대상물의 확인·설명의무를 이행하는 데 중개의뢰인이 협조해야 함을 명시하고 있다.
⑤ 전속중개계약을 체결한 중개의뢰인이 그 유효기간 내에 스스로 발견한 제3자와 직접 매매계약을 체결한 경우 그 매매계약은 무효가 된다.

해설

① 국토교통부령에 일반중개계약서 표준서식은 있으나 그 서식을 사용할 의무는 없다.
③ 순수 업무정지 ⑤ 중개보수의 50%에 해당하는 금액의 범위에서 소요비용 지불

10 공인중개사법령상 중개의뢰인 甲과 개업공인중개사 乙의 중개계약에 관한 설명으로 옳은 것은? 제34회

① 甲의 요청에 따라 乙이 일반중개계약서를 작성한 경우 그 계약서를 3년간 보존해야 한다.
② 일반중개계약은 표준이 되는 서식이 정해져 있다.
③ 전속중개계약은 법령이 정하는 계약서에 의하여야 하며, 乙이 서명 및 날인하되 소속공인중개사가 있는 경우 소속공인중개사가 함께 서명 및 날인해야 한다.
④ 전속중개계약의 유효기간은 甲과 乙이 별도로 정하더라도 3개월을 초과할 수 없다.
⑤ 전속중개계약을 체결한 甲이 그 유효기간 내에 스스로 발견한 상대방과 거래한 경우 중개보수에 해당하는 금액을 乙에게 위약금으로 지급해야 한다.

해설

① 일반중개계약서 보존의무 없음
③ 소속공인중개사는 일반(전속)중개계약서에 등장하지 않는다. 개업공인중개사와 중개의뢰인이 서명 또는 날인한다.
④ 3개월 원칙, 약정이 있는 경우에는 그 약정에 따른다.
⑤ 중개보수의 50%에 해당하는 금액의 범위에서 개업공인중개사가 중개행위를 할 때 소요한 비용을 지불해야 한다.

정답 07 ④ 08 ② 09 ④ 10 ②

11 전속중개계약을 체결한 개업공인중개사가 공개해야 할 중개대상물에 대한 정보에 해당하는 것을 모두 고른 것은? (중개의뢰인이 비공개를 요청하지 않은 경우임)

제26회

> ㄱ. 벽면 및 도배의 상태
> ㄴ. 중개대상물의 권리관계에 관한 사항 중에서 권리자의 주소·성명 등 인적사항에 관한 정보
> ㄷ. 도로 및 대중교통수단과의 연계성
> ㄹ. 오수·폐수·쓰레기 처리시설 등의 상태

① ㄱ, ㄷ   ② ㄱ, ㄹ   ③ ㄴ, ㄹ
④ ㄱ, ㄷ, ㄹ   ⑤ ㄱ, ㄴ, ㄷ, ㄹ

해설

※ 전속중개계약 체결시 공개해야 할 정보: 특정·권리·공법 / 상태·상태 / 환경·입지 / 거래예정금액 + 공시지가(임대차 공개하지 아니할 수 있다), 인적사항은 공개해서는 안 된다.
※ 중개대상물 확인·설명 사항: 특정·권리·공법 / 상태·상태 / 환경·입지 / 거래예정금액 + 취중토바 관주민

12 공인중개사법령상 甲소유 X부동산을 매도하기 위한 甲과 개업공인중개사 乙의 전속중개계약에 관한 설명으로 틀린 것은?

제28회

① 甲과 乙의 전속중개계약은 국토교통부령으로 정하는 계약서에 의해야 한다.
② 甲과 乙이 전속중개계약의 유효기간을 약정하지 않은 경우 유효기간은 3개월로 한다.
③ 乙이 甲과 전속중개계약 체결 뒤 6개월 만에 그 계약서를 폐기한 경우 이는 업무정지사유에 해당한다.
④ 甲이 비공개를 요청하지 않은 경우, 乙은 전속중개계약 체결 후 2주 내에 X부동산에 관한 정보를 부동산거래정보망 또는 일간신문에 공개해야 한다.
⑤ 전속중개계약 체결 후 乙이 공개해야 할 X부동산에 관한 정보에는 도로 및 대중교통수단과의 연계성이 포함된다.

해설

③ 전속중개계약서를 3년간 보존하지 않은 경우는 순수 업무정지 사유이다.
④ 전속중개계약 체결 후 7일 이내에 X부동산에 관한 정보를 공개해야 한다.
⑤ 도로 및 대중교통수단과의 연계성, 시장·학교 등과의 근접성 등 입지조건

13 공인중개사법령상 중개계약에 관한 설명으로 **틀린** 것은? (다툼이 있으면 판례에 따름)

제29회

① 임대차에 대한 전속중개계약을 체결한 개업공인중개사는 중개대상물의 공시지가를 공개해야 한다.

② 부동산중개계약은 「민법」상 위임계약과 유사하다.

③ 전속중개계약은 법령이 정하는 계약서에 의하여야 하며, 중개의뢰인과 개업공인중개사가 모두 서명 또는 날인한다.

④ 개업공인중개사는 전속중개계약 체결 후 중개의뢰인에게 2주일에 1회 이상 중개업무 처리상황을 문서로 통지해야 한다.

⑤ 중개의뢰인은 일반중개계약을 체결할 때 일반중개계약서의 작성을 요청할 수 있다.

해설

① 임대차의 경우에는 공시지가를 공개하지 아니할 수 있다.

③ 일반중개계약서와 전속중개계약서에는 개업공인중개사와 중개의뢰인이 서명 또는 날인하도록 하고 있다.

14 무주택자인 甲이 주택을 물색하여 매수하기 위해 개업 공인중개사인 乙과 일반중개계약을 체결하고자 한다. 이 경우 공인중개사법령상 표준서식인 일반중개계약서에 기재하는 항목을 모두 고른 것은?

제30회

ㄱ. 소유자 및 등기명의인

ㄴ. 희망 지역

ㄷ. 취득 희망가격

ㄹ. 거래규제 및 공법상 제한사항

① ㄷ   ② ㄱ, ㄴ   ③ ㄴ, ㄷ

④ ㄷ, ㄹ   ⑤ ㄱ, ㄴ, ㄷ

해설

Ⅰ. 권리이전용(매도·임대 등): 중개대상물의 **표시**, **권리**관계, 거래규제 및 **공법**상 제한사항, **소유자** 및 등기명의인, **중개의뢰금액**

Ⅱ. 권리취득용(매수·임차 등): **희망물건**의 종류, 취득 **희망**가격, **희망** 지역

정답   11 ④   12 ④   13 ①   14 ③

www.pmg.co.kr

15 중개의뢰인 甲은 자신 소유의 X부동산에 대한 임대차 계약을 위해 개업공인중개사 乙과 전속중개계약을 체결하였다. X부동산에 기존 임차인 丙, 저당권자 丁이 있는 경우 乙이 부동산거래정보망 또는 일간신문에 공개해야만 하는 중개대상물에 관한 정보를 모두 고른 것은? (단, 중개의뢰인이 비공개 요청을 하지 않음) 제30회

> ㄱ. 丙의 성명
> ㄴ. 丁의 주소
> ㄷ. X부동산의 공시지가
> ㄹ. X부동산에 대한 일조(日照)·소음·진동 등 환경조건

① ㄹ   ② ㄱ, ㄴ   ③ ㄷ, ㄹ
④ ㄱ, ㄴ, ㄹ   ⑤ ㄱ, ㄴ, ㄷ, ㄹ

해설
ㄱ, ㄴ. 각 권리자의 주소·성명 등 인적사항은 공개해서는 안 된다.
ㄷ. 임대차에 관한 전속중개계약이므로 공시지가는 공개하지 아니할 수 있다. 공개해야만 하는 사항은 아니다.

16 공인중개사법령상 일반중개계약서와 전속중개계약서의 서식에 공통으로 기재된 사항이 <u>아닌</u> 것은? 제31회
① 첨부서류로서 중개보수 요율표
② 계약의 유효기간
③ 개업공인중개사의 중개업무 처리상황에 대한 통지의무
④ 중개대상물의 확인·설명에 관한 사항
⑤ 개업공인중개사가 중개보수를 과다 수령한 경우 차액 환급

해설
① 양 서식에는 중개보수 요율표를 요약하여 수록하거나, 별지로 첨부하도록 명시되어 있다.
③ 개업공인중개사가 중개의뢰인에게 계약체결 후 2주일에 1회 이상 중개업무 처리상황을 문서로 통지해야 한다는 내용은 전속중개계약서 서식에만 규정된 내용이다.
④ 양 서식에는 개업공인중개사가 중개대상물의 확인·설명을 소홀히 하여 재산상 피해가 발생한 경우 손해를 배상해야 한다고 명시하고 있다.

17 공인중개사법령상 중개대상물의 확인 · 설명사항이 <u>아닌</u> 것은? 제18회

① 임차권 등 중개대상물의 권리관계에 관한 사항
② 벽면 · 바닥면 및 도배의 상태
③ 일조 · 소음 · 진동 등 환경조건
④ 도로 및 대중교통수단과의 연계성
⑤ 권리를 이전함에 따라 부담해야 할 조세의 종류 및 세율

해설

권리를 취득함에 따라 부담해야 할 조세의 종류 및 세율
※ 중개대상물 확인 · 설명 사항 : 특정 · 권리 · 공법 / 상태 · 상태 / 환경 · 입지 / 거래예정
금액＋취중토바(취득조세, 중개보수 · 실비, 토지이용계획, 바닥면) 관주민(관리비, 「주택
임대차보호법」상 임대인의 정보제시 의무 및 보증금 중 일정액, 「주민등록법」상 전입세대
확인서 제출, 「민간임대주택에 관한 특별법」상 임대보증금의 보증)

18 공인중개사법령상 개업공인중개사가 토지의 중개대상물 확인 · 설명서에 기재해야
할 사항에 해당하는 것은 모두 몇 개인가? 제27회

- 비선호시설(1km 이내)의 유무
- 일조량 등 환경조건
- 관리주체의 유형에 관한 사항
- 공법상 이용제한 및 거래규제에 관한 사항
- 접근성 등 입지조건

① 1개　　　　② 2개　　　　③ 3개
④ 4개　　　　⑤ 5개

해설

③ 환경조건(일조량, 소음, 진동)은 '주거용 건축물 확인 · 설명서'에만 기재한다. 관리주체의 유형
에 관한 사항(관리에 관한 사항)은 '주거용 및 비주거용 건축물 확인 · 설명서'에만 기재한다.

19 개업공인중개사가 비주거용 건축물의 중개대상물 확인·설명서를 작성할 때 조사·확인 방법으로 틀린 것은?   제20회

① 소유권 - 등기사항증명서
② 지목 - 토지대장
③ 용적률·건폐율 상한 - 토지이용계획 확인서
④ 공부에서 확인할 수 없는 사항 - 부동산종합공부시스템 등
⑤ 공시되지 아니한 물건의 권리 사항 - 매도(임대)의뢰인이 고지한 사항

> **해설**
> "건폐율 상한 및 용적률 상한"은 시·군의 조례에 따라 기재하고, "도시·군계획시설", "지구단위계획구역, 그 밖의 도시·군관리계획"은 개업공인중개사가 확인하여 기재한다.

20 공인중개사법령상 주거용 건축물의 중개대상물 확인·설명서 작성방법에 관한 설명으로 옳은 것은?   제21회

① 대상물건이 위반건축물인지 여부는 등기사항증명서를 확인하여 기재한다.
② 비선호시설, 입지조건 및 관리에 관한 사항은 매도(임대)의뢰인에게 자료를 요구하여 확인한 사항을 기재한다.
③ 매매의 경우 '도시·군계획시설', '지구단위계획구역, 그 밖의 도시·군관리계획'은 개업공인중개사가 확인하여 기재한다.
④ 임대차의 경우 '개별공시지가' 및 '건물(주택)공시가격'을 반드시 기재해야 한다.
⑤ 취득시 부담할 조세의 종류 및 세율은 중개가 완성되기 전 「지방세법」의 내용을 확인하여 적어야 하며, 임대차의 경우에도 적어야 한다.

> **해설**
> ① 위반건축물 해당 여부와 위반내용은 건축물대장을 확인하여 '대상물건의 표시'에 기재한다.
> ② 개업공인중개사 기본 확인사항은 개업공인중개사가 확인하여 기재해야 한다.
> ④ 개별공시지가와 주택공시가격을 중개가 완성되기 전에 공시된 가격을 확인하여 기재하되, 임대차의 경우 생략할 수 있다.
> ⑤ 임대차를 중개한 경우 취득 시 부담할 조세의 종류 및 세율을 기재하지 않는다.

21 공인중개사법령상 중개대상물 확인·설명서에 관한 설명으로 <u>틀린</u> 것은? 제21회

① 서식은 주거용 건축물, 비주거용 건축물, 토지, 입목·광업재단·공장재단용으로 구분되어 있다.

② 소속공인중개사가 해당 중개행위를 한 경우 개업공인중개사와 함께 서명 및 날인해야 한다.

③ 매매의 경우 취득시 부담할 조세의 종류 및 세율은 모든 확인·설명서 서식에 공통으로 기재해야 할 사항이다.

④ 비주거용 건축물 서식에는 비선호시설(1㎞ 이내)이 있는지 여부를 표시해야 한다.

⑤ 입목·광업재단·공장재단 서식에는 입지조건에 관한 사항의 기재란이 없다.

해설

비선호시설은 주거용 건축물 및 토지용에 기재한다.

22 공인중개사법령상 주거용 중개대상물 확인·설명서 작성시 개업공인중개사가 조사하여 기재할 사항이 <u>아닌</u> 것은? 제22회

① 단독경보형 감지기 유무

② 경비실의 존재 여부

③ 비선호시설의 유무

④ 주차장의 유무

⑤ 도로에의 접근성이 용이한지 여부

해설

① 단독경보형 감지기는 개업공인중개사 세부 확인사항에 속하며 "내부·외부시설물의 상태"의 "소방"에 있다.

  ※ 소방 : 주거용 건축물(단독경보형 감지기), 비주거용 건축물(소화전, 비상벨)

② 관리에 관한 사항, ③ 비선호시설, ④⑤ 입지조건은 기본 확인사항이다.

정답 19 ③ 20 ③ 21 ④ 22 ①

23 공인중개사법령상 개업공인중개사 甲의 중개대상물 확인·설명에 관한 설명으로 틀린 것은? (다툼이 있으면 판례에 따름)　　　　　제34회

① 甲은 중개가 완성되어 거래계약서를 작성하는 때에 중개대상물 확인·설명서를 작성하여 거래당사자에게 교부해야 한다.

② 甲은 중개대상물에 근저당권이 설정된 경우, 실제의 피담보채무액을 조사·확인하여 설명할 의무가 있다.

③ 甲은 중개대상물의 범위 외의 물건이나 권리 또는 지위를 중개하는 경우에도 선량한 관리자의 주의로 권리관계 등을 조사·확인하여 설명할 의무가 있다.

④ 甲은 자기가 조사·확인하여 설명할 의무가 없는 사항이라도 중개의뢰인이 계약을 맺을지를 결정하는 데 중요한 것이라면 그에 관해 그릇된 정보를 제공해서는 안 된다.

⑤ 甲이 성실·정확하게 중개대상물의 확인·설명을 하지 않거나 설명의 근거자료를 제시하지 않은 경우 500만원 이하의 과태료 부과사유에 해당한다.

> **해설**
> ② 개업공인중개사는 근저당이 설정된 경우에는 그 채권최고액을 조사·확인하여 의뢰인에게 설명하면 족하고, 실제의 피담보채무액까지 확인하여 설명할 의무는 없다(98다30667).
> ③ 개업공인중개사와 중개의뢰인의 법률관계는 「민법」상 위임관계와 유사하므로 개업공인중개사는 선량한 관리자의 주의로 중개대상물의 권리관계 등을 조사·확인하여 중개의뢰인에게 설명할 의무가 있다. 또한, 이는 개업공인중개사나 중개보조원이 중개대상물의 범위 외의 물건이나 권리 또는 지위를 중개하는 경우에도 다르지 않다(2012다74342).
> ④ 개업공인중개사는 비록 그가 조사·확인하여 의뢰인에게 설명할 의무를 부담하지 않는 사항이더라도 중개의뢰인이 계약체결 여부를 결정하는 데 중요한 자료가 되는 사항에 관하여 그릇된 정보를 제공하여서는 안 된다(2008다42836).

24 공인중개사법령상 비주거용 건축물 중개대상물 확인·설명서 작성시 개업공인중개사의 세부 확인사항이 아닌 것은?　　　　　제25회

① 벽면의 균열 유무
② 승강기의 유무
③ 주차장의 유무
④ 비상벨의 유무
⑤ 가스(취사용)의 공급방식

> **해설**
> 주차장은 '입지조건'에 속하며, '입지조건'은 개업공인중개사 기본 확인사항이다.

25 공인중개사법령상 개업공인중개사의 중개대상물 확인·설명서 작성에 관한 설명으로 틀린 것은? 제23회

① 개업공인중개사 기본 확인사항은 개업공인중개사가 확인한 사항을 적어야 한다.

② 권리관계의 등기부기재사항은 등기사항증명서를 확인하여 적는다.

③ 매매의 경우 취득시 부담할 조세의 종류 및 세율은 중개가 완성되기 전에 「지방세법」의 내용을 확인하여 적는다.

④ 해당 중개행위를 한 소속공인중개사가 있는 경우, 확인·설명서에 개업공인중개사와 소속공인중개사가 함께 서명 또는 날인해야 한다.

⑤ 중개보수는 거래예정금액을 기준으로 계산하여 적는다.

해설

개업공인중개사와 해당 중개행위를 한 소속공인중개사가 함께 서명 및 날인을 해야 한다.

26 공인중개사법령상 개업공인중개사의 중개대상물 확인·설명서 작성에 관한 설명으로 옳은 것은? (확인·설명 사항이 공인전자문서센터에 보관된 경우를 제외함) 제25회

① 개업공인중개사는 중개가 완성되어 거래계약서를 작성하는 때, 확인·설명사항을 서면으로 작성하여 거래당사자에게 교부하고 5년 동안 원본, 사본 또는 전자문서를 보존해야 한다.

② 개업공인중개사는 중개대상물의 상태에 관한 자료요구에 매도의뢰인이 불응한 경우, 그 사실을 매수의뢰인에게 설명하고 중개대상물 확인·설명서에 기재해야 한다.

③ 중개대상물 확인·설명서에는 개업공인중개사가 서명 또는 날인하되, 해당 중개행위를 한 소속공인중개사가 있는 경우에는 소속공인중개사가 함께 서명 또는 날인해야 한다.

④ 공동중개의 경우, 중개대상물 확인·설명서에는 참여한 개업공인중개사(소속공인중개사 포함) 중 1인이 서명·날인하면 된다.

⑤ 중개가 완성된 후 개업공인중개사가 중개대상물 확인·설명서를 작성하여 교부하지 아니한 것만으로도 중개사무소 개설등록 취소사유에 해당한다.

해설

① 3년 ③ 서명 및 날인 ⑤ 확인·설명서 교부× 보존× 서명 및 날인×: 순수 업무정지

정답 23 ② 24 ③ 25 ④ 26 ②

27 공인중개사법령상 중개대상물 확인·설명서[I](주거용 건축물)의 작성방법으로
옳은 것을 모두 고른 것은? 제34회

> ㄱ. 임대차의 경우 '취득시 부담할 조세의 종류 및 세율'은 적지 않아도 된다.
> ㄴ. '환경조건'은 중개대상물에 대해 개업공인중개사가 매도(임대)의뢰인에
> 게 자료를 요구하여 확인한 사항을 적는다.
> ㄷ. 중개대상물에 법정지상권이 있는지 여부는 '실제 권리관계 또는 공시되
> 지 않은 물건의 권리 사항'란에 개업공인중개사가 직접 확인한 사항을
> 적는다.

① ㄱ　　　　　　　② ㄱ, ㄴ　　　　　　③ ㄱ, ㄷ
④ ㄴ, ㄷ　　　　　　⑤ ㄱ, ㄴ, ㄷ

해설

ㄷ. 세부 확인 사항이므로 매도(임대)의뢰인이 고지한 사항(법정지상권, 유치권, 「주택임대차보
호법」에 따른 임대차, 토지에 부착된 조각물 및 정원수 등)을 적는다.

28 공인중개사법령상 공인중개사인 개업공인중개사 등의 중개대상물 확인·설명에
관한 내용으로 옳은 것을 모두 고른 것은? 제28회

> ㄱ. 시장·학교와의 근접성 등 중개대상물의 입지조건은 개업공인중개사가
> 확인·설명해야 하는 사항에 해당한다.
> ㄴ. 확인·설명 사항이 공인전자문서센터에 보관된 경우를 제외하고 개업공
> 인중개사가 중개대상물 확인·설명서의 원본, 사본 또는 전자문서를 보
> 존해야 할 기간은 5년이다.
> ㄷ. 해당 중개행위를 한 소속공인중개사가 있는 경우, 확인·설명서에는 개
> 업공인중개사와 그 소속공인중개사가 함께 서명 및 날인해야 한다.
> ㄹ. 중개업무를 수행하는 소속공인중개사가 성실·정확하게 중개대상물의
> 확인·설명을 하지 않은 것은 소속공인중개사의 자격정지사유에 해당한다.

① ㄱ, ㄴ　　　　　　② ㄱ, ㄹ　　　　　　③ ㄴ, ㄷ
④ ㄱ, ㄷ, ㄹ　　　　⑤ ㄴ, ㄷ, ㄹ

해설

ㄴ. 3년
ㄹ. 개업공인중개사는 500만원 이하의 과태료, 소속공인중개사는 자격정지 사유에 해당한다.

29 개업공인중개사가 주택의 임대차를 중개하면서 중개대상물 확인 · 설명서[Ⅰ](주거용 건축물)를 작성하는 경우 제외하거나 생략할 수 있는 것을 모두 고른 것은?

제33회

> ㄱ. 취득시 부담할 조세의 종류 및 세율
> ㄴ. 개별공시지가(m^2당) 및 건물(주택)공시가격
> ㄷ. 계약갱신요구권 행사 여부
> ㄹ. 건축물의 방향

① ㄱ, ㄴ   ② ㄱ, ㄷ   ③ ㄷ, ㄹ
④ ㄱ, ㄴ, ㄹ   ⑤ ㄴ, ㄷ, ㄹ

해설

ㄱ. 임대차의 경우에는 기재를 제외한다.
ㄴ. 임대차계약의 경우에는 "개별공시지가" 및 "건물공시가격"의 기재를 생략할 수 있다.

30 공인중개사법령상 중개대상물 확인 · 설명서 작성방법에 관한 설명으로 옳은 것은?

제25회

① 권리관계의 '등기부기재사항'은 개업공인중개사 기본 확인사항으로, '실제권리관계 또는 공시되지 않은 물건의 권리 사항'은 개업공인중개사 세부 확인사항으로 구분하여 기재한다.
② '건폐율 상한 및 용적률 상한'은 개업공인중개사 기본 확인사항으로 토지이용계획확인서의 내용을 확인하여 적는다.
③ '거래예정금액'은 개업공인중개사 기본 확인사항으로 중개가 완성된 때의 거래금액을 기재한다.
④ '취득시 부담할 조세의 종류 세율'은 중개대상물 유형별 모든 서식에 공통적으로 기재할 사항으로 임대차의 경우에도 기재해야 한다.
⑤ 중개보수는 법령으로 정한 요율 한도에서 중개의뢰인과 개업공인중개사가 협의하여 결정하며, 중개보수에는 부가가치세가 포함된 것으로 본다.

해설

② 시 · 군 조례
③ 중개가 완성되기 전의 거래예정금액
④ 임대차의 경우는 적지 않는다.
⑤ VAT 별도

정답   27 ②   28 ④   29 ①   30 ①

31 공인중개사법령상 중개대상물 확인·설명서[Ⅱ](비주거용 건축물)에서 개업공인중개사의 기본 확인사항이 <u>아닌</u> 것은? 제33회

① 소재지, 면적 등 대상물건의 표시에 관한 사항
② 소유권 외의 권리사항
③ 비선호시설(1km 이내)의 유무에 관한 사항
④ 관리주체 등 관리에 관한 사항
⑤ 소유권에 관한 사항

해설

비주거용 건축물 확인·설명서의 개업공인중개사 기본 확인사항에 '비선호시설'은 기재하지 않는다.

32 공인중개사법령상 중개대상물 확인·설명서[Ⅱ](비주거용 건축물)에서 개업공인중개사의 확인사항으로 옳은 것을 모두 고른 것은? 제29회

> ㄱ. "단독경보형 감지기" 설치 여부는 세부 확인사항이다.
> ㄴ. "내진설계 적용 여부"는 기본 확인사항이다.
> ㄷ. "실제권리관계 또는 공시되지 않은 물건의 권리 사항"은 세부 확인사항이다.
> ㄹ. "환경조건(일조량·소음·진동)"은 세부 확인사항이다.

① ㄱ, ㄴ   ② ㄱ, ㄹ   ③ ㄴ, ㄷ
④ ㄱ, ㄴ, ㄷ   ⑤ ㄴ, ㄷ, ㄹ

해설

ㄱ. 소방: 주거용 건축물(단독경보형 감지기), 비주거용 건축물(소화전, 비상벨)
ㄹ. 비주거용 건축물 확인·설명서에는 '환경조건(일조량·소음·진동)'을 기재하지 않는다. 환경조건은 주거용 건축물 확인·설명서에만 기재한다.

33 공인중개사법령상 중개대상물의 확인 · 설명에 관한 내용으로 옳은 것은? (다툼이 있으면 판례에 따름)
제30회

① 개업공인중개사는 선량한 관리자의 주의로 중개대상물의 권리관계 등을 조사 · 확인하여 중개의뢰인에게 설명할 의무가 있다.

② 개업공인중개사가 성실 · 정확하게 중개대상물의 확인 · 설명을 하지 아니하면 업무정지사유에 해당한다.

③ 개업공인중개사는 중개대상물에 대한 확인 · 설명을 중개가 완성된 후 해야 한다.

④ 중개보조원은 중개의뢰인에게 중개대상물의 확인 · 설명 의무를 진다.

⑤ 개업공인중개사는 중개대상물 확인 · 설명서를 작성하여 거래당사자에게 교부하고 그 원본을 5년간 보존하여야 한다.

> **해설**
> ② 개업공인중개사(500만원 이하의 과태료), 소속공인중개사(자격정지)
> ③ 중개가 완성되기 전에
> ④ 중개보조원은 확인 · 설명 의무가 없으며 해서도 안 된다.
> ⑤ 원본, 사본 또는 전자문서를 3년 동안 보존하여야 한다.

34 공인중개사법령상 내용으로 옳은 것은?
제31회

① 중개보조원은 중개대상물에 관한 확인 · 설명의무가 있다.

② 소속공인중개사는 그 소속 개업공인중개사인 법인의 임원이 될 수 없다.

③ 외국인은 공인중개사가 될 수 없다.

④ 개업공인중개사가 성실 · 정확하게 중개대상물의 확인 · 설명을 하지 않은 경우 과태료 처분사유에 해당한다.

⑤ 토지이용계획은 주거용 건축물 매매계약의 중개 의뢰를 받은 개업공인중개사가 확인 · 설명해야 할 사항에 포함되지 않는다.

> **해설**
> ② 소속공인중개사는 그가 소속된 개업공인중개사인 법인의 사원 또는 임원이 될 수 있다.
> ③ 외국인은 공인중개사가 될 수 있으며 개업공인중개사 등도 될 수 있다.
> ④ 개업공인중개사가 성실 · 정확하게 중개대상물의 확인 · 설명을 하지 않거나 근거자료를 제시하지 않은 경우는 500만원 이하의 과태료 사유이다.
> ⑤ 토지이용계획, 공법상의 거래규제 및 이용제한에 관한 사항은 중개대상물 확인 · 설명 사항에 포함된다.

정답 31 ③ 32 ③ 33 ① 34 ④

35 공인중개사법령상 개업공인중개사가 확인·설명하여야 할 사항 중 중개대상물 확인·설명서 [I](주거용 건축물), [II](비주거용 건축물), [III](토지), [IV](입목·광업재단·공장재단) 서식에 공통적으로 기재되어 있는 것을 모두 고른 것은? 제31회

> ㄱ. 권리관계(등기부 기재사항)
> ㄴ. 비선호시설
> ㄷ. 거래예정금액
> ㄹ. 환경조건(일조량·소음)
> ㅁ. 실제 권리관계 또는 공시되지 않은 물건의 권리사항

① ㄱ, ㄴ   ② ㄴ, ㄹ   ③ ㄱ, ㄷ, ㅁ
④ ㄱ, ㄷ, ㄹ, ㅁ   ⑤ ㄱ, ㄴ, ㄷ, ㄹ, ㅁ

해설

ㄴ. 비선호시설 : 주거용 건축물, 토지용   ㄹ. 환경조건(일조량·소음) : 주거용 건축물

36 공인중개사법령상 '중개대상물의 확인·설명사항'과 '전속중개계약에 따라 부동산 거래정보망에 공개해야 할 중개대상물에 관한 정보'에 공통으로 규정된 것을 모두 고른 것은? 제32회

> ㄱ. 공법상의 거래규제에 관한 사항
> ㄴ. 벽면 및 도배의 상태
> ㄷ. 일조·소음의 환경조건
> ㄹ. 취득시 부담해야 할 조세의 종류와 세율

① ㄱ, ㄴ   ② ㄷ, ㄹ   ③ ㄱ, ㄴ, ㄷ
④ ㄴ, ㄷ, ㄹ   ⑤ ㄱ, ㄴ, ㄷ, ㄹ

해설

ㄹ. 취득시 부담해야 할 조세의 종류와 세율 : 중개대상물 확인·설명사항
※ 전속중개계약 체결시 공개해야 할 정보 : 특정·권리·공법 / 상태·상태 / 환경·입지 / 거래예정금액 + 공시지가
※ 중개대상물 확인·설명 사항 : 특정·권리·공법 / 상태·상태 / 환경·입지 / 거래예정금액 + 취중토바 관주민(취득조세, 중개보수, 토지이용계획, 바닥면, 관리비, 「주임법」 임대인 정보제시 의무·보증금 중 일정액, 「주민등록법」 전입세대확인서 제출, 「민간임대주택에 관한 특별법」)

37 공인중개사법령상 중개대상물 확인 · 설명서[Ⅱ] (비주거용 건축물)에서 개업공인 중개사 기본 확인사항이 <u>아닌</u> 것은? 제35회

① 토지의 소재지, 면적 등 대상물건의 표시
② 소유권 외의 권리사항 등 등기부 기재사항
③ 관리비
④ 입지조건
⑤ 거래예정금액

해설

1. 중개대상물 확인 · 설명서 − 관리에 관한 사항(기본) : 주거용(경비실, 관리주체, 관리비), 비 주거용(경비실, 관리주체)
2. 관리비의 금액과 그 산출내역은 주택 임대차 중개를 하는 경우에만 확인 · 설명 사항에 포함 되며, 주거용 건축물 확인 · 설명서에 기재해야 할 사항이다.

38 「전자문서 및 전자거래 기본법」에 따른 공인전자문서센터에 보관된 경우, 공인중 개사법령상 개업공인중개사가 원본, 사본 또는 전자문서를 보존기간 동안 보존해 야 할 의무가 면제된다고 명시적으로 규정된 것을 모두 고른 것은? 제32회

> ㄱ. 중개대상물 확인 · 설명서
> ㄴ. 손해배상책임보장에 관한 증서
> ㄷ. 소속공인중개사 고용신고서
> ㄹ. 거래계약서

① ㄱ   ② ㄱ, ㄹ   ③ ㄴ, ㄷ
④ ㄴ, ㄷ, ㄹ   ⑤ ㄱ, ㄴ, ㄷ, ㄹ

해설

② 공인전자문서센터에 보관된 경우 서면으로 작성하여 교부할 의무가 없고 보존할 의무가 없 는 것 : 중개대상물 확인 · 설명서 및 거래계약서

정답   35 ③   36 ③   37 ③   38 ②

39 공인중개사법령상 거래계약서의 작성에 관한 설명으로 옳은 것은? (다툼이 있으면 판례에 의함) 제20회

① 중개행위를 한 소속공인중개사는 거래계약서를 작성할 수 있고, 이 경우 서명 및 날인은 개업공인중개사만 하면 된다.
② 법인의 분사무소에서 분사무소 소속공인중개사에 의해 중개가 완성된 경우 거래계약서에 법인의 대표자가 서명 및 날인해야 한다.
③ 거래계약서에는 중개대상물 확인·설명서의 교부일자를 반드시 기재하지 않아도 된다.
④ 개업공인중개사가 거래계약서에 서명과 날인 중 어느 한 가지를 하지 아니한 경우에는 업무정지사유가 된다.
⑤ 거래계약서의 서식은 이 법 시행규칙에서 정하고 있다.

> **해설**
> ① 개업공인중개사와 소속공인중개사가 함께 서명 및 날인을 해야 한다.
> ② 분사무소의 책임자와 소속공인중개사가 함께 서명 및 날인해야 한다.
> ④ 서명과 날인 모두를 하지 아니한 경우뿐만 아니라 서명과 날인 중 어느 한 가지를 하지 않은 경우도 업무정지 사유에 포함된다(2008두16698).

40 다음 중 공인중개사법령상 개업공인중개사가 작성하는 거래계약서의 필수적 기재사항이 <u>아닌</u> 것은 모두 몇 개인가? 제20회

> ㄱ. 당사자의 담보책임을 면제하기로 한 경우 그 약정
> ㄴ. 거래예정금액
> ㄷ. 물건의 인도일시
> ㄹ. 권리이전의 내용
> ㅁ. 토지이용계획의 내용
> ㅂ. 거래당사자의 인적사항
> ㅅ. 권리취득에 따른 조세의 종류 및 세율

① 2개　　　　② 3개　　　　③ 4개
④ 5개　　　　⑤ 6개

> **해설**
> ② ㄴ, ㅁ, ㅅ: 중개대상물 확인·설명서의 기재사항이다.

41 공인중개사법령상 개업공인중개사의 거래계약서 작성 등에 관한 설명으로 옳은 것은?
제33회

① 개업공인중개사가 국토교통부장관이 정하는 거래계약서 표준서식을 사용하지 아니한 경우, 시 · 도지사는 그 자격을 취소해야 한다.

② 중개대상물 확인 · 설명서 교부일자는 거래계약서에 기재해야 하는 사항이다.

③ 하나의 거래계약에 대하여 서로 다른 둘 이상의 거래계약서를 작성한 경우, 시 · 도지사는 6개월의 범위 안에서 그 업무를 정지할 수 있다.

④ 중개행위를 한 소속공인중개사가 거래계약서를 작성하는 경우, 그 소속공인중개사가 거래계약서에 서명 및 날인하여야 하며 개업공인중개사는 서명 및 날인 의무가 없다.

⑤ 거래계약서가 「전자문서 및 전자거래 기본법」에 따른 공인전자문서센터에 보관된 경우 3년간 그 사본을 보존해야 한다.

해설

① 법령에는 국토교통부장관이 정한 거래계약서의 표준서식이 없다.

③ 임의적 등록취소 사유이므로 등록관청은 중개사무소 개설등록을 취소할 수 있으며, 6개월의 범위 안에서 업무정지처분을 할 수도 있다.

⑤ 공인전자문서센터에 보관된 경우 서면으로 작성하여 교부하고 보존해야 할 의무가 없다.

42 공인중개사법령상 거래계약서의 작성에 관한 설명으로 틀린 것은 모두 몇 개인가?
(거래계약서가 공인전자문서센터에 보관된 경우를 제외함)
제22회

ㄱ. 개업공인중개사는 그 원본, 사본 또는 전자문서를 3년 동안 보존해야 한다.
ㄴ. 거래당사자가 원할 때는 매수인의 성명을 공란으로 둘 수 있다.
ㄷ. 개업공인중개사는 반드시 정해진 서식을 사용해야 한다.
ㄹ. 개업공인중개사가 거래금액을 거짓으로 기재하면 중개사무소 등록이 취소될 수 있다.

① 0개   ② 1개   ③ 2개
④ 3개   ⑤ 4개

해설

ㄱ. 5년
ㄴ. 거래당사자의 인적사항은 거래계약서의 필수적 기재사항이다.
ㄷ. 거래계약서는 법정서식이 없다.

정답 39 ④   40 ②   41 ②   42 ④

43 공인중개사법령상 거래계약서 작성 등에 관한 설명으로 옳은 것은? (거래계약서가 공인전자문서센터에 보관된 경우를 제외함) 제27회

① 국토교통부장관이 지정한 표준거래계약서 양식으로 계약서를 작성해야 한다.
② 작성된 거래계약서는 거래당사자에게 교부하고 3년 동안 원본, 사본 또는 전자문서를 보존해야 한다.
③ 거래계약서를 보존기간 동안 보존하지 않은 경우 등록관청은 중개사무소의 개설등록을 취소할 수 있다.
④ 중개대상물 확인 · 설명서 교부일자는 거래계약서 기재사항이 아니다.
⑤ 분사무소의 소속공인중개사가 중개행위를 한 경우 그 소속공인중개사와 분사무소의 책임자가 함께 거래계약서에 서명 및 날인해야 한다.

> **해설**
> ① 거래계약서는 국토교통부장관이 정한 표준서식이 없다.
> ③ 거래계약서 교부× 보존× 서명 및 날인×: 순수 업무정지
> ④ 중개대상물 확인 · 설명서 교부일자는 거래계약서 필수적 기재사항이다.

44 공인중개사법령상 개업공인중개사의 거래계약서 작성에 관한 설명으로 옳은 것은?

제25회

① 중개대상물 확인 · 설명서 교부일자는 거래계약서에 기재해야 할 사항이 아니다.
② 해당 중개행위를 한 소속공인중개사도 거래계약서를 작성할 수 있으며, 이 경우 개업공인중개사만 서명 및 날인하면 된다.
③ 거래계약서는 국토교통부장관이 정하는 표준 서식으로 작성해야 한다.
④ 법인의 분사무소가 설치되어 있는 경우, 그 분사무소에서 작성하는 거래계약서에 분사무소의 책임자가 서명 및 날인해야 한다.
⑤ 개업공인중개사가 거래계약서에 거래내용을 거짓으로 기재한 경우, 1년 이하의 징역 또는 1천만원 이하의 벌금에 처해진다.

> **해설**
> ② 개업공인중개사와 소속공인중개사가 함께 서명 및 날인해야 한다.
> ⑤ 거래계약서에 거래금액 등을 거짓으로 기재한 경우, 서로 다른 둘 이상의 거래계약서를 작성한 경우: 개업공인중개사(임의적 등록취소), 소공(자격정지), 형벌 대상은 아니다.

45 개업공인중개사 甲이 공인중개사법령에 따라 거래계약서를 작성하고자 한다. 이에 관한 설명으로 **틀린** 것은? (다툼이 있으면 판례에 따름) 제28회

① 甲은 중개대상물에 대하여 중개가 완성된 때에만 거래계약서를 작성 · 교부해야 한다.

② 공인전자문서센터에 보관된 경우를 제외하고 甲이 작성하여 거래당사자에게 교부한 거래계약서를 보존해야 할 기간은 5년이다.

③ 공동중개의 경우, 甲과 참여한 개업공인중개사 모두 거래계약서에 서명 또는 날인해야 한다.

④ 계약의 조건이 있는 경우, 그 조건은 거래계약서에 기재해야 할 사항이다.

⑤ 국토교통부장관은 개업공인중개사가 작성하는 거래계약서의 표준이 되는 서식을 정하여 그 사용을 권장할 수 있다.

해설

① 개업공인중개사는 중개가 완성된 때에만 거래계약서 등을 작성 · 교부하여야 하고 중개를 하지 아니하였음에도 함부로 거래계약서 등을 작성 · 교부하여서는 아니된다(2009다78863).
③ 서명 및 날인해야 한다.

46 공인중개사법령상 계약금 등의 반환채무이행의 보장 등에 관한 설명으로 **틀린** 것은? 제30회

① 개업공인중개사는 거래의 안전을 보장하기 위하여 필요하다고 인정하는 경우, 계약금 등을 예치하도록 거래당사자에게 권고할 수 있다.

② 예치대상은 계약금 · 중도금 또는 잔금이다.

③ 「보험업법」에 따른 보험회사는 계약금 등의 예치명의자가 될 수 있다.

④ 개업공인중개사는 거래당사자에게 「공인중개사법」에 따른 공제사업을 하는 자의 명의로 계약금 등을 예치하도록 권고할 수 없다.

⑤ 개업공인중개사는 계약금 등을 자기 명의로 금융기관 등에 예치하는 경우 자기 소유의 예치금과 분리하여 관리될 수 있도록 하여야 한다.

해설

계약금 등의 예치명의자 : 개업공인중개사 · 공은보신체 · 전문회사. 공은보신체(공제사업자, 은행, 보험회사, 신탁업자, 체신관서)

정답 43 ⑤ 44 ④ 45 ③ 46 ④

47 계약금 등의 반환채무이행의 보장에 대한 설명 중 옳은 것은? 제17회

① 개업공인중개사가 거래의 안전을 보장하기 위하여 필요하다고 인정하는 경우 거래계약의 이행이 완료될 때까지 계약금·중도금 또는 잔금을 예치하도록 권고해야 한다.

② 계약금 등의 반환채무이행을 보장하기 위해 이를 금융기관에 예치하는 경우 개업공인중개사의 명의로는 할 수 없다.

③ 계약금·중도금 또는 잔금 및 계약관련 서류 관리업무를 수행하는 전문회사는 거래대금의 예치명의자가 될 수 없다.

④ 「우체국예금·보험에 관한 법률」에 따른 체신관서는 계약금 등의 예치명의자가 될 수 있다.

⑤ 개업공인중개사는 매수인이 요구하는 때에는 계약금 등을 금융기관 또는 공제사업자 등에 예치해야 한다.

해설
① 예치를 <u>권고할 수 있다.</u>
② 개업공인중개사도 예치명의자가 될 수 있다.
③ 에스크로우 전문회사도 계약금 등의 예치명의자가 될 수 있다.
⑤ 중개의뢰인이 개업공인중개사에게 먼저 예치를 요구하였더라도 이에 응할 의무가 없으므로 거절할 수 있다.

48 공인중개사법령상 계약금 등의 반환채무이행의 보장에 관한 설명으로 틀린 것은? 제21회

① 개업공인중개사가 거래당사자에게 계약금 등을 예치하도록 권고할 법률상 의무는 없다.

② 계약금 등 예치하는 경우 「우체국예금·보험에 관한 법률」에 따른 체신관서 명의로 공제사업을 하는 공인중개사협회에 예치할 수도 있다.

③ 계약금 등을 예치하는 경우 「보험업법」에 따른 보험회사 명의로 금융기관에 예치할 수 있다.

④ 계약금 등을 예치하는 경우 매도인 명의로 금융기관에 예치할 수 있다.

⑤ 계약금 등의 예치는 거래계약의 이행이 완료될 때까지로 한다.

해설
예치명의자는 개업공인중개사 및 "공은보신체 전문회사"이다. : 개업공인중개사, 공제사업을 하는 자, 「은행법」에 따른 은행, 「보험업법」에 따른 보험회사, 「자본시장과 금융투자업에 관한 법률」에 따른 신탁업자, 「우체국예금·보험에 관한 법률」에 따른 체신관서, 계약금·중도금 또는 잔금 및 계약 관련서류를 관리하는 업무를 수행하는 전문회사이다.

49 개업공인중개사의 중개로 매매계약이 체결된 후 계약금 등의 반환채무이행을 보장하기 위해 매수인이 낸 계약금을 개업공인중개사 명의로 금융기관에 예치하였다. 공인중개사법령상 이에 관한 설명으로 틀린 것은? 　　　　　제23회

① 금융기관에 예치하는 데 소요되는 실비는 특별한 약정이 없는 한 매도인이 부담한다.

② 개업공인중개사는 계약금 이외에 중도금이나 잔금도 예치하도록 거래당사자에게 권고할 수 있다.

③ 개업공인중개사는 예치된 계약금에 해당하는 금액을 보장하는 보증보험 또는 공제에 가입하거나 공탁을 해야 한다.

④ 개업공인중개사는 예치된 계약금이 자기소유의 예치금과 분리하여 관리될 수 있도록 해야 한다.

⑤ 개업공인중개사는 예치된 계약금을 거래당사자의 동의 없이 임의로 인출하여서는 안 된다.

> **해설**
>
> 개업공인중개사 명의로 계약금 등을 예치하는 경우 반환채무이행 보장에 소요되는 실비에 대하여 거래당사자와 약정해야 하며, 매수 또는 임차의뢰인이 부담한다.

50 공인중개사법령상 계약금 등을 예치하는 경우 예치명의자가 될 수 있는 자를 모두 고른 것은? 　　　　　제34회

> ㄱ. 「보험업법」에 따른 보험회사
> ㄴ. 「자본시장과 금융투자업에 관한 법률」에 따른 투자중개업자
> ㄷ. 「자본시장과 금융투자업에 관한 법률」에 따른 신탁업자
> ㄹ. 「한국지방재정공제회법」에 따른 한국지방재정공제회

① ㄱ　　　　　　　② ㄱ, ㄷ　　　　　　　③ ㄱ, ㄴ, ㄷ
④ ㄴ, ㄷ, ㄹ　　　⑤ ㄱ, ㄴ, ㄷ, ㄹ

> **해설**
>
> ② 예치명의자는 개업공인중개사 및 "공은보신체 전문회사"이다.

정답 ▶ 　47 ④ 　48 ④ 　49 ① 　50 ②

51 공인중개사법령상 중개행위 등에 관한 설명으로 옳은 것은? (다툼이 있으면 판례에 따름)
 제32회

① 중개행위에 해당하는지 여부는 개업공인중개사의 행위를 객관적으로 보아 판단할 것이 아니라 개업공인중개사의 주관적 의사를 기준으로 판단해야 한다.

② 임대차계약을 알선한 개업공인중개사가 계약 체결 후에도 목적물의 인도 등 거래당사자의 계약상 의무의 실현에 관여함으로써 계약상 의무가 원만하게 이행되도록 주선할 것이 예정되어 있는 경우, 그러한 개업공인중개사의 행위는 사회통념상 중개행위의 범주에 포함된다.

③ 소속공인중개사는 자신의 중개사무소 개설등록을 신청할 수 있다.

④ 개업공인중개사는 거래계약서를 작성하는 경우 거래계약서에 서명하거나 날인하면 된다.

⑤ 개업공인중개사가 국토교통부장관이 정한 거래계약서 표준서식을 사용하지 않는 경우 과태료부과처분을 받게 된다.

> **해설**
>
> ① 중개행위에 해당하는지 여부는 개업공인중개사가 진정으로 거래당사자를 위하여 거래를 알선·중개하려는 의사를 갖고 있었느냐고 하는 개업공인중개사의 주관적 의사에 의하여 결정할 것이 아니라 객관적으로 보아 사회통념상 거래의 알선·중개를 위한 행위라고 인정되는지 여부에 의하여 결정해야 한다(2005다32197).
>
> ② 매매계약 또는 임대차계약을 알선한 개업공인중개사가 중도금 및 잔금의 지급, 목적물의 인도 및 소유권이전등기의 경료 등, 보증금의 지급, 목적물의 인도, 확정일자의 취득 등 거래당사자의 계약상 의무의 실현에 관여함으로써 계약상 의무가 원만하게 이행되도록 주선할 것이 예정되어 있는 경우에, 그러한 개업공인중개사의 행위는 객관적으로 보아 사회통념상 거래의 알선·중개를 위한 행위로서 중개행위의 범주에 포함된다(2005다55008, 2012다42154, 2012다102940).
>
> ③ 이중소속 금지에 따라 소속공인중개사는 중개사무소 개설등록을 신청할 수 없다.
>
> ④ 개업공인중개사는 거래계약서에 서명 및 날인해야 한다.
>
> ⑤ 대통령령에는 국토교통부장관이 거래계약서의 표준서식을 정해 그 사용을 권장할 수 있다고 되어 있으나, 현재 국토교통부령에는 국토교통부장관이 정한 거래계약서의 표준서식이 없다.

52 공인중개사법령상 손해배상책임의 보장에 관한 설명으로 **틀린** 것은?   제32회

① 개업공인중개사는 중개가 완성된 때에는 거래당사자에게 손해배상책임의 보장기간을 설명해야 한다.

② 개업공인중개사는 고의로 거래당사자에게 손해를 입힌 경우에는 재산상의 손해뿐만 아니라 비재산적 손해에 대해서도 공인중개사법령상 손해배상책임 보장규정에 의해 배상할 책임이 있다.

③ 개업공인중개사가 자기의 중개사무소를 다른 사람의 중개행위의 장소로 제공하여 거래당사자에게 재산상의 손해를 발생하게 한 때에는 그 손해를 배상할 책임이 있다.

④ 법인인 개업공인중개사가 분사무소를 두는 경우 분사무소마다 추가로 2억원 이상의 손해배상책임의 보증설정을 해야 하나 설정할 보장금액의 상한은 없다.

⑤ 다른 법률에 따라 부동산중개업을 할 수 있는 자가 부동산중개업을 하려는 경우 보증기관에 설정하는 손해배상책임보증의 최저보장금액은 개업공인중개사의 최저보장금액과 다르다.

해설

① 개업공인중개사는 중개가 완성된 때에는 거래당사자에게 손해배상책임의 보장에 관한 다음의 사항을 설명하고 관계 증서의 사본을 교부하거나 관계 증서에 관한 전자문서를 제공하여야 한다.
ⓐ 보장금액 ⓑ 보장기간 ⓒ 보증보험회사, 공제사업을 행하는 자, 공탁기관 및 그 소재지

② 개업공인중개사는 중개행위를 하는 경우 고의 또는 과실로 인하여 거래당사자에게 재산상의 손해를 발생하게 한 때에는 그 손해를 배상할 책임이 있다(법 제30조 제1항). 개업공인중개사는 업무를 개시하기 전에 법 제30조 제1항에 따른 손해배상책임을 보장하기 위하여 보증보험 또는 공제에 가입하거나 공탁을 하여야 한다(법 제30조 제3항). 즉 비재산적 손해에 대하여는 공인중개사법령에 따라 손해배상책임(보증보험금, 공제금 또는 공탁금 청구)을 물을 수 없으며 개업공인중개사를 상대로 민사상 손해배상책임을 물을 수 있다.

⑤ 다른 법률에 따라 중개업을 할 수 있는 자는 2천만원 이상의 보증을 설정하면 된다.

53 공인중개사법령상 개업공인중개사의 보증설정 등에 관한 설명으로 옳은 것은?

제32회

① 개업공인중개사가 보증설정신고를 할 때 등록관청에 제출해야 할 증명서류는 전자문서로 제출할 수 없다.

② 보증기관이 보증사실을 등록관청에 직접 통보한 경우라도 개업공인중개사는 등록관청에 보증설정신고를 해야 한다.

③ 보증을 다른 보증으로 변경하려면 이미 설정된 보증의 효력이 있는 기간이 지난 후에 다른 보증을 설정해야 한다.

④ 보증변경신고를 할 때 손해배상책임보증 변경신고서 서식의 "보증"란에 '변경 후 보증내용'을 기재한다.

⑤ 개업공인중개사가 보증보험금으로 손해배상을 한 때에는 그 보증보험의 금액을 보전해야 하며 다른 공제에 가입할 수 없다.

해설

① 보증의 설정신고는 별지 제25호 서식인 손해배상책임보증(설정ㆍ변경)신고서에 따르며 다음의 어느 하나에 해당하는 증명서류(전자문서를 포함한다)를 첨부해야 한다.
    ㉠ 보증보험증서 사본 ㉡ 공제증서 사본 ㉢ 공탁증서 사본

② 보증보험회사ㆍ공제사업자 또는 공탁기관이 보증사실을 등록관청에 직접 통보한 경우에는 신고를 생략할 수 있다.

③ 이미 설정한 보증의 효력이 있는 기간 중에 다른 보증을 설정하여 등록관청에 신고해야 한다.

④ 이미 설정한 보증을 다른 보증으로 변경하여 손해배상책임 설정ㆍ변경 신고서를 제출하는 경우 신고서의 '보증'란에 '변경 후 보증내용'을 기재하고 그 아래에는 '변경 전 보증내용'을 기재한다.

보 증	[ ] 보증보험 [ ] 공제 [ ] 공탁	보증기관		설정일	
		보장금액		보장기간	
변경 전 보증내용					
변경 사유					

⑤ 개업공인중개사는 보증보험금ㆍ공제금 또는 공탁금으로 손해배상을 한 때에는 15일 이내에 보증보험 또는 공제에 다시 가입하거나 공탁금 중 부족하게 된 금액을 보전하여야 한다.

54 공인중개사법령상 개업공인중개사 甲의 손해배상책임의 보장에 관한 설명으로 틀린 것은?
　　　　　　　　　　　　　　　　　　　　　　　　　　　　　　　　　　제31회

① 甲은 업무를 개시하기 전에 손해배상책임을 보장하기 위하여 보증보험 또는 공제에 가입하거나 공탁을 해야 한다.

② 甲이 설정한 보증을 다른 보증으로 변경하려는 경우 이미 설정한 보증의 효력이 있는 기간 중에 다른 보증을 설정하여야 한다.

③ 甲이 보증보험 또는 공제에 가입한 경우 보증기간의 만료로 다시 보증을 설정하려면, 그 보증기간 만료일까지 다시 보증을 설정하여야 한다.

④ 甲이 손해배상책임을 보장하기 위한 조치를 이행하지 아니하고 업무를 개시한 경우 등록관청은 개설등록을 취소할 수 있다.

⑤ 甲이 공제금으로 손해배상을 한 때에는 30일 이내에 공제에 다시 가입하여야 한다.

55 공인중개사법령상 손해배상책임과 업무의 보증에 관한 설명으로 틀린 것은? (다툼이 있으면 판례에 의함)
　　　　　　　　　　　　　　　　　　　　　　　　　　　　　　　　　　제20회

① 다른 법률에 따라 부동산중개업을 할 수 있는 자가 부동산중개업을 하는 때에는 업무를 개시하기 전에 업무보증을 설정하고 등록관청에 신고해야 한다.

② 개업공인중개사는 보증보험금·공제금 또는 공탁금으로 손해배상을 한 때에는 15일 이내에 보증보험 또는 공제에 다시 가입하거나 공탁금 중 부족하게 된 금액을 보전해야 한다.

③ 부동산 매매계약 체결을 중개하고 계약체결 후 계약금 및 중도금 지급에도 관여한 개업공인중개사가 잔금 중 일부를 횡령한 경우, '개업공인중개사가 중개행위를 함에 있어서 거래당사자에게 재산상의 손해를 발생하게 한 경우'에 해당한다.

④ 개업공인중개사(고용인 포함)가 아닌 사람에게는 이 법령에 따른 손해배상책임이 발생하지 않는다.

⑤ 중개보조원이 중개업무에 관하여 고의로 인한 위법행위로 거래당사자에게 손해를 입힌 경우 개업공인중개사는 이 법령에 따른 손해배상책임을 지지 않는다.

> **해설**
> ④ 개업공인중개사 등이 아닌 제3자의 중개행위로 거래당사자에게 재산상 손해가 발생한 경우 그 제3자는 「공인중개사법」에 따른 손해배상책임을 지지 않는다.

　　　　　　　정답　53 ④　54 ⑤　55 ⑤

56 공인중개사법령상 개업공인중개사의 손해배상책임 규정에 관한 설명으로 틀린 것은?
(다툼이 있으면 판례에 의함)   제22회

① 개업공인중개사는 업무를 개시하기 전에 손해배상책임을 보장하기 위하여 보증보험 또는 공제에 가입하거나 공탁을 해야 한다.
② 개업공인중개사가 손해배상책임의 보장을 위하여 가입한 보험은 이른바 타인을 위한 손해보험계약의 성질을 가진다.
③ 개업공인중개사가 자기의 중개사무소를 타인의 중개행위의 장소로 제공하여 거래당사자에게 재산상 손해를 입힌 경우 개업공인중개사에게 책임이 있다.
④ 개업공인중개사의 손해배상책임은 가입한 보증보험의 보장금액을 한도로 한다.
⑤ 중개의뢰인이 개업공인중개사에게 소정의 보수를 지급하지 아니한 무상중개의 경우에 손해배상의무가 당연히 소멸되는 것은 아니다.

> **해설**
> 보증보험회사는 개업공인중개사가 가입한 보장금액의 한도 내에서만 책임을 진다. 그러나 개업공인중개사는 거래당사자에게 발생한 모든 손해에 대한 배상책임을 진다.

57 공인중개사법령상 손해배상책임의 보장에 관한 설명으로 옳은 것은?   제27회

① 개업공인중개사는 중개를 개시하기 전에 거래당사자에게 손해배상책임의 보장에 관한 설명을 해야 한다.
② 개업공인중개사는 업무개시 후 즉시 손해배상책임의 보장을 위하여 보증보험 또는 공제에 가입해야 한다.
③ 개업공인중개사가 중개행위를 함에 있어서 거래당사자에게 손해가 발생한 경우 고의·과실과 관계없이 그 손해를 배상해야 한다.
④ 개업공인중개사가 폐업한 경우 폐업한 날부터 5년 이내에는 손해배상책임의 보장을 위하여 공탁한 공탁금을 회수할 수 없다.
⑤ 개업공인중개사는 자기의 중개사무소를 다른 사람의 중개행위 장소로 제공함으로써 거래당사자에게 재산상 손해를 발생하게 한 때에는 그 손해를 배상할 책임이 있다.

> **해설**
> ① 중개가 완성된 때
> ② 업무를 개시하기 전에
> ③ 개업공인중개사가 직접 중개행위를 한 경우에는 개업공인중개사 자신의 고의 또는 과실이 없다면 책임을 지지 않는다.
> ④ 3년

58 공인중개사법령에 관한 설명으로 옳은 것은? (다툼이 있으면 판례에 의함) 제24회

① 무자격자가 우연한 기회에 단 1회 거래행위를 중개한 경우, 과다하지 않은 중개보수 지급약정도 무효이다.

② 다른 법률에 따라 부동산중개업을 할 수 있는 자가 부동산중개업을 하는 때에는 2억원 이상의 보증을 설정해야 한다.

③ 손해배상책임을 보장하기 위한 공탁금은 개업공인중개사가 폐업한 날부터 5년이 경과해야 회수할 수 있다.

④ 공인중개사가 자신 명의의 중개사무소에 무자격자로 하여금 자금을 투자하고 이익을 분배받도록 하는 것만으로도 등록증 대여에 해당된다.

⑤ 분사무소 한 개를 설치한 법인인 개업공인중개사가 손해배상책임의 보장을 위해 공탁만을 하는 경우, 총 6억원 이상을 공탁해야 한다.

해설

① '중개를 업으로 한 것이 아니라면' 과다하지 않은 중개보수 약정은 유효하다(판례).
② 2천만원 이상
④ 무자격자로 하여금 공인중개사의 업무를 수행하도록 하지 않는다면, 등록증·자격증의 대여를 한 것이라고 할 수는 없다(2006도9334).

59 공인중개사법령상 손해배상책임의 보장에 관한 설명으로 옳은 것은? 제25회

① 개업공인중개사의 손해배상책임을 보장하기 위한 보증보험 또는 공제 가입, 공탁은 중개사무소 개설등록신청을 할 때 해야 한다.

② 다른 법률의 규정에 따라 중개업을 할 수 있는 법인이 부동산중개업을 하는 경우 업무보증설정을 하지 않아도 된다.

③ 공제에 가입한 개업공인중개사로서 보증기간이 만료되어 다시 보증을 설정하고자 하는 자는 그 보증기간 만료 후 15일 이내에 다시 보증을 설정해야 한다.

④ 개업공인중개사가 손해배상책임을 보장하기 위한 조치를 이행하지 아니하고 업무를 개시한 경우 등록관청은 개설등록을 취소할 수 있다.

⑤ 보증보험금으로 손해배상을 한 경우 개업공인중개사는 30일 이내에 보증보험에 다시 가입해야 한다.

해설

① 보증의 설정은 중개사무소 <u>개설등록을 한 때에는 업무를 개시하기 전에</u> 해야 한다.
② 업무를 개시하기 전에 2천만원 이상 보증을 설정하여 등록관청에 신고해야 한다.
③ 만료일까지 다시 보증을 설정하여 신고해야 한다.
⑤ 15일 이내에 보증보험에 다시 가입 또는 공제에 가입하거나 공탁을 해야 한다.

60 공인중개사법령상 공인중개사인 개업공인중개사 甲의 손해배상책임의 보장에 관한 설명으로 틀린 것은? 제34회

① 甲은 업무를 시작하기 전에 손해배상책임을 보장하기 위한 조치를 하여야 한다.

② 甲은 2억원 이상의 금액을 보장하는 보증보험 또는 공제에 가입하거나 공탁을 해야 한다.

③ 甲은 보증보험금·공제금 또는 공탁금으로 손해배상을 한 때에는 15일 이내에 보증보험 또는 공제에 다시 가입하거나 공탁금 중 부족하게 된 금액을 보전해야 한다.

④ 甲이 손해배상책임을 보장하기 위한 조치를 이행하지 아니하고 업무를 개시한 경우는 업무정지사유에 해당하지 않는다.

⑤ 甲은 자기의 중개사무소를 다른 사람의 중개행위의 장소로 제공함으로써 거래당사자에게 재산상의 손해를 발생하게 한 때에는 그 손해를 배상할 책임이 있다.

해설

임의적 등록취소 사유에 해당하므로 중개사무소 개설등록을 취소할 수 있으며 업무정지처분을 할 수도 있다.

61 공인중개사법령상 금지행위에 관한 설명으로 옳은 것은? 제30회

① 법인인 개업공인중개사의 사원이 중개대상물의 매매를 업으로 하는 것은 금지되지 않는다.

② 개업공인중개사가 거래당사자 쌍방을 대리하는 것은 금지되지 않는다.

③ 개업공인중개사가 중개의뢰인과 직접 거래를 하는 행위는 금지된다.

④ 법인인 개업공인중개사의 임원이 중개의뢰인과 직접 거래를 하는 것은 금지되지 않는다.

⑤ 중개보조원이 중개의뢰인과 직접 거래를 하는 것은 금지되지 않는다.

해설

③ 법 제33조 제1항의 금지행위(판매명수 / 관직쌍투꾸단)는 '개업공인중개사 등' 모두에게 금지되는 규정이다.

62 공인중개사법령상 개업공인중개사의 금지행위에 해당하는 것은 모두 몇 개인가? (다툼이 있으면 판례에 의함)

제18회 일부 수정

> ㄱ. 개업공인중개사 A는 자기의 인척 B 소유 주택을 매수의뢰인 C에게 매도하는 계약을 중개하였다.
> ㄴ. 개업공인중개사 D는 매도의뢰인 E를 대리하여 매수의뢰인 F와 거래계약을 체결하였다.
> ㄷ. 단체를 구성하여 특정 중개대상물에 대하여 중개를 제한하는 행위를 하였다.
> ㄹ. 상가분양을 대행하면서 주택 외의 중개대상물에 대한 법정 중개보수를 초과하여 금품을 받았다.
> ㅁ. 무허가건축물의 매매를 중개하였다.

① 1개　　　　　② 2개　　　　　③ 3개
④ 4개　　　　　⑤ 5개

해설

① 금지행위인 것은 ㄷ이다.

ㄱ. 중개의뢰인과 직접거래에 해당하지 않으며 합법적인 중개행위이다.

ㄴ. 일방을 대리하는 행위는 금지행위에 해당하지 않는다.

ㄹ. 분양대행은 중개와 구별되는 업무라서 중개보수를 적용하지 않으므로 금지행위가 아니다.

ㅁ. 무허가건축물은 중개대상물에 포함되므로 이의 중개행위는 금지행위가 아니다.

63 공인중개사법령과 관련된 판례의 내용 중 옳은 것은? 제18회

① 무등록중개업자의 중개행위가 부동산 컨설팅행위에 부수하여 이루어진 경우는 중개업에 해당되지 않는다.

② 개업공인중개사가 중개의뢰인으로부터 보수 명목으로 법정 한도를 초과하는 당좌수표를 교부받았으나 그 후에 부도 처리된 경우는 개업공인중개사의 금지행위에 해당되지 않는다.

③ 중간생략등기의 방법으로 단기전매하여 각종 세금을 포탈하려는 것을 알고도 이에 동조하여 그 전매를 중개한 경우, 결과적으로 전매차익을 올리지 못하였더라도 부동산투기를 조장하는 행위에 해당된다.

④ 중개보조원이 고의 또는 과실로 거래당사자에게 손해를 입힌 경우는 그 중개보조원을 고용한 개업공인중개사만이 손해배상책임을 진다.

⑤ 공인중개사가 실질적으로 무자격자로 하여금 자기 명의로 공인중개사 업무를 수행하도록 하였더라도 스스로 몇 건의 중개업무를 직접 수행한 경우는 자격증 대여행위에 해당되지 않는다.

해설
① 중개업에 해당할 수 있다.
② 한도를 초과하는 금액의 당좌수표를 교부 받는 단계에서 곧바로 금지행위가 성립된다(2004도4136).
④ 중개보조원은 「민법」상 손해배상책임을 진다.

64 공인중개사법령상 소속공인중개사에게 금지되는 행위를 모두 고른 것은? 제34회

ㄱ. 공인중개사 명칭을 사용하는 행위
ㄴ. 중개대상물에 대한 표시·광고를 하는 행위
ㄷ. 중개대상물의 매매를 업으로 하는 행위
ㄹ. 시세에 부당한 영향을 줄 목적으로 온라인 커뮤니티 등을 이용하여 특정 가격 이하로 중개를 의뢰하지 아니하도록 유도함으로써 개업공인중개사의 업무를 방해하는 행위

① ㄱ, ㄴ   ② ㄴ, ㄹ   ③ ㄷ, ㄹ
④ ㄴ, ㄷ, ㄹ   ⑤ ㄱ, ㄴ, ㄷ, ㄹ

해설
ㄴ. 개업공인중개사가 아닌 자는 중개대상물에 대한 표시·광고를 해서는 아니된다.
ㄷ. 법 제33조 제1항 개업공인중개사 등의 금지행위(판매명수 / 관직쌍투꾸단)
ㄹ. 법 제33조 제2항 누구든지 해서는 아니되는 행위(5개)

65 공인중개사법령상 중개보수에 관한 판례의 입장이 <u>아닌</u> 것은? 제19회

① 법령상 상한을 초과하는 부동산중개보수 약정은 그 한도를 넘는 범위 내에서 무효이다.

② 법령상 한도를 초과하는 보수를 유효한 당좌수표로 받았으나 부도처리되어 개업공인중개사가 그 수표를 반환한 경우에도 이는 위법하다.

③ 권리금은 법령상의 중개대상물이 아니므로 중개보수에 관한 규정이 적용되지 않는다.

④ 중개사무소 개설등록을 하지 아니하고 부동산거래를 중개하면서 그에 대한 보수를 약속 · 요구하는 데 그친 행위는 처벌할 수 없다.

⑤ 개업공인중개사가 중개보수 산정에 관한 지방자치단체의 조례를 잘못 해석하여 법령이 허용하는 금액을 초과한 중개보수를 받은 경우 처벌대상이 되지 않는다.

> **해설**
>
> ④ 보수를 받을 것을 약속하거나 요구하는 데 그친 경우에는 '중개업'에 해당하지 않으므로 처벌할 수 없다.
>
> ⑤ 중개보수 산정에 관한 지방자치단체의 조례를 잘못 해석하여 초과하여 받은 것은 정당한 착오로 인정할 수 없으므로 처벌대상이 된다(2004도62).

66 공인중개사법령상 개업공인중개사의 금지행위에 해당하는 것을 모두 고른 것은? (다툼이 있으면 판례에 따름) 제27회

> ㄱ. 중개의뢰인을 대리하여 타인에게 중개대상물을 임대하는 행위
> ㄴ. 상업용 건축물의 분양을 대행하고 법정의 중개보수 또는 실비를 초과하여 금품을 받는 행위
> ㄷ. 중개의뢰인인 소유자로부터 거래에 관한 대리권을 수여받은 대리인과 중개대상물을 직접 거래하는 행위
> ㄹ. 건축물의 매매를 업으로 하는 행위

① ㄱ, ㄴ   ② ㄷ, ㄹ   ③ ㄱ, ㄴ, ㄹ
④ ㄱ, ㄷ, ㄹ   ⑤ ㄴ, ㄷ, ㄹ

> **해설**
>
> ㄱ. 일방을 대리하는 행위는 금지행위가 아니다.
> ㄴ. 분양대행은 중개행위가 아니므로 중개보수 초과금지가 적용되지 않는다.
> ㄷ. 중개의뢰인과 직접거래인 금지행위이다.
> ㄹ. 중개대상물의 매매업은 금지행위이다.

67 공인중개사법령상 개업공인중개사의 금지행위에 관한 설명으로 **틀린** 것은? (다툼이 있으면 판례에 의함)   제22회

① 개업공인중개사는 건축물의 매매를 업으로 해서는 안 된다.
② 개업공인중개사는 부동산거래에서 거래당사자 쌍방을 대리해서는 안 된다.
③ 개업공인중개사는 사례비 명목으로 공인중개사법령상의 중개보수 또는 실비를 초과하여 금품을 받아서는 안 된다.
④ 「공인중개사법」 등 관련 법령에서 정한 한도를 초과하는 부동산 중개보수 약정은 그 전부가 무효이다.
⑤ 등록관청은 개업공인중개사가 중개의뢰인과 직접거래를 한 경우에는 중개사무소의 개설등록을 취소할 수 있다.

> **해설**
>
> ③ 부동산의 거래를 중개한 후 사례비나 수고비 등의 명목으로 금원을 받은 경우에도 그 금액이 중개보수를 초과하는 때에는 금지행위에 해당한다(98도3116).
> ④ 법령에서 정한 한도를 초과하는 중개보수 약정은 그 한도를 초과하는 범위 내에서 무효이다 (2005다32159).
> ⑤ 금지행위는 임의적 등록취소. 임금

68 공인중개사법령상 개업공인중개사의 금지행위에 해당하지 **않는** 것은? (다툼이 있으면 판례에 의함)   제25회

① 토지 또는 건축물의 매매를 업으로 하는 행위
② 중개의뢰인이 부동산을 단기 전매하여 세금을 포탈하려는 것을 알고도 개업공인중개사가 이에 동조하여 그 전매를 중개한 행위
③ 공인중개사가 매도의뢰인과 서로 짜고 매도의뢰가격을 숨긴 채 이에 비하여 무척 높은 가격으로 매수의뢰인에게 부동산을 매도하고 그 차액을 취득한 행위
④ 개업공인중개사가 소유자로부터 거래에 관한 대리권을 수여받은 대리인과 직접 거래한 행위
⑤ 매도인으로부터 매도중개의뢰를 받은 개업공인중개사 乙의 중개로 X부동산을 매수한 개업공인중개사 甲이, 매수중개의뢰를 받은 다른 개업공인중개사 丙의 중개로 X부동산을 매도한 행위

> **해설**
>
> 甲이 乙의 중개로 부동산을 매수하여 丙의 중개로 매도했다는 말이다. 다른 개업공인중개사의 중개로 매수 또는 매도하는 행위는 '중개의뢰인과 직접거래'에 해당하지 않는다.

69 공인중개사법령상 개업공인중개사 등의 금지행위에 해당하지 <u>않는</u> 것은? 제31회

① 무등록 중개업을 영위하는 자인 사실을 알면서 그를 통하여 중개를 의뢰받는 행위
② 부동산의 매매를 중개한 개업공인중개사가 해당 부동산을 다른 개업공인중개사의 중개를 통하여 임차한 행위
③ 자기의 중개의뢰인과 직접 거래를 하는 행위
④ 제3자에게 부당한 이익을 얻게 할 목적으로 거짓으로 거래가 완료된 것처럼 꾸미는 등 중개대상물의 시세에 부당한 영향을 줄 우려가 있는 행위
⑤ 단체를 구성하여 단체 구성원 이외의 자와 공동중개를 제한하는 행위

해설

개업공인중개사(甲)가 매도인으로부터 매도중개의뢰를 받은 다른 개업공인중개사(乙)의 중개로 부동산을 매수하여, 매수중개의뢰를 받은 또 다른 개업공인중개사(丙)의 중개로 매도한 경우에는 직접거래에 해당하지 않는다(90도2858).

70 개업공인중개사 甲은 중개업무를 하면서 법정한도를 초과하는 중개보수를 요구하여 수령하였다. 공인중개사법령상에 관한 설명으로 <u>틀린</u> 것은? (다툼이 있으면 판례에 따름) 제29회

① 등록관청은 甲에게 업무의 정지를 명할 수 있다.
② 등록관청은 甲의 중개사무소 개설등록을 취소할 수 있다.
③ 1년 이하의 징역 또는 1천만원 이하의 벌금 사유에 해당한다.
④ 법정한도를 초과하는 중개보수 약정은 그 한도를 초과하는 범위 내에서 무효이다.
⑤ 甲이 법정한도를 초과하는 금액을 중개의뢰인에게 반환하였다면 금지행위에 해당하지 않는다.

해설

① 중개보수 초과행위는 임의적 등록취소 사유이다. 임의적 등록취소 사유를 위반한 경우 업무정지 처분도 할 수 있다.
⑤ 중개보수 등의 명목으로 소정의 한도를 초과하는 액면금액의 유효한 당좌수표를 교부받은 경우에는 당좌수표를 교부받는 단계에서 곧바로 금지행위가 성립되는 것이므로 그 후 그 당좌수표가 부도처리되었거나 또는 의뢰인에게 그대로 반환되었더라도 위 죄의 성립에는 아무런 영향이 없다(2004도4136). 즉 초과부분을 반환했더라도 금지행위에 해당한다.

정답 67 ④ 68 ⑤ 69 ② 70 ⑤

71 공인중개사법령상 개업공인중개의 금지행위에 관한 설명으로 **틀린** 것은? (다툼이 있으면 판례에 따름) 제29회

① 중개대상물의 매매를 업으로 하는 행위는 금지행위에 해당한다.

② 아파트의 특정 동·호수에 대한 분양계약이 체결된 후 그 분양권의 매매를 중개한 것은 금지행위에 해당하지 않는다.

③ 상가 전부의 매도시에 사용하려고 매각조건 등을 기재하여 인쇄해 놓은 양식에 매매대금과 지급기일 등 해당 사항을 기재한 분양계약서는 양도·알선 등이 금지된 부동산의 분양 등과 관련 있는 증서에 해당하지 않는다.

④ 개업공인중개사가 중개의뢰인과 직접 거래를 하는 행위를 금지하는 규정은 효력규정이다.

⑤ 탈세 등 관계 법령을 위반할 목적으로 미등기 부동산의 매매를 중개하여 부동산투기를 조장하는 행위는 금지행위에 해당한다.

해설

② 아파트의 특정 동, 호수에 대한 피분양자로 선정되거나 분양계약이 체결된 후에 특정아파트에 대한 매매를 중개하는 행위 등은 중개대상물인 건물을 중개한 것으로 볼 것이지 이를 법 제33조(금지행위)에 의하여 <u>관계 법령에서 양도, 알선이 금지된 부동산의 분양과 관련 있는 증서 등의 매매를 중개한 것으로 보아서는 안 된다</u>(89도1885).

③ 그 분양계약서는 상가의 매매계약서일 뿐 부동산 분양 등과 관련 있는 금지증서라고 볼 수 없다(93도773).

④ 개업공인중개사 등이 중개의뢰인과 직접 거래를 하는 행위를 금지하는 규정은 강행규정(효력규정)이 아니라 단속규정이다(2016다259677).

72 공인중개사법령상 누구든지 시세에 부당한 영향을 줄 목적으로 개업공인중개사 등의 업무를 방해해서는 **아니 되는** 행위를 모두 고른 것은? 제35회

ㄱ. 중개의뢰인과 직접 거래를 하는 행위
ㄴ. 안내문, 온라인 커뮤니티 등을 이용하여 특정 가격 이하로 중개를 의뢰하지 아니하도록 유도하는 행위
ㄷ. 정당한 사유 없이 개업공인중개사 등의 중개대상물에 대한 정당한 표시·광고 행위를 방해하는 행위
ㄹ. 단체를 구성하여 특정 중개대상물에 대하여 중개를 제한하거나 단체 구성원 이외의 자와 공동중개를 제한하는 행위

① ㄱ, ㄷ   ② ㄱ, ㄹ   ③ ㄴ, ㄷ
④ ㄱ, ㄴ, ㄹ   ⑤ ㄴ, ㄷ, ㄹ

해설

법 제33조 제2항 누구든지 개업공인중개사 등의 업무를 방해해서는 아니되는 사유
1. 안내문, 온라인 커뮤니티 이용하여 특정 개업공인중개사에 대한 중개의뢰를 제한하는 행위
2. 안내문, 온라인 커뮤니티 이용하여 현저하게 높게 표시·광고 또는 중개하는 특정 개업공인중개사에게만 중개의뢰를 하도록 유도하는 행위
3. 안내문, 온라인 커뮤니티 이용하여 특정 가격 이하로 중개를 의뢰하지 아니하도록 유도하는 행위
4. 개업공인중개사의 정당한 표시·광고 행위를 방해하는 행위
5. 개업공인중개사에게 시세보다 현저하게 높게 표시·광고하도록 강요하거나 현저하게 높게 표시·광고하도록 유도하는 행위

73 공인중개사법령상 부동산거래질서교란행위에 해당하지 <u>않는</u> 것은? 제35회

① 공인중개사자격증 양도를 알선한 경우
② 중개보조원이 중개업무를 보조하면서 중개의뢰인에게 본인이 중개보조원이라는 사실을 미리 알리지 않은 경우
③ 개업공인중개사가 중개행위로 인한 손해배상책임을 보장하기 위하여 가입해야 하는 보증보험이나 공제에 가입하지 않은 경우
④ 개업공인중개사가 동일한 중개대상물에 대한 하나의 거래를 완성하면서 서로 다른 둘 이상의 거래계약서를 작성한 경우
⑤ 개업공인중개사가 거래당사자 쌍방을 대리한 경우

해설

부동산거래질서교란행위에 해당하는 않는 것
1. 개업공인중개사가 중개대상물의 표시·광고시 중개사무소, 개업공인중개사, 중개대상물(인터넷 이용)에 관한 사항을 명시하지 아니한 행위, 중개보조원을 함께 명시하는 행위
2. 개업공인중개사가 중개대상물의 부당한 표시·광고를 하는 행위(존존존빠다과자)
3. 개업공인중개사가 아닌 자로서 중개대상물의 표시·광고를 하는 행위

정답 71 ④ 72 ③ 73 ③

중개보수 및 실비

01 중개보수 및 실비에 관한 설명으로 옳은 것은? (다툼이 있으면 판례에 의함)

제19회

① 동일한 중개대상물에 대하여 동일 당사자 간에 매매를 포함한 둘 이상의 거래가 동일 기회에 이루어지는 경우에는 매매계약에 관한 거래금액만을 적용한다.

② 교환계약의 경우에는 교환대상 중개대상물 중 거래금액이 적은 중개대상물의 가액을 거래금액으로 한다.

③ 개업공인중개사의 고의 또는 과실로 인하여 중개의뢰인 간 거래행위가 해제된 경우에도 중개보수의 청구권은 인정된다.

④ 계약금 등의 반환채무이행 보장에 소요되는 실비의 경우에는 매도·임대 그 밖의 권리를 이전하고자 하는 중개의뢰인에게 받을 수 있다.

⑤ 일부 중도금만 납부된 분양권을 중개하는 경우 중개보수는 총 분양가에 프리미엄을 포함한 금액으로 계산한다.

> **해설**
>
> ② 교환대상 중개대상물 중 거래금액이 큰 중개대상물의 가액을 거래금액으로 한다.
>
> ③ 개업공인중개사의 고의 또는 과실로 인하여 중개의뢰인 간 거래행위가 무효·취소·해제된 경우 중개보수의 청구권은 소멸된다.
>
> ④ 중개대상물의 권리관계 등의 확인에 소요되는 비용은 개업공인중개사가 영수증 등을 첨부하여 매도·임대 그 밖의 권리를 이전하고자 하는 중개의뢰인에게 청구할 수 있으며, 계약금 등의 반환채무이행 보장에 소요되는 비용은 매수·임차 그 밖의 권리를 취득하고자 하는 중개의뢰인에게 청구할 수 있다.
>
> ⑤ 거래당사자가 분양권의 거래 당시 수수하게 되는 총 대금인 계약금, 기 납부한 중도금에 프리미엄을 포함한 금액을 거래금액으로 한다.

02 공인중개사법령상 중개보수의 제한에 관한 설명으로 옳은 것을 모두 고른 것은? (다툼이 있으면 판례에 따름) 제33회

> ㄱ. 공인중개사법령상 중개보수 제한 규정들은 공매대상 부동산 취득의 알선에 대해서는 적용되지 않는다.
> ㄴ. 공인중개사법령에서 정한 한도를 초과하는 부동산 중개보수 약정은 한도를 초과하는 범위 내에서 무효이다.
> ㄷ. 개업공인중개사는 중개대상물에 대한 거래계약이 완료되지 않을 경우에도 중개의뢰인과 중개행위에 상응하는 보수를 지급하기로 약정할 수 있고, 이 경우 공인중개사법령상 중개보수 제한 규정들이 적용된다.

① ㄱ   ② ㄷ   ③ ㄱ, ㄴ
④ ㄴ, ㄷ   ⑤ ㄱ, ㄴ, ㄷ

해설

ㄱ. 중개보수 초과금지 규정은 공매 대상 부동산 취득의 알선에 대해서도 적용된다(2017다243723).

03 공인중개사법령상 중개보수에 관한 설명으로 옳은 것은? 제21회 일부 수정

① 교환계약의 경우 교환대상 중개대상물의 평균가액을 거래금액으로 하여 계산한다.
② 동일한 중개대상물에 대하여 동일 당사자 간에 매매와 임대차가 동일기회에 이루어지는 경우 임대차계약에 관한 거래금액으로 하여 계산한다.
③ 주택 외의 중개대상물의 중개보수는 국토교통부령이 정하는 범위 안에서 시·도 조례로 정한다.
④ 토지의 중개보수는 거래금액의 1천분의 9 이내에서 쌍방으로부터 각각 받되, 중개의뢰인과 개업공인중개사가 서로 협의하여 결정한다.
⑤ 거래금액 15억원인 주택의 매매를 중개하는 경우, 중개보수는 거래금액의 최대 1천분의 8까지 받을 수 있다.

해설

③ 주택(부속토지를 포함)의 중개보수는 국토교통부령으로 정하는 범위 안에서 시·도 조례로 정하며, 주택 외의 중개보수는 국토교통부령으로 정한다.
⑤ 주택의 중개보수는 국토교통부령 [별표 1]로 정하는데 매매·교환의 경우 최대 거래금액의 1천분의 7 이내로 하며 임대차의 경우 최대 거래금액의 1천분의 6 이내로 한다.

정답   01 ①   02 ④   03 ④

04 Y시에 중개사무소를 둔 개업공인중개사 A의 중개로 매도인(甲)과 매수인(乙)간에 X주택을 2억원에 매매하는 계약을 체결하고 동시에 乙이 임차인(丙)에게 X주택을 보증금 3천만원, 월차임 20만원에 임대하는 계약을 체결하였다. A가 乙로부터 받을 수 있는 중개보수의 최고액은? (Y시의 조례로 정한 기준) 제21회

구 분	중개보수 요율상한 및 한도액		
	거래금액	요율상한(%)	한도액
매매 · 교환	5천만원 이상 ~ 2억원 미만	0.5	80만원
	2억원 이상 ~ 9억원 미만	0.4	—
임대차 등	5천만원 미만	0.5	20만원
	5천만원 이상 ~ 1억원 미만	0.4	30만원

① 80만원 ② 95만원 ③ 100만원
④ 102만원 ⑤ 125만원

해설
③ 乙로부터는 매매와 임대차에 관한 중개보수를 모두 받을 수 있다.

05 개업공인중개사 甲이 乙의 일반주택을 6천만원에 매매를 중개한 경우와 甲이 위 주택을 보증금 1천5백만원, 월차임 30만원, 계약기간 2년으로 임대차를 중개한 경우를 비교했을 때, 甲이 乙에게 받을 수 있는 중개보수 최고한도액의 차이는? 제27회

〈중개보수 상한요율〉
1. 매매 : 거래금액 5천만원 이상 2억원 미만은 0.5%
2. 임대차 : 거래금액 5천만원 미만은 0.5%
　　　　　　5천만원 이상 1억원 미만은 0.4%

① 0원 ② 75,000원 ③ 120,000원
④ 180,000원 ⑤ 225,000원

해설
매매 : 중개보수 = 6,000만원 × 0.5% = 300,000원
임대차 : 중개보수 = 3,600 × 0.5% = 180,000원

06 공인중개사법령상 중개보수에 관련된 설명으로 틀린 것을 모두 고른 것은? 제23회

> ㄱ. 중개대상물인 주택의 소재지와 중개사무소의 소재지가 다른 경우 개업공인중개사는 중개사무소 소재지를 관할하는 시·도의 조례에서 정한 기준에 따라 보수를 받아야 한다.
> ㄴ. 교환계약의 경우 교환대상 중개대상물 중 거래금액이 큰 중개대상물의 가액을 거래금액으로 하여 보수를 산정한다.
> ㄷ. 사례·증여 기타 어떤 명목으로든 법에서 정한 보수를 초과하여 금품을 받는 행위는 반드시 개설등록을 취소해야 하는 사유에 해당한다.
> ㄹ. 동일한 중개대상물에 대하여 동일한 당사자 간에 매매와 임대차가 동일 기회에 이루어지는 경우 매매계약과 임대차계약의 거래금액을 합산한 금액을 기준으로 보수를 산정한다.

① ㄱ, ㄴ   ② ㄱ, ㄹ   ③ ㄴ, ㄷ
④ ㄴ, ㄹ   ⑤ ㄷ, ㄹ

해설

ㄷ. 임의적 등록취소 사유이므로 '개설등록을 취소할 수 있다.' ㄹ. 매매만 받을 수 있다.

07 A시에 중개사무소를 둔 개업공인중개사가 A시에 소재하는 주택(부속토지 포함)에 대하여 아래와 같이 매매와 임대차계약을 동시에 중개하였다. 공인중개사법령상 개업공인중개사가 甲으로부터 받을 수 있는 중개보수의 최고한도액은? 제34회

> 1. 계약당사자 : 甲(매도인, 임차인), 乙(매수인, 임대인)
> 2. 매매계약 : 매매대금: 2억 5천만원, 합의된 중개보수 160만원
> 3. 임대차계약 : 임대보증금: 1천만원, 월차임 : 30만원, 계약기간 2년
> 4. A시 중개보수 조례 기준
> 거래금액 2억원 이상 9억원 미만(매매·교환) : 상한요율 0.4%
> 거래금액 5천만원 미만(임대차 등) : 상한요율 0.5%(한도액 20만원)

① 100만원   ② 115만 5천원   ③ 120만원
④ 160만원   ⑤ 175만 5천원

해설

① 동일 대상물 동일 당사자 간의 계약이므로 매매계약에 관한 중개보수만 받을 수 있으며 한도를 초과하는 약정을 한 경우 초과부분은 무효이다.
매매계약에 관한 중개보수 = 2억 5천만원 × 0.4% = 100만원

정답   04 ③   05 ③   06 ⑤   07 ①

08 甲은 개업공인중개사 丙에게 중개를 의뢰하여 乙 소유의 전용면적 70m² 오피스텔을 보증금 2천만원, 월차임 25만원에 임대차계약을 체결하였다. 이 경우 丙이 甲으로부터 받을 수 있는 중개보수의 최고한도액은? (임차한 오피스텔은 건축법령상 업무시설로 상·하수도 시설이 갖추어진 전용입식 부엌, 전용수세식 화장실 및 목욕시설을 갖춤)

제26회

① 150,000원   ② 180,000원   ③ 187,500원
④ 225,000원   ⑤ 337,500원

해설

① 「건축법 시행령」[별표 1]에 따른 오피스텔로서, 전용면적이 85m² 이하인 것은 매매·교환의 경우 거래금액의 1천분의 5 이내, 임대차 등의 경우 거래금액의 1천분의 4 이내로 한다.

09 개업공인중개사가 X시에 소재하는 주택의 면적은 3분의 1, 상가의 면적은 3분의 2인 건축물에 대하여 매매와 임대차계약을 동시에 중개하였다. 개업공인중개사가 甲으로부터 받을 수 있는 중개보수의 최고한도액은?

제25회

〈계약 조건〉
1. 계약당사자: 甲(매도인, 임차인)과 乙(매수인, 임대인)
2. 매매계약: 1) 매매대금: 1억원,
            2) 매매계약에 대하여 합의된 중개보수: 100만원
3. 임대차계약: 1) 임대보증금: 3천만원,
              2) 월차임: 30만원,
              3) 임대기간: 2년

〈X시 중개보수 조례 기준〉
1. 매매대금 5천만원 이상 2억원 미만: 상한요율 0.5%(한도액 80만원)
2. 보증금액 5천만원 이상 1억원 미만: 상한요율 0.4%(한도액 30만원)

① 50만원   ② 74만원   ③ 90만원
④ 100만원   ⑤ 124만원

해설

③ 주택의 면적이 2분의 1 미만이므로 주택 외로 봐야 하며, 동일 당사자 간에 매매와 임대차가 동일한 기회에 이루어졌으므로 매매만 계산한다. X시 중개보수 조례는 함정이다.

10 공인중개사법령상 중개보수 등에 관한 설명으로 옳은 것은? (다툼이 있으면 판례에 따름)
제28회

① 개업공인중개사와 중개의뢰인 간의 약정이 없는 경우, 중개보수의 지급시기는 거래계약이 체결된 날로 한다.

② 공인중개사법령에서 정한 한도를 초과하는 중개보수 약정은 그 한도를 초과하는 범위 내에서 무효이다.

③ 주택 외의 중개대상물의 중개보수의 한도는 시·도의 조례로 정한다.

④ 개업공인중개사는 계약금 등의 반환채무이행 보장을 위해 실비가 소요되더라도 보수 이외에 실비를 받을 수 없다.

⑤ 주택인 중개대상물 소재지와 중개사무소 소재지가 다른 경우, 개업공인중개사는 중개대상물 소재지를 관할하는 시·도의 조례에서 정한 기준에 따라 중개보수를 받아야 한다.

해설

① 지급시기의 약정이 없는 경우 거래대금 지급이 완료된 날로 한다.

③ 주택(부속토지 포함)의 중개보수는 국토교통부령으로 정하는 범위 안에서 시·도 조례로 정하고, 주택 외의 중개보수는 국토교통부령으로 정한다.

④ 중개보수 외에 별도로 실비를 받을 수 있다. 계약금 등의 반환채무이행 보장을 위한 실비는 매수·임차의뢰인 등에게 청구할 수 있다.

⑤ 중개사무소 소재지를 관할하는 시·도의 조례에서 정한 기준에 따라 중개보수를 받아야 한다.

11 A시에 중개사무소를 둔 개업공인중개사 甲은 B시에 소재하는 乙 소유의 오피스텔(건축법령상 업무시설로 전용면적 80m²이고, 상·하수도 시설이 갖추어진 전용입식 부엌, 전용수세식 화장실 및 목욕시설을 갖춤)에 대하여, 이를 매도하려는 乙과 매수하려는 丙의 의뢰를 받아 매매계약을 중개하였다. 이 경우 공인중개사법령상 甲이 받을 수 있는 중개보수 및 실비에 관한 설명으로 옳은 것을 모두 고른 것은? 제33회

ㄱ. 甲이 乙로부터 받을 수 있는 실비는 A시가 속한 시·도의 조례에서 정한 기준에 따른다.

ㄴ. 甲이 丙으로부터 받을 수 있는 중개보수의 상한요율은 거래금액의 1천분의 5이다.

ㄷ. 甲은 乙과 丙으로부터 각각 중개보수를 받을 수 있다.

ㄹ. 주택(부속토지 포함)의 중개에 대한 보수 및 실비 규정을 적용한다.

① ㄹ   ② ㄱ, ㄷ   ③ ㄴ, ㄹ

④ ㄱ, ㄴ, ㄷ   ⑤ ㄱ, ㄴ, ㄷ, ㄹ

정답 08 ①   09 ③   10 ②   11 ④

해설

ㄱ. 실비의 한도 등에 관하여 필요한 사항은 국토교통부령이 정하는 범위 안에서 시·도 조례로 정한다. 중개대상물의 소재지와 개업공인중개사의 사무소의 소재지가 다른 경우에는 사무소의 소재지를 관할하는 시·도의 조례로 정한 기준에 따라 중개보수 및 실비를 받아야 한다.
ㄹ. 오피스텔은 주택 외의 중개대상물에 관한 중개보수 규정을 적용한다.

12 乙이 개업공인중개사 甲에게 중개를 의뢰하여 거래계약이 체결된 경우 공인중개사법령상 중개보수에 관한 설명으로 틀린 것은? (다툼이 있으면 판례에 따름) 제31회

① 甲의 고의와 과실 없이 乙의 사정으로 거래계약이 해제된 경우라도 甲은 중개보수를 받을 수 있다.
② 주택의 중개보수는 국토교통부령으로 정하는 범위 안에서 시·도의 조례로 정하고, 주택 외의 중개대상물의 중개보수는 국토교통부령으로 정한다.
③ 甲이 중개보수 산정에 관한 지방자치단체의 조례를 잘못 해석하여 법정 한도를 초과한 중개보수를 받은 경우 「공인중개사법」 제33조의 금지행위에 해당하지 않는다.
④ 법정한도를 초과하는 甲과 乙의 중개보수 약정은 그 한도를 초과하는 범위 내에서 무효이다.
⑤ 중개보수의 지급시기는 甲과 乙의 약정이 없을 때에는 중개대상물의 거래대금 지급이 완료된 날이다.

해설

지방자치단체의 조례를 잘못 해석하여 법에서 허용하는 금액을 초과한 중개보수를 수수한 경우도 정당한 법률의 착오에 해당하지 않으므로 처벌대상이 된다(2004도62).

13 A시에 중개사무소를 둔 개업공인중개사 甲은 B시에 소재하는 乙소유의 건축물(그 중 주택의 면적은 3분의 1임)에 대하여 乙과 丙 사이의 매매계약과 동시에 乙을 임차인으로 하는 임대차계약을 중개하였다. 이 경우 甲이 받을 수 있는 중개보수에 관한 설명으로 옳은 것을 모두 고른 것은? 제31회

> ㄱ. 甲은 乙과 丙으로부터 각각 중개보수를 받을 수 있다.
> ㄴ. 甲은 B시가 속한 시·도의 조례에서 정한 기준에 따라 중개보수를 받아야 한다.
> ㄷ. 중개보수를 정하기 위한 거래금액의 계산은 매매계약에 관한 거래금액만을 적용한다.
> ㄹ. 주택의 중개에 대한 보수 규정을 적용한다.

① ㄷ ② ㄱ, ㄷ ③ ㄴ, ㄹ
④ ㄱ, ㄴ, ㄷ ⑤ ㄱ, ㄴ, ㄹ

해설
ㄴ. 위의 경우 주택 외로 봐야 하므로 중개보수는 국토교통부령으로 정한다. 'A시 조례로 정한 기준에 따라 중개보수를 받아야 한다'고 해도 틀리다.
ㄹ. 주택의 면적이 2분의 1 미만이므로 주택 외의 중개보수를 적용한다.

01 공인중개사법령상 부동산거래정보망에 대한 설명 중 옳은 것은?   제17회

① 부동산거래정보사업자는 지정을 받은 날부터 3개월 이내에 운영규정을 정하여 시·도지사의 승인을 받아야 한다.

② 부동산거래정보망은 개업공인중개사와 중개의뢰인 상호 간에 부동산매매 등에 관한 정보의 공개와 유통을 촉진하기 위한 제도이다.

③ 부동산거래정보망을 설치·운영할 자로 지정받으려면 가입한 개업공인중개사가 보유하고 있는 주된 컴퓨터의 용량 및 성능을 확인할 수 있는 서류가 필요하다.

④ 정당한 사유 없이 지정받은 날부터 1년 이내에 부동산거래정보망을 설치·운영하지 아니하면 사업자 지정을 취소해야 한다.

⑤ 개업공인중개사는 부동산거래정보망을 통해 거래하는 경우 거래가 완성된 때에는 지체 없이 이를 해당 거래정보사업자에게 통보해야 한다.

해설

① 거래정보사업자는 지정받은 날부터 3개월 이내에 부동산거래정보망의 이용 및 정보제공방법 등에 관한 운영규정을 정하여 국토교통부장관의 승인을 얻어야 한다. 운영규정을 변경하고자 하는 때에도 승인을 얻어야 한다.

② 개업공인중개사와 중개의뢰인 상호 간에 ⇨ 개업공인중개사 상호 간에

③ 개업공인중개사가 보유한 컴퓨터의 관련서류를 제출하는 것이 아니다. 거래정보사업자로 지정받으려는 자는 국토교통부장관이 정하는 용량 및 성능을 갖춘 컴퓨터설비를 확보해야 하며, 지정신청을 할 때 지정받으려는 자가 보유하고 있는 주된 컴퓨터의 용량 및 성능을 확인할 수 있는 서류를 제출해야 한다.

④ 지정취소는 '할 수 있다'라고 해야 옳으며 '하여야 한다'라고 출제되면 틀리다. 국토교통부장관은 거래정보사업자 지정을 취소할 수 있다.

02 공인중개사법령상 부동산거래정보망의 지정 및 이용에 관한 설명으로 틀린 것은?

제20회

① 거래정보사업자가 승인받아야 하는 부동산거래정보망의 이용 및 정보제공방법 등에 관한 운영규정에는 가입자에 대한 회비 및 그 징수에 관한 사항을 정해야 한다.

② 부동산거래정보망을 설치 · 운영할 자로 지정받으려는 자는 공인중개사와 정보처리기사를 각각 1인 이상 확보해야 한다.

③ 법인인 개업공인중개사는 거래정보사업자로 지정받을 수 없다.

④ 부동산거래정보망에 가입하지 않은 개업공인중개사가 전속중개계약을 체결한 경우 중개의뢰인이 비공개를 요청하지 않는 한 일간신문에 해당 중개대상물의 정보를 공개해야 한다.

⑤ 거래정보업자가 개업공인중개사로부터 의뢰받은 내용과 다르게 정보를 공개한 경우 국토교통부장관은 그 사업자 지정을 취소해야 한다.

03 공인중개사법령상 부동산거래정보망의 지정 및 이용 등에 관한 설명으로 옳은 것은?

제21회

① 거래정보사업자로 지정받으려는 자는 지정받기 전에 운영규정을 정하여 국토교통부장관의 승인을 얻어야 한다.

② 거래정보사업자로 지정받으려는 자는 그 부동산거래정보망의 가입 · 이용신청을 한 개업공인중개사가 500명 이상이고 2개 이상의 시 · 도에서 각각 100명 이상의 개업공인중개사가 가입 · 이용신청을 했다는 요건을 갖추어야 한다.

③ 거래정보사업자로 지정받으려는 자는 부동산거래정보망의 가입자가 이용하는데 지장이 없는 정도로서 국토교통부장관이 정하는 용량 및 성능을 갖춘 컴퓨터설비를 확보해야 한다.

④ 거래정보사업자가 정당한 사유 없이 지정받은 날부터 1년 이내에 부동산거래정보망을 설치 · 운영하지 아니한 경우 국토교통부장관은 그 지정을 취소해야 한다.

⑤ 거래정보사업자가 개업공인중개사로부터 의뢰받은 정보와 다른 정보를 공개한 경우에는 5백만원 이하의 과태료가 부과된다.

> **해설**
> ① 지정받은 날부터 3개월 이내에 운영규정을 정하여 국토교통부장관의 승인을 얻어야 한다.
> ② 500명, 2개 이상 시 · 도 각각 30명 이상 ⑤ 지정을 취소할 수 있다. & 1-1

정답 01 ⑤ 02 ⑤ 03 ③

04 공인중개사법령상 부동산거래정보망을 설치·운영할 자로 지정받기 위한 요건의 일부이다. (   )에 들어갈 내용으로 옳은 것은? 제31회

> • 부동산거래정보망의 가입·이용신청을 한 (ㄱ)의 수가 500명 이상이고 (ㄴ)개 이상의 특별시·광역시·도 및 특별자치도에서 각각 (ㄷ)인 이 상의 (ㄱ)가 가입·이용신청을 하였을 것
> • 정보처리기사 1명 이상을 확보할 것
> • 공인중개사 (ㄹ)명 이상을 확보할 것

① ㄱ: 공인중개사,　　　ㄴ: 2,　　ㄷ: 20,　　ㄹ: 1
② ㄱ: 공인중개사,　　　ㄴ: 3,　　ㄷ: 20,　　ㄹ: 3
③ ㄱ: 개업공인중개사,　ㄴ: 2,　　ㄷ: 20,　　ㄹ: 3
④ ㄱ: 개업공인중개사,　ㄴ: 2,　　ㄷ: 30,　　ㄹ: 1
⑤ ㄱ: 개업공인중개사,　ㄴ: 3,　　ㄷ: 30,　　ㄹ: 1

05 공인중개사법령상 부동산거래정보망에 관한 설명으로 옳은 것은? 제24회

① 거래정보사업자로 지정받기 위하여 신청서를 제출하는 경우, 공인중개사자격 증 원본을 첨부해야 한다.
② 부동산거래정보망에 중개대상물에 관한 거래의 중요한 정보를 거짓으로 공 개한 개업공인중개사에게는 500만원 이하의 과태료를 부과한다.
③ 전속중개계약을 체결한 개업공인중개사가 부동산거래정보망에 임대 중인 중 개대상물 정보를 공개하는 경우, 임차인의 성명을 공개해야 한다.
④ 거래정보사업자로 지정받은 법인이 해산하여 부동산거래정보망사업의 계속 적인 운영이 불가능한 경우, 국토교통부장관은 청문을 거치지 않고 사업자 지 정을 취소할 수 있다.
⑤ 거래정보사업자는 개업공인중개사로부터 의뢰받은 중개대상물의 정보뿐만 아니라 의뢰인의 이익을 위해 직접 조사한 중개대상물의 정보도 부동산거래 정보망에 공개할 수 있다.

해설

① 지정받으려면 공인중개사 1인 이상 확보해야 하므로 공인중개사자격증 사본을 제출해야 한다.
② 순수 업무정지 사유이다.
③ 각 권리자의 주소·성명 등 인적사항은 공개해서는 안 된다.
⑤ 거래정보사업자는 개업공인중개사로부터 공개를 의뢰받은 중개대상물의 정보에 한정하여 정보망에 공개해야 한다.

06 공인중개사법령상 거래정보사업자의 지정취소 사유에 해당하는 것을 모두 고른 것은?

제31회

> ㄱ. 부동산거래정보망의 이용 및 정보제공방법 등에 관한 운영규정을 변경하고도 국토교통부장관의 승인을 받지 않고 부동산거래정보망을 운영한 경우
> ㄴ. 개업공인중개사로부터 공개를 의뢰 받지 아니한 중개대상물 정보를 부동산거래정보망에 공개한 경우
> ㄷ. 정당한 사유 없이 지정받은 날부터 6개월 이내에 부동산거래정보망을 설치하지 아니한 경우
> ㄹ. 개인인 거래정보사업자가 사망한 경우
> ㅁ. 부동산거래정보망의 이용 및 정보제공방법 등에 관한 운영규정을 위반하여 부동산거래정보망을 운영한 경우

① ㄱ, ㄴ   ② ㄷ, ㄹ   ③ ㄱ, ㄴ, ㅁ
④ ㄱ, ㄴ, ㄹ, ㅁ   ⑤ ㄱ, ㄴ, ㄷ, ㄹ, ㅁ

해설

ㄷ. 정당한 사유 없이 지정받은 날부터 1년 이내에 부동산거래정보망을 설치하지 아니한 경우

07 공인중개사법령상 부동산거래정보망의 지정 및 이용에 관한 설명으로 옳은 것은?

제35회

① 「전기통신사업법」의 규정에 의한 부가통신사업자가 아니어도 국토교통부령으로 정하는 요건을 갖추면 거래정보사업자로 지정받을 수 있다.
② 거래정보사업자로 지정받으려는 자는 공인중개사의 자격을 갖추어야 한다.
③ 거짓이나 그 밖의 부정한 방법으로 거래정보사업자로 지정받은 경우 그 지정은 무효이다.
④ 법인인 거래정보사업자의 해산으로 부동산거래정보망의 계속적인 운영이 불가능한 경우 국토교통부장관은 청문 없이 그 지정을 취소할 수 있다.
⑤ 부동산거래정보망에 정보가 공개된 중개대상물의 거래가 완성된 경우 개업공인중개사는 3개월 이내에 해당 거래정보사업자에게 이를 통보하여야 한다.

해설

① 부가통신사업자이어야 한다.
② 지정받으려는 자는 공인중개사가 아니어도 되며 지정받으려면 공인중개사 1인 이상 확보해야 한다.
③ 지정을 취소할 수 있다. ⑤ 지체 없이 통보

08 「공인중개사법 시행령」 제30조(협회의 설립)의 내용이다. (   )에 들어갈 숫자를 올바르게 나열한 것은?　　　　　　　　　　　　　　　　　제30회

> • 공인중개사협회를 설립하고자 하는 때에는 발기인이 작성하여 서명·날인 한 정관에 대하여 회원 (ㄱ)인 이상이 출석한 창립총회에서 출석한 회원 과반수의 동의를 얻어 국토교통부장관의 설립인가를 받아야 한다.
> • 창립총회에는 서울특별시에서는 (ㄴ)인 이상, 광역시·도 및 특별자치도 에서는 각각 (ㄷ)인 이상의 회원이 참여하여야 한다.

① ㄱ: 300, ㄴ: 50, ㄷ: 20　　　　② ㄱ: 300, ㄴ: 100, ㄷ: 50
③ ㄱ: 600, ㄴ: 50, ㄷ: 20　　　　④ ㄱ: 600, ㄴ: 100, ㄷ: 20
⑤ ㄱ: 800, ㄴ: 50, ㄷ: 50

09 공인중개사법령상 공인중개사협회에 관한 설명 중 옳은 것은?　　　　제18회
① 협회는 개업공인중개사가 작성하는 거래계약서의 표준이 되는 서식을 정하 여 그 사용을 권장할 수 있다.
② 협회는 회원 300인 이상이 발기인이 되어 정관을 작성하여 창립총회의 의결 을 거친 후 국토교통부장관의 허가를 받아 설립등기를 함으로써 성립한다.
③ 협회는 공제사업 운용실적을 매 회계연도 종료 후 2개월 이내에 일간신문 또 는 협회보에 공시해야 한다.
④ 금융감독원장은 협회의 공제사업 운영이 적정하지 아니하거나 자산상황이 불량하여 중개사고 피해자 및 공제 가입자 등의 권익을 해칠 우려가 있다고 인정하면 개선명령을 할 수 있다.
⑤ 협회는 공제의 책임준비금을 다른 용도로 사용하고자 하는 경우 국토교통부 장관의 승인을 얻어야 한다.

해설
① 협회 ⇨ 국토교통부장관
② 허가가 아닌 인가를 받아야 한다.
③ 3개월 이내에 일간신문 또는 협회보에 공시하고 협회의 인터넷 홈페이지에 게시해야 한다.
④ 금융감독원장 ⇨ 국토교통부장관

10 공인중개사법령상 공인중개사협회에 관한 설명으로 옳은 것을 모두 고른 것은?

제27회

> ㄱ. 협회는 총회의 의결내용을 지체 없이 국토교통부장관에게 보고하여야 한다.
> ㄴ. 협회가 지회를 설치한 때에는 시·도지사에게 신고하여야 한다.
> ㄷ. 공제사업 운영위원회 위원의 임기는 2년이며 연임할 수 없다.
> ㄹ. 금융기관에서 임원 이상의 현직에 있는 사람은 공제사업 운영위원회 위원이 될 수 없다.

① ㄱ   ② ㄱ, ㄷ   ③ ㄴ, ㄹ
④ ㄱ, ㄷ, ㄹ   ⑤ ㄴ, ㄷ, ㄹ

해설

ㄴ. 지부를 설치한 때에는 시·도지사에게, 지회를 설치한 때에는 등록관청에 신고해야 한다.
ㄷ. 임기가 제한된 위원의 임기는 2년으로 하며, 1회에 한하여 연임할 수 있다.
ㄹ. 이런 지문은 풀기 어려우며 보통은 위원이 될 수 있는 자 중에서 출제한다.

11 공인중개사법령상 공인중개사협회(이하 '협회'라 함) 및 공제사업에 관한 설명으로 옳은 것은?

제34회

① 협회는 총회의 의결내용을 10일 이내에 시·도지사에게 보고하여야 한다.
② 협회는 매 회계연도 종료 후 3개월 이내에 공제사업 운용실적을 일간신문에 공시하거나 협회의 인터넷 홈페이지에 게시해야 한다.
③ 협회의 창립총회를 개최할 경우 특별자치도에서는 10인 이상의 회원이 참여하여야 한다.
④ 공제규정에는 책임준비금의 적립비율을 공제료 수입액의 100분의 5 이상으로 정한다.
⑤ 협회는 공제사업을 다른 회계와 구분하여 별도의 회계로 관리하여야 한다.

해설

① 지체 없이 ② 일간신문 또는 협회보에 공시하고 홈페이지에 게시해야 한다.
③ 서울특별시에서는 100인 이상, 광역시·도 및 특별자치도에서는 각각 20인 이상의 회원이 참여해야 한다.
④ 공제료 수입액의 100분의 10 이상

정답 08 ④ 09 ⑤ 10 ① 11 ⑤

12 공인중개사법령상 공인중개사협회와 공제사업에 관한 설명으로 옳은 것은 모두 몇 개인가? 제24회

> ㄱ. 개업공인중개사가 자기의 중개사무소를 다른 사람의 중개행위의 장소로 제공함으로써 발생한 거래당사자에 대한 재산상의 손해배상책임은 공제 사업의 대상이 아니다.
> ㄴ. 협회에 관하여 공인중개사법령에 규정된 것 외에는 「민법」 중 조합에 관한 규정을 적용한다.
> ㄷ. 협회는 정관으로 정하는 바에 따라 광역시에 지부를 둘 수 있다.
> ㄹ. 협회는 책임준비금을 다른 용도로 사용하고자 하는 경우에는 국토교통부장관의 승인을 얻어야 한다.
> ㅁ. 책임준비금의 적립비율은 협회 총수입액의 100분의 10 이상으로 정해야 한다.

① 1개   ② 2개   ③ 3개
④ 4개   ⑤ 5개

해설

ㄱ. 법 제30조 제2항으로 발생한 손해에 대하여도 보증보험금, 공제금 또는 공탁금을 청구할 수 있다.
ㄴ. 「민법」 중 사단법인
ㄷ. 시·도에 지부를 둘 수 있다.
ㅁ. 협회 총수입액 ⇨ 공제료 수입액
따라서 옳은 것은 ㄷ, ㄹ이다.

13 공인중개사법령상 공인중개사협회에 관한 설명으로 옳은 것은? 제25회

① 협회는 재무건전성 기준이 되는 지급여력비율을 100분의 100 이상으로 유지해야 한다.
② 협회의 창립총회는 서울특별시에서는 300인 이상 회원의 참여를 요한다.
③ 협회는 시·도에 지부를 반드시 두어야 하나, 군·구에 지회를 반드시 두어야 하는 것은 아니다.
④ 협회는 총회의 의결내용을 15일 내에 국토교통부장관에게 보고해야 한다.
⑤ 협회의 설립은 공인중개사법령의 규정을 제외하고 「민법」의 사단법인에 관한 규정을 준용하므로 설립허가주의를 취한다.

해설

② 창립총회 : 서울특별시 100인 이상, 광역시·도 및 특별자치도 각각 20인 이상
③ 시·도에 지부를 둘 수 있고, 시·군·구에 지회를 둘 수 있다.
④ 지체 없이 국토교통부장관에게 보고해야 한다.
⑤ 설립인가주의를 취한다.

14 공인중개사법령상 공인중개사협회의 공제사업에 관한 설명으로 옳은 것을 모두 고른 것은? (다툼이 있으면 판례에 의함) 제25회

> ㄱ. 협회의 공제규정을 제정·변경하고자 하는 때에는 국토교통부장관의 승인을 얻어야 한다.
> ㄴ. 위촉받아 보궐위원이 된 운영위원의 임기는 전임자 임기의 남은 기간으로 한다.
> ㄷ. 운영위원회의 회의는 재적위원 과반수의 찬성으로 심의사항을 의결한다.
> ㄹ. 협회와 개업공인중개사 간에 체결된 공제계약이 유효하게 성립하려면 공제계약 당시에 공제사고의 발생 여부가 확정되어 있지 않은 것을 대상으로 해야 한다.

① ㄱ, ㄴ   ② ㄷ, ㄹ   ③ ㄱ, ㄴ, ㄹ
④ ㄴ, ㄷ, ㄹ   ⑤ ㄱ, ㄴ, ㄷ, ㄹ

해설

ㄷ. 공제사업 운영위원회의 회의는 재적위원 과반수의 출석으로 개의하고, 출석위원 과반수의 찬성으로 심의사항을 의결한다.

15 공인중개사법령상 국토교통부장관이 공인중개사협회의 공제사업 운영에 대하여 개선조치로서 명할 수 있는 것으로 명시되지 <u>않은</u> 것은? 제25회, 제35회

① 자산예탁기관의 변경
② 자산의 장부가격의 변경
③ 업무진행방법의 변경
④ 공제사업의 양도
⑤ 불건전한 자산에 대한 적립금의 보유

해설

국토교통부장관은 협회의 공제사업 운영이 적정하지 아니하거나 자산상황이 불량한 경우 다음의 개선조치(개선명령)를 명할 수 있다.
1. 업무집행방법의 **변경**
2. 자산예탁기관의 **변경**
3. 자산의 장부가격의 **변경**
4. **불건전한** 자산에 대한 적립금의 보유
5. 가치가 없다고 인정되는 자산의 **손실** 처리

정답   12 ②   13 ①   14 ③   15 ④

16 공인중개사법령상 공인중개사협회(이하 '협회'라 함)의 공제사업에 관한 설명으로 틀린 것은? 제33회

① 협회는 공제사업을 다른 회계와 구분하여 별도의 회계로 관리해야 한다.

② 공제규정에서 정하는 책임준비금의 적립비율은 공제료 수입액의 100분의 20 이상으로 한다.

③ 국토교통부장관은 협회의 자산상황이 불량하여 공제 가입자의 권익을 해칠 우려가 있다고 인정하면 자산예탁기관의 변경을 명할 수 있다.

④ 국토교통부장관은 협회의 자산상황이 불량하여 중개사고 피해자의 권익을 해칠 우려가 있다고 인정하면 불건전한 자산에 대한 적립금의 보유를 명할 수 있다.

⑤ 협회는 대통령령으로 정하는 바에 따라 매년도의 공제사업 운용실적을 일간 신문·협회보 등을 통하여 공제계약자에게 공시해야 한다.

해설

공제규정에서 정하는 책임준비금의 적립비율은 공제료 수입액의 100분의 10 이상으로 한다.

17 공인중개사법령상 "공인중개사협회"(이하 '협회'라 함)에 관한 설명으로 옳은 것은? 제30회

① 협회는 영리사업으로서 회원 간의 상호부조를 목적으로 공제사업을 할 수 있다.

② 협회는 총회의 의결내용을 지체 없이 등록관청에게 보고하고 등기하여야 한다.

③ 협회가 그 지부 또는 지회를 설치한 때에는 그 지부는 시·도지사에게, 지회는 등록관청에 신고하여야 한다.

④ 협회는 개업공인중개사에 대한 행정제재처분의 부과와 집행의 업무를 할 수 있다.

⑤ 협회는 부동산 정보제공에 관한 업무를 직접 수행할 수 없다.

해설

① 공제사업은 비영리사업으로서 회원 간의 상호부조를 목적으로 한다.
② 협회는 총회의 의결내용을 지체 없이 국토교통부장관에게 보고해야 한다.
④ 협회는 개업공인중개사에 대한 행정처분의 권한이 없다.
⑤ 협회는 부동산정보제공에 관한 업무를 수행할 수 있다.

18 공인중개사법령상 공인중개사협회(이하 '협회'라 함)에 관한 설명으로 틀린 것은?

제32회

① 협회는 시 · 도지사로부터 위탁을 받아 실무교육에 관한 업무를 할 수 있다.
② 협회는 공제사업을 하는 경우 책임준비금을 다른 용도로 사용하려면 국토교통부장관의 승인을 얻어야 한다.
③ 협회는 「공인중개사법」에 따른 협회의 설립목적을 달성하기 위한 경우에도 부동산 정보제공에 관한 업무를 수행할 수 없다.
④ 협회에 관하여 「공인중개사법」에 규정된 것 외에는 「민법」 중 사단법인에 관한 규정을 적용한다.
⑤ 협회는 공제사업을 다른 회계와 구분하여 별도의 회계로 관리해야 한다.

19 공인중개사법령상 공인중개사협회의 업무에 해당하는 것을 모두 고른 것은? 제35회

> ㄱ. 회원의 윤리헌장 제정 및 그 실천에 관한 업무
> ㄴ. 부동산 정보제공에 관한 업무
> ㄷ. 인터넷을 이용한 중개대상물에 대한 표시 · 광고 모니터링 업무
> ㄹ. 회원의 품위유지를 위한 업무

① ㄱ, ㄹ   ② ㄴ, ㄷ   ③ ㄱ, ㄴ, ㄷ
④ ㄱ, ㄴ, ㄹ   ⑤ ㄱ, ㄴ, ㄷ, ㄹ

해설

협회의 고유업무
1. 회원의 품위유지를 위한 업무
2. 부동산중개제도의 연구 · 개선에 관한 업무
3. 회원의 자질향상을 위한 지도와 교육 및 연수에 관한 업무
4. 회원의 윤리헌장 제정 및 그 실천에 관한 업무
5. 부동산정보제공에 관한 업무
6. 공제사업. 이 경우 공제사업은 비영리사업으로서 회원 간의 상호부조를 목적으로 한다.

국토교통부장관은 다음에 해당하는 기관에 모니터링 업무를 위탁할 수 있다.
㉠ 「공공기관의 운영에 관한 법률」에 따른 공공기관
㉡ 「정부출연연구기관 등의 설립 · 운영 및 육성에 관한 법률」에 따른 정부출연연구기관
㉢ 「민법」 제32조에 따라 설립된 비영리법인으로서 인터넷 표시 · 광고 모니터링 또는 인터넷 광고 시장 감시와 관련된 업무를 수행하는 법인
㉣ 그 밖에 인터넷 표시 · 광고 모니터링 업무 수행에 필요한 전문인력과 전담조직을 갖췄다고 국토교통부장관이 인정하는 기관 또는 단체

정답   16 ②   17 ③   18 ③   19 ④

Chapter 08 보칙

01 공인중개사법령상 수수료납부 대상자에 해당하는 것은 모두 몇 개인가? 제27회

> • 분사무소설치의 신고를 하는 자
> • 중개사무소의 개설등록을 신청하는 자
> • 중개사무소의 휴업을 신고하는 자
> • 중개사무소등록증의 재교부를 신청하는 자
> • 공인중개사 자격시험에 합격하여 공인중개사자격증을 처음으로 교부받는 자

① 1개   ② 2개   ③ 3개
④ 4개   ⑤ 5개

해설

수수료 납부✕: 휴업신고, 공인중개사자격증을 처음으로 교부받는 자

02 공인중개사법령상 조례가 정하는 바에 따라 수수료를 납부해야 하는 경우를 모두 고른 것은? 제30회

> ㄱ. 분사무소설치 신고확인서의 재교부 신청
> ㄴ. 국토교통부장관이 시행하는 공인중개사 자격시험 응시
> ㄷ. 중개사무소 개설등록 신청
> ㄹ. 분사무소설치의 신고

① ㄱ, ㄴ   ② ㄱ, ㄴ, ㄹ   ③ ㄱ, ㄷ, ㄹ
④ ㄴ, ㄷ, ㄹ   ⑤ ㄱ, ㄴ, ㄷ, ㄹ

해설

ㄴ. 공인중개사 자격시험을 국토교통부장관이 시행하는 경우에는 국토교통부장관이 결정·공고하는 수수료를 납부해야 한다.

124 제1편 공인중개사법령

03 공인중개사법령상 포상금을 지급받을 수 있는 신고 또는 고발의 대상이 <u>아닌</u> 것은?

제32회

① 중개사무소의 개설등록을 하지 않고 중개업을 한 자
② 부정한 방법으로 중개사무소의 개설등록을 한 자
③ 공인중개사자격증을 다른 사람으로부터 양수받은 자
④ 개업공인중개사로서 부당한 이익을 얻을 목적으로 거짓으로 거래가 완료된 것처럼 꾸미는 등 중개대상물의 시세에 부당한 영향을 줄 우려가 있는 행위를 한 자
⑤ 개업공인중개사로서 중개의뢰인과 직접 거래를 한 자

해설

포상금 지급대상 위반행위 : 무거양양양양아금(금 : 꾸단 + 5개)
포상금 지급대상 위반행위× : 판매명수 / 관직쌍투

04 공인중개사법령상 포상금제도에 관한 설명으로 옳은 것은?

제21회

① 부정한 방법으로 중개사무소의 개설등록을 한 개업공인중개사를 신고하더라도 포상금의 지급대상이 아니다.
② 포상금은 해당 신고사건에 관하여 검사가 불기소처분을 한 경우에도 지급한다.
③ 하나의 사건에 대하여 2인 이상이 공동으로 신고한 경우 포상금은 1인당 50만원이다.
④ 하나의 사건에 대하여 2건 이상의 신고가 접수된 경우 포상금은 균분하여 지급한다.
⑤ 등록관청은 포상금의 지급결정일부터 1개월 이내에 포상금을 지급해야 한다.

해설

① 거짓 그 밖의 부정한 방법으로 중개사무소의 개설등록을 한 자를 신고한 경우는 포상금 지급대상이다.
② 검사가 공소제기 또는 기소유예의 결정을 한 경우에 한하여 지급한다.
③ 배분방법에 대한 합의가 없는 한 균등배분하며 합의가 있으면 합의된 방법이 우선한다.
④ 최초로 신고한 자에게 지급한다.

정답 01 ③ 02 ③ 03 ⑤ 04 ⑤

05 공인중개사법령상 포상금에 관한 설명으로 옳은 것은? 제22회

① 포상금은 1건당 50만원으로 한다.
② 포상금의 지급에 소요되는 비용은 그 일부를 공인중개사협회에서 보조할 수 있다.
③ 국토교통부장관은 거짓 그 밖의 부정한 방법으로 중개사무소의 개설등록을 한 자를 신고한 자에 대하여 포상금을 지급할 수 있다.
④ 포상금지급신청서를 제출받은 국토교통부장관은 포상금 지급결정일부터 3개월 이내에 포상금을 지급해야 한다.
⑤ 하나의 사건에 대하여 2건 이상의 신고가 접수된 경우에는 포상금을 균등하게 배분하여 지급한다.

해설
② 일부를 국고에서 보조할 수 있으며 보조비율은 100의 50 이내로 한다.
③ 포상금은 등록관청에서 지급한다.
④ 등록관청은 포상금 지급결정일부터 1개월 이내에 포상금을 지급해야 한다.

06 공인중개사법령상 포상금에 관한 설명으로 틀린 것은? 제23회

① 포상금의 지급결정은 포상금 지급신청서를 제출받은 등록관청이 한다.
② 신고 또는 고발사건에 대하여 검사가 공소제기 또는 기소유예의 결정을 한 경우에 한하여 지급한다.
③ 하나의 사건에 대하여 2인 이상이 공동으로 신고한 경우 공인중개사법령이 정한 균등배분방법은 공동포상금을 수령할 자가 합의한 배분방법에 우선하여 적용된다.
④ 포상금의 지급에 소요되는 비용 중 국고에서 보조할 수 있는 비율은 100분의 50 이내로 한다.
⑤ 포상금지급신청서를 제출받은 등록관청은 포상금의 지급결정일부터 1개월 이내에 포상금을 지급해야 한다.

해설
배분방법의 합의가 있는 경우에는 합의한 배분방법이 우선하며, 합의가 없는 경우에 균등하게 배분하여 지급한다.

07 공인중개사법령상 등록관청에 신고한 甲과 乙이 받을 수 있는 포상금 최대금액은?

제24회

> ㄱ. 甲은 중개사무소를 부정한 방법으로 개설등록한 A와 B를 각각 신고하였다.
> ㄴ. 중개사무소의 개설등록을 하지 아니하고 중개업을 하고 있는 C를 甲과 乙이 공동으로 신고하였다.
> ㄷ. 乙이 중개사무소등록증을 다른 사람에게 양도한 D를 신고한 이후에, 甲도 D를 신고하였다.
> ㄹ. E가 부정한 방법으로 중개사무소를 개설등록한 사실이 등록관청에 의해 발각된 이후, 甲과 乙은 E를 공동으로 신고하였다.
> ㅁ. 담당 검사는 A와 E에 대하여 공소제기, C와 D에 대하여 기소유예결정, B에 대하여 무혐의 처분을 하였다.
> ㅂ. 甲과 乙 사이에 포상금 분배약정은 없었다.

① 甲 : 75만원, 乙 : 75만원
② 甲 : 100만원, 乙 : 100만원
③ 甲 : 125만원, 乙 : 75만원
④ 甲 : 125만원, 乙 : 100만원
⑤ 甲 : 150만원, 乙 : 50만원

해설

ㄱ. 甲 = 50만원(B는 무혐의 처분을 받았으므로 신고한 경우는 지급하지 않는다)
ㄴ. 甲 = 25만원, 乙 = 25만원
ㄷ. 乙 = 50만원(최초로 신고한 乙만 받는다)
ㄹ. 등록관청에 이미 발각된 이후에 신고하였으므로 지급받지 못한다.
따라서 甲 = 75만원, 乙 = 75만원을 받게 된다.

08 공인중개사법령상 포상금을 지급받을 수 있는 신고 또는 고발의 대상을 모두 고른 것은?　제33회

> ㄱ. 중개대상물의 매매를 업으로 하는 행위를 한 자
> ㄴ. 공인중개사자격증을 다른 사람으로부터 대여받은 자
> ㄷ. 해당 중개대상물의 거래상의 중요사항에 관하여 거짓된 언행으로 중개의뢰인의 판단을 그르치게 하는 행위를 한 자

① ㄱ　　　　　　② ㄴ　　　　　　③ ㄱ, ㄷ
④ ㄴ, ㄷ　　　　　⑤ ㄱ, ㄴ, ㄷ

해설

포상금 지급대상 : 무거양양양양아금(금 : 꾸단 + 5개)

09 공인중개사법령상 포상금 지급에 관한 설명으로 옳은 것은?　제30회

① 포상금은 1건당 150만원으로 한다.
② 검사가 신고사건에 대하여 기소유예의 결정을 한 경우에는 포상금을 지급하지 않는다.
③ 포상금의 지급에 소요되는 비용 중 시·도에서 보조할 수 있는 비율은 100분의 50 이내로 한다.
④ 포상금지급신청서를 제출받은 등록관청은 그 사건에 관한 수사기관의 처분내용을 조회한 후 포상금의 지급을 결정하고, 그 결정일부터 1개월 이내에 포상금을 지급하여야 한다.
⑤ 등록관청은 하나의 사건에 대하여 2건 이상의 신고가 접수된 경우, 공동으로 신고한 것이 아니면 포상금을 균등하게 배분하여 지급한다.

해설

① 1건당 50만원으로 한다.
② 검사가 공소제기 또는 기소유예의 결정을 한 경우 포상금을 지급한다.
③ 포상금의 지급에 소요되는 비용은 그 일부를 국고에서 보조할 수 있으며 그 비율은 100분의 50 이내로 한다.
⑤ 하나의 사건에 대하여 2건 이상의 신고 또는 고발이 접수된 경우에는 최초로 신고 또는 고발한 자에게 포상금을 지급한다.

10 공인중개사법령상 甲과 乙이 받을 수 있는 포상금의 최대금액은? 제27회

> ㄱ. 甲은 중개사무소를 부정한 방법으로 개설등록한 A와 B를 각각 고발하였으며, 검사는 A를 공소제기하였고, B를 무혐의처분 하였다.
> ㄴ. 乙은 중개사무소를 부정한 방법으로 개설등록한 C를 신고하였으며, C는 형사재판에서 무죄판결을 받았다.
> ㄷ. 甲과 乙은 포상금배분에 관한 합의 없이 중개사무소등록증을 대여한 D를 공동으로 고발하여 D는 기소유예의 처분을 받았다.
> ㄹ. 중개사무소의 개설등록을 하지 않고 중개업을 하는 E를 乙이 신고한 이후에 甲도 E를 신고하였고, E는 형사재판에서 유죄판결을 받았다.
> ㅁ. A, B, C, D, E는 甲 또는 乙의 위 신고·고발 전에 행정기관에 의해 발각되지 않았다.

① 甲: 75만원, 乙: 50만원   ② 甲: 75만원, 乙: 75만원
③ 甲: 75만원, 乙: 125만원   ④ 甲: 125만원, 乙: 75만원
⑤ 甲: 125만원, 乙: 125만원

해설

ㄱ. 甲 = 50만원(B를 신고한 것에 대해서는 받지 못한다)
ㄴ. 乙 = 50만원(무죄판결을 받았다는 것은 공소제기가 되었다는 의미이므로 지급한다)
ㄷ. 甲 = 25만원, 乙 = 25만원
ㄹ. 乙 = 50만원(유죄판결을 받은 것도 공소제기가 된 경우이며 최초로 신고한 乙에게만 지급한다)
따라서 甲: 75만원, 乙: 125만원

11 공인중개사법령상 甲과 乙이 받을 수 있는 포상금의 최대 금액은? 제25회

> ㄱ. 甲은 개설등록을 하지 아니하고 중개업을 한 A를 고발하여 A는 기소유예의 처분을 받았다.
> ㄴ. 거짓 부정한 방법으로 중개사무소 개설등록을 한 B에 대해 甲이 먼저 신고하고, 뒤이어 乙이 신고하였는데, 검사가 B를 공소제기하였다.
> ㄷ. 甲과 乙은 포상금배분에 관한 합의 없이 공동으로 공인중개사자격증을 다른 사람에게 대여한 C를 신고하였는데, 검사가 공소제기하였지만, C는 무죄판결을 받았다.
> ㄹ. 乙은 중개사무소등록증을 대여받은 D와 E를 신고하였는데, 검사는 D를 무혐의처분, E를 공소제기하였으나 무죄판결을 받았다.
> ㅁ. A, B, C, D, E는 甲 또는 乙의 위 신고·고발 전에 행정기관에 의해 발각되지 않았다.

① 甲: 75만원, 乙: 25만원
② 甲: 75만원, 乙: 50만원
③ 甲: 100만원, 乙: 50만원
④ 甲: 125만원, 乙: 75만원
⑤ 甲: 125만원, 乙: 100만원

해설

ㄱ. 甲 = 50만원
ㄴ. 甲 = 50만원(최초로 신고한 甲만 받는다)
ㄷ. 甲 = 25만원, 乙 = 25만원(C는 공소제기 되었으므로 무죄판결을 받아도 지급한다)
ㄹ. 乙 = 50만원(D는 무혐의 처분 받았으므로 D를 신고한 것에 대해서는 받지 못하며 E는 공소제기 되었으므로 무죄판결을 받아도 지급한다)
따라서 甲: 125만원, 乙: 75만원

정답 11 ④

행정처분 및 벌칙

01 공인중개사법령상 공인중개사의 자격취소에 관한 설명으로 옳은 것은? 제27회

① 공인중개사 자격취소처분을 받은 개업공인중개사는 중개사무소의 소재지를 관할하는 시·도지사에게 공인중개사자격증을 반납해야 한다.

② 부정한 방법으로 공인중개사의 자격을 취득한 경우 자격취소사유에 해당하며, 1년 이하의 징역 또는 1천만원 이하의 벌금에 처해진다.

③ 시·도지사는 공인중개사의 자격취소처분을 한 때에는 7일 이내에 이를 국토교통부장관에게 통보해야 한다.

④ 자격증을 교부한 시·도지사와 공인중개사 사무소의 소재지를 관할하는 시·도지사가 다른 경우, 자격증을 교부한 시·도지사가 자격취소처분에 필요한 절차를 이행한다.

⑤ 공인중개사가 자격정지처분을 받고 그 정지기간 중에 다른 개업공인중개사의 소속공인중개사가 된 경우 자격취소사유가 된다.

해설

① 개업공인중개사가 자격취소 되었더라도 자격증은 <u>교부한 시·도지사에게 반납</u>해야 한다.

② 부정한 방법으로 자격을 취득한 경우는 자격취소 사유에만 해당하고 형벌 대상은 아니다.

③ 시·도지사는 공인중개사의 <u>자격취소</u>처분을 한 때에는 5일 이내에 이를 국토교통부장관과 다른 시·도지사에게 통보해야 한다.

④ <u>사무소 관할 시·도지사가</u> 자격취소처분에 <u>필요한 절차를 이행</u>한 후 자격증을 교부한 시·도지사에게 통보해야 한다.

정답 01 ⑤

02 공인중개사법령상 중개업무를 수행하는 소속공인중개사의 자격정지에 관한 설명으로 옳은 것은? 제27회

① 거래계약서에 서명 및 날인을 하지 아니한 경우는 자격정지사유에 해당한다.
② 중개대상물 확인·설명서를 교부하지 아니한 경우는 자격정지사유에 해당한다.
③ 전속중개계약서에 의하지 아니하고 전속중개계약을 체결한 경우는 자격정지사유에 해당한다.
④ 시장·군수 또는 구청장은 공인중개사 자격정지사유 발생시 6개월의 범위 안에서 기간을 정하여 그 자격을 정지할 수 있다.
⑤ 자격정지기간은 2분의 1의 범위 안에서 가중 또는 감경할 수 있으며, 가중하여 처분하는 때에는 9개월로 할 수 있다.

해설

② 거래계약서 및 확인·설명서 교부× 보존× : 개공의 업무정지(○) 소공의 자격정지(×)
③ 표준서식인 전속중개계약서를 사용× 보존× : 개공의 업무정지(○) 소공의 자격정지(×)
④ 시·도지사
⑤ 6개월을 초과할 수 없다.

03 공인중개사법령상 자격정지처분과 업무정지처분에 관한 설명 중 틀린 것은? 제18회

① 자격정지처분은 자격증을 교부한 시·도지사가 하고, 업무정지처분은 등록관청이 한다.
② 자격정지처분의 대상은 소속공인중개사이나, 업무정지처분의 대상은 개업공인중개사이다.
③ 자격정지기간 중에 중개업무를 한 경우 공인중개사 자격을 취소해야 하며, 업무정지기간 중에 중개업무를 한 경우 개설등록을 취소해야 한다.
④ 업무정지처분은 그 사유가 발생한 날부터 3년이 경과한 때에는 이를 할 수 없으나, 자격정지처분은 그에 관한 규정이 없다.
⑤ 둘 이상의 중개사무소에 소속된 경우 소속공인중개사는 자격정지 사유에 해당되고, 개업공인중개사는 업무정지 사유에 해당된다.

해설

④ 업무정지사유가 발생한 날부터 3년이 경과한 때에는 업무정지처분을 할 수 없다. 자격정지에는 이러한 시효제도가 없다.
⑤ 이중소속 : 개업공인중개사(절대적 등록취소), 소속공인중개사(자격정지)

04 공인중개사법령상 공인중개사의 자격취소 사유가 <u>아닌</u> 것은?   제19회

① 자격정지처분을 받고 그 자격정지기간 중에 다른 개업공인중개사의 소속공인중개사로 중개업무를 행한 경우
② 부정한 방법으로 공인중개사자격을 취득한 경우
③ 공인중개사자격증을 양도 또는 대여한 경우
④ 거래계약서에 거래금액 등 거래내용을 거짓으로 기재한 경우
⑤ 공인중개사가 타인에게 자기의 성명을 사용하여 중개업무를 하게 한 경우

해설

거래계약서 거짓 기재, 둘 이상의 계약서 : 개공(임의적 등록취소), 소공(자격정지)
※ 자격취소사유
  1. 부정한 방법으로 공인중개사의 자격을 취득한 경우
  2. 다른 사람에게 자기의 성명을 사용하여 중개업무를 하게 하거나 자격증을 양도 또는 대여한 경우
  3. 자격정지처분을 받고 그 자격정지기간 중에 중개업무를 행하거나 다른 개업공인중개사의 소속공인중개사·중개보조원·법인의 사원·임원이 되는 경우
  4. 「공인중개사법」을 위반하여 징역형의 선고를 받은 경우(집행유예 포함)
  5. 공인중개사의 직무와 관련하여 「형법」을 위반(범죄단체 조직, 사문서 위조·변조·행사, 사기, 횡령, 배임)하여 금고 또는 징역형을 선고받은 경우(집행유예 포함)

05 공인중개사법령상 절대적 등록취소사유가 <u>아닌</u> 것은?   제19회

① 이중으로 중개사무소의 개설등록을 한 경우
② 거짓 그 밖의 부정한 방법으로 중개사무소를 개설등록한 경우
③ 등록기준에 미달하게 된 경우
④ 중개사무소등록증을 대여한 경우
⑤ 개인인 개업공인중개사가 사망하거나 개업공인중개사인 법인이 해산한 경우

해설

등록기준에 미달하게 된 경우는 임의적 등록취소사유에 해당한다.

06 공인중개사법령 및 공인중개사제도에 관한 설명으로 틀린 것은? 제19회

① 부동산중개사무소 개설등록신청서 서식에서 개업공인중개사 종별로는 법인과 공인중개사만이 있다.

② 무등록중개업자의 중개행위로 인한 부동산매매계약이 당연히 무효인 것은 아니다.

③ 자격정지처분을 받은 날부터 6개월이 경과한 공인중개사는 법인인 개업공인중개사의 임원이 될 수 있다.

④ 등록관청의 업무정지처분은 해당하는 사유가 발생한 날부터 3년이 경과한 때에는 이를 할 수 없다.

⑤ 자격취소처분을 받은 공인중개사인 개업공인중개사는 그 사무소의 소재지를 관할하는 시·도지사에게 자격증을 반납해야 한다.

> **해설**
> ① 법인 또는 공인중개사만이 등록을 신청할 수 있으므로 <u>중개사무소 개설등록신청서 서식에 등록을 신청할 수 있는 개업공인중개사의 종별에는 법인과 공인중개사만 있다.</u>
> ③ 자격정지처분은 최대 6개월까지 받게 되므로 자격정지기간이 모두 경과하였다면 결격사유에서 벗어나게 되어 개업공인중개사 등이 될 수 있다.
> ⑤ 자격취소 후 자격증 반납은 항상 <u>자격증을 교부한 시·도지사</u>에게 해야 한다.

07 공인중개사법령상 개업공인중개사의 업무정지와 중개업무를 수행한 소속공인중개사의 자격정지의 사유가 모두 될 수 있는 것이 <u>아닌</u> 것은? 제19회

① 중개행위에 등록하지 아니한 인장을 사용한 경우

② 거래계약서에 서명 및 날인하지 아니한 경우

③ 중개대상물 확인·설명서에 서명 및 날인하지 아니한 경우

④ 거래계약서에 거래금액을 거짓으로 기재한 경우

⑤ 성실·정확하게 중개대상물의 확인·설명을 하지 아니한 경우

> **해설**
> ④ 개업공인중개사가 거래계약서에 거래금액을 거짓으로 기재한 경우는 임의적 등록취소 사유이므로 업무정지사유에도 해당한다.
> ⑤ 개공(500만원 이하의 과태료), 소공(자격정지)

08 공인중개사법령상 개업공인중개사에 대한 업무정지처분에 관한 설명으로 옳은 것은?

제20회

① 업무정지기간을 가중처분하는 경우에는 6개월을 초과할 수 있다.
② 등록관청은 법인인 개업공인중개사에게 업무정지를 명하는 경우 분사무소별로 업무의 정지를 명해야 한다.
③ 부정한 방법으로 중개사무소의 개설등록을 한 경우 3개월의 업무정지를 명할 수 있다.
④ 업무정지처분은 그 사유가 발생한 날부터 3년이 경과한 때에는 이를 할 수 없다.
⑤ 등록관청이 업무정지처분을 하고자 하는 경우 청문을 실시해야 한다.

해설

① 등록관청은 위반행위의 동기·결과 및 횟수 등을 참작하여 업무정지기간의 1/2 범위 안에서 가중 또는 감경할 수 있으나 가중하는 때에도 6개월을 초과할 수 없다.
② 법인인 개업공인중개사에 대하여는 법인 또는 분사무소별로 업무의 정지를 명할 수 있다.
③ 절대적 등록취소사유에 해당하는 경우 등록을 취소해야 하며 업무정지 처분을 할 수 없다.
⑤ 등록취소: 청문○ / 업무정지: 청문×

09 공인중개사법령상 공인중개사의 자격 취소사유와 소속공인중개사의 자격 정지사유에 관한 구분으로 옳은 것을 모두 고른 것은?

제31회

ㄱ. 다른 사람에게 자기의 성명을 사용하여 중개업무를 하게 한 경우 - 취소사유
ㄴ. 「공인중개사법」을 위반하여 징역형의 집행유예를 받은 경우 - 취소사유
ㄷ. 거래계약서를 작성할 때 거래금액 등 거래 내용을 거짓으로 기재한 경우 - 정지사유
ㄹ. 중개대상물의 매매를 업으로 하는 경우 - 정지사유

① ㄱ   ② ㄱ, ㄹ   ③ ㄷ, ㄹ
④ ㄱ, ㄴ, ㄷ   ⑤ ㄱ, ㄴ, ㄷ, ㄹ

정답 ▶ 06 ⑤ 07 ⑤ 08 ④ 09 ⑤

10 공인중개사법령상 공인중개사의 자격취소에 관한 설명으로 옳은 것은? 제21회

① 시·도지사는 공인중개사자격증을 대여한 자의 자격을 취소할 수 있다.

② 공인중개사자격이 취소된 자는 취소된 후 5년이 경과하지 않으면 공인중개사가 될 수 없다.

③ 공인중개사가 자격정지처분을 받은 기간 중에 다른 법인인 개업공인중개사의 사원이 되는 경우 자격취소사유에 해당한다.

④ 공인중개사자격증을 교부한 시·도지사와 중개사무소 소재지 관할 시·도지사가 다른 경우 자격증 반납은 사무소 관할 시·도지사에게 해야 한다.

⑤ 공인중개사자격이 취소된 자는 그 취소처분을 받은 날부터 10일 이내에 자격증을 반납해야 한다.

해설
① 자격취소 '취소할 수 있다'가 아닌 '취소해야 한다'가 옳다. 딱 한 번 틀리게 출제된 지문이다.
② 자격이 취소된 자는 자격취소 후 3년 동안 공인중개사가 될 수 없다.
④⑤ 자격취소 후 7일 이내에 자격증을 교부한 시·도지사에게 자격증을 반납해야 한다.

11 「공인중개사법 시행규칙」 [별표 3]에 규정된 공인중개사 자격정지 기준으로 옳은 것은 몇 개인가? 제21회

위반행위	자격정지 기준
ㄱ. 소속공인중개사가 다른 개업공인중개사인 법인의 임원이 된 경우	6개월
ㄴ. 성실·정확하게 중개대상물의 확인·설명을 하지 않은 경우	6개월
ㄷ. 규정에 의한 보수를 초과하여 금품을 받은 경우	6개월
ㄹ. 거래계약서에 거래금액을 거짓으로 기재한 경우	3개월
ㅁ. 거래당사자 쌍방을 대리한 경우	3개월

① 1개   ② 2개   ③ 3개
④ 4개   ⑤ 5개

해설
금이둘(6개월), 서서 확인 인(3개월)
ㄴ. 3개월 ㄹ. 6개월 ㅁ. 6개월

12 공인중개사법령상 개업공인중개사의 다음 행위 중 중개사무소 개설등록을 반드시 취소해야 하는 것은?
제21회

① 중개의뢰인과 직접 거래를 한 경우
② 업무정지기간 중에 중개업무를 한 경우
③ 동일 건에 대하여 서로 다른 둘 이상의 거래계약서를 작성한 경우
④ 중개대상물의 매매를 업으로 하는 행위를 한 경우
⑤ 이동이 용이한 임시 중개시설물을 설치한 경우

해설

①④ 금지행위(판매명수 관직쌍투꾸단) : 임의적 등록취소
③ 거짓 기재, 둘 계약서 : 임의적 등록취소
⑤ 둘 이상의 중개사무소를 둔 경우, 임시 중개시설물을 설치한 경우 : 임의적 등록취소

13 공인중개사법령상 중개사무소의 개설등록을 반드시 취소해야 하는 경우가 <u>아닌</u> 것은?
제22회

① 개업공인중개사가 이 법에 의한 손해배상책임을 보장하기 위한 조치를 이행하지 아니하고 업무를 개시한 경우
② 개업공인중개사인 법인이 해산한 경우
③ 개업공인중개사가 다른 사람에게 자기의 상호를 사용하여 중개업무를 하게 한 경우
④ 개업공인중개사가 다른 개업공인중개사인 법인의 임원이 된 경우
⑤ 개업공인중개사가 최근 1년 이내에 이 법에 의하여 2회 이상 업무정지처분을 받고 다시 업무정지처분에 해당하는 행위를 한 경우

해설

① 보증을 설정하지 않고 중개업을 한 경우로서 임의적 등록취소 사유이다.
② 사망·해산, ③ 성명·상호·등록증 양도 대여, ④ 이중소속, ⑤ 업2 + 업 위반 : 절대적 등록취소 사유이다.

14 공인중개사법령상 공인중개사 자격정지의 절차에 관한 설명으로 옳은 것은? 제22회

① 등록관청은 공인중개사가 자격정지처분 사유에 해당하는 사실을 알게 된 때에는 지체 없이 그 사실을 시·도지사에게 통보해야 한다.

② 시·도지사는 공인중개사의 자격을 정지하고자 하는 경우에는 청문을 실시해야 한다.

③ 공인중개사자격증을 교부한 시·도지사와 공인중개사사무소의 소재지를 관할하는 시·도지사가 서로 다른 경우에는 공인중개사 사무소의 소재지를 관할하는 시·도지사가 자격정지처분을 한다.

④ 시·도지사는 공인중개사의 자격정지처분을 한 때에는 5일 이내에 이를 국토교통부장관에게 통보해야 한다.

⑤ 공인중개사의 자격이 정지된 자는 자격정지처분을 받은 날부터 7일 이내에 자격증을 교부한 시·도지사에게 그 자격증을 반납해야 한다.

> **해설**
> ③ 사무소 관할 시·도지사: 처분에 필요한 절차를 이행 / 교부한 시·도지사: 처분을 행한다.
> ② 청문 ④ 5일 통보 ⑤ 7일 반납: 자격취소(○) 자격정지(×)

15 「공인중개사법 시행규칙」상 개업공인중개사 업무정지의 기준기간으로 옳은 것은 모두 몇 개인가? 제22회

위반행위	업무정지 기준
부동산거래정보망에 중개대상물에 관한 정보를 거짓으로 공개한 경우	6개월
중개대상물 확인·설명서를 교부하지 않은 경우	3개월
중개대상물 확인·설명서에 서명 및 날인을 하지 않은 경우	3개월
거래계약서에 서명 및 날인을 하지 않은 경우	3개월
등록하지 않은 인장을 사용한 경우	3개월

① 1개 ② 2개 ③ 3개
④ 4개 ⑤ 5개

> **해설**
> ⑤ 임최결(6개월)정(6,3)셔셔셔 명령 인(3개월)

16 공인중개사법령상 중개업무를 수행하는 소속공인중개사의 자격정지에 관한 설명으로 **틀린** 것은?
제23회

① 시장 · 군수 또는 구청장은 공인중개사의 자격을 정지할 수 있다.
② 둘 이상의 중개사무소에 소속된 경우 6개월의 자격정지를 받을 수 있다.
③ 거래계약서에 거래금액을 거짓으로 기재한 경우 6개월의 자격정지를 받을 수 있다.
④ 등록하지 않은 인장을 중개행위에 사용한 경우 3개월의 자격정지를 받을 수 있다.
⑤ 자격정지기간은 2분의 1 범위 안에서 가중 또는 감경할 수 있지만 가중하더라도 6개월을 초과할 수 없다.

해설
시 · 도지사 ⇨ 자격정지 / 시장 · 군수 또는 구청장(등록관청) ⇨ 업무정지

17 공인중개사법령상 중개업무를 수행하는 소속공인중개사의 자격정지사유에 해당하지 **않는** 것은?
제30회

① 고객을 위하여 거래내용에 부합하는 동일한 거래계약서를 4부 작성한 경우
② 둘 이상의 중개사무소에 소속된 경우
③ 고객의 요청에 의해 거래계약서에 거래금액을 거짓으로 기재한 경우
④ 권리를 취득하고자 하는 중개의뢰인에게 중개가 완성되기 전까지 등기사항증명서 등 확인 · 설명의 근거자료를 제시하지 않은 경우
⑤ 법인의 분사무소의 책임자가 서명 및 날인 하였기에 해당 중개행위를 한 소속공인중개사가 확인 · 설명서에 서명 및 날인을 하지 않은 경우

해설
서로 다른 둘 이상의 거래계약서를 작성한 경우가 자격정지 사유이다.
자격정지: 금이(②)둘(③) 서(⑤)서 확인(④) 인

18 공인중개사법령상 개업공인중개사 중개사무소의 개설등록을 취소하여야 하는 경우를 모두 고른 것은? 제27회

> ㄱ. 최근 1년 이내에 「공인중개사법」에 의하여 2회 업무정지처분을 받고 다시 업무정지처분에 해당하는 행위를 한 경우
> ㄴ. 최근 1년 이내에 「공인중개사법」에 의하여 1회 업무정지처분, 2회 과태료처분을 받고 다시 업무정지처분에 해당하는 행위를 한 경우
> ㄷ. 최근 1년 이내에 「공인중개사법」에 의하여 2회 업무정지처분, 1회 과태료처분을 받고 다시 업무정지처분에 해당하는 행위를 한 경우
> ㄹ. 최근 1년 이내에 「공인중개사법」에 의하여 3회 과태료처분을 받고 다시 업무정지처분에 해당하는 행위를 한 경우

① ㄱ   ② ㄱ, ㄷ   ③ ㄴ, ㄹ
④ ㄷ, ㄹ   ⑤ ㄱ, ㄴ, ㄷ

해설

과과과 + 업(위반) = 임등취 / 과과과 + 과(위반) = 임등취
과과업 + 업(위반) = 임등취 / 과과업 + 과(위반) = 임등취
과업업 + 업(위반) = 절등취 / 과업업 + 과(위반) = 임등취
ㄴ. 1회 업무정지처분, 2회 과태료처분 + 업무정지 사유 위반 : 임의적 등록취소
ㄹ. 3회 과태료처분 + 업무정지 사유 위반 : 임의적 등록취소

19 공인중개사법령상 공인중개사인 개업공인중개사 甲의 중개사무소 폐업 및 재등록에 관한 설명으로 옳은 것은? 제31회

① 甲이 중개사무소를 폐업하고자 하는 경우, 국토교통부장관에게 미리 신고하여야 한다.

② 甲이 폐업 사실을 신고하고 중개사무소 간판을 철거하지 아니한 경우, 과태료 부과처분을 받을 수 있다.

③ 甲이 공인중개사법령 위반으로 2019. 2. 8. 1개월의 업무정지처분을 받았으나 2019. 7. 1. 폐업신고를 하였다가 2019. 12. 11. 다시 중개사무소 개설등록을 한 경우, 종전의 업무정지처분의 효과는 승계되지 않고 소멸한다.

④ 甲이 공인중개사법령 위반으로 2019. 1. 8. 1개월의 업무정지처분에 해당하는 행위를 하였으나 2019. 3. 5. 폐업 신고를 하였다가 2019. 12. 5. 다시 중개사무소 개설등록을 한 경우, 종전의 위반 행위에 대하여 1개월의 업무정지처분을 받을 수 있다.

⑤ 甲이 공인중개사법령 위반으로 2018. 2. 5. 등록취소처분에 해당하는 행위를 하였으나 2018. 3. 6. 폐업신고를 하였다가 2020. 10. 16. 다시 중개사무소 개설등록을 한 경우, 그에게 종전의 위반행위에 대한 등록취소처분을 할 수 없다.

해설

② 등록관청은 행정대집행을 할 수 있다. 과태료×

③ 처분일부터 1년간 재등록한 때 승계

④ 폐업기간 1년 초과 : 폐업 전의 사유로 업무정지처분×

⑤ 폐업기간 3년 초과 : 폐업 전의 사유로 등록취소처분×

20 공인중개사법령상 공인중개사의 위반행위에 대한 자격정지기준이 3개월인 경우는? 제24회

① 하나의 거래 중개가 완성된 때 서로 다른 두 개의 거래계약서를 작성한 경우

② 중개대상물의 확인 · 설명의 근거자료를 제시하지 않은 경우

③ 둘 이상의 중개사무소에 소속된 경우

④ 거래계약서에 거래내용을 거짓으로 기재한 경우

⑤ 해당 중개대상물의 거래상 중요사항에 관하여 거짓된 언행으로 중개의뢰인의 판단을 그르치게 한 경우

해설

금이둘(6개월), 서서 확인 인(3개월)

정답   18 ②   19 ④   20 ②

21 공인중개사법령상 중개사무소 개설등록을 반드시 취소해야 하는 사유가 <u>아닌</u> 것을 모두 고른 것은?   제24회

> ㄱ. 자격정지처분을 받은 소속공인중개사로 하여금 자격정지기간 중에 중개
>   업무를 하게 한 경우
> ㄴ. 거래계약서에 거래금액을 거짓으로 기재한 경우
> ㄷ. 개인인 개업공인중개사가 사망한 경우
> ㄹ. 증여의 명목으로 법령이 정한 보수 또는 실비를 초과하는 금품을 받은
>   경우
> ㅁ. 탈세를 목적으로 미등기 부동산의 매매를 중개하는 등 부동산 투기를 조
>   장한 경우

① ㄱ, ㄴ, ㅁ   ② ㄱ, ㄷ   ③ ㄴ, ㄹ, ㅁ
④ ㄱ, ㄷ, ㄹ, ㅁ   ⑤ ㄴ, ㄷ, ㄹ, ㅁ

해설

ㄴ, ㄹ, ㅁ은 등록을 취소할 수 있는 임의적 등록취소 사유이다.

22 공인중개사법령상 개업공인중개사에 대한 업무정지처분에 관한 설명으로 옳은 것은?
                                                                            제24회

① 광역시장은 업무정지기간의 2분의 1 범위 안에서 가중할 수 있다.
② 업무정지기간을 가중 처분하는 경우, 그 기간은 9개월을 한도로 한다.
③ 최근 1년 이내에 이 법에 의하여 2회 이상 업무정지처분을 받은 개업공인중
   개사가 다시 업무정지처분에 해당하는 행위를 한 경우, 6개월의 업무정지처
   분을 받을 수 있다.
④ 업무정지처분은 해당사유가 발생한 날부터 2년이 된 때에는 이를 할 수 없다.
⑤ 개업공인중개사가 중개대상물에 관한 정보를 거짓으로 공개한 경우, 등록관
   청은 위반행위의 동기 등을 참작하여 4개월의 업무정지처분을 할 수 있다.

해설

① 광역시장은 시·도지사이다. 등록관청인 시장·군수 또는 구청장이 업무정지처분을 한다.
③ 절대적 등록취소 사유는 업무정지처분을 할 수 없다.
④ 3년
⑤ 업무정지처분 사유이며, 그 기준기간은 6개월이고 2분의 1 범위 안에서 감경할 수 있다.

23 공인중개사법령상 공인중개사의 자격취소와 자격정지에 관한 설명으로 **틀린** 것은?

제25회

① 자격취소 또는 자격정지처분을 할 수 있는 자는 자격증을 교부한 시·도지사이다.
② 자격취소처분은 공인중개사를 대상으로, 자격정지처분은 소속공인중개사를 대상으로 한다.
③ 자격정지처분을 받고 그 자격정지기간 중에 중개업무를 행한 경우는 자격취소사유에 해당한다.
④ 공인중개사에 대하여 자격취소와 자격정지를 명할 수 있는 자는 자격취소 또는 자격정지 처분을 한 때에 5일 이내에 국토교통부장관에게 통보해야 한다.
⑤ 자격정지사유에는 행정형벌이 병과될 수 있는 경우도 있다.

해설

④ 공인중개사에 대하여 자격취소와 자격정지를 명할 수 있는 자 = 시·도지사. 시·도지사는 자격취소처분을 한 때에는 이를 5일 이내에 국토교통부장관과 다른 시·도지사에게 통보해야 한다. 자격정지×
⑤ 금지행위(판매명수 1-1 / 관직쌍투꾸단 3-3) 및 둘 이상의 중개사무소에 소속된 경우(1-1)는 자격정지와 행정형벌을 병과할 수 있는 사유이다.

24 공인중개사법령상 중개사무소의 개설등록을 반드시 취소해야 하는 사유가 <u>아닌</u> 것은?

제25회

① 개업공인중개사인 법인이 해산한 경우
② 거짓된 방법으로 중개사무소의 개설등록을 한 경우
③ 이중으로 중개사무소의 개설등록을 한 경우
④ 개업공인중개사가 다른 개업공인중개사의 중개보조원이 된 경우
⑤ 개업공인중개사가 천막 등 이동이 용이한 임시중개시설물을 설치한 경우

해설

절대적 등록취소 사유가 아닌 것을 고르라는 문제는 항상 임의적 등록취소 사유가 정답이다. 임시 중개시설물을 설치한 경우는 개설등록을 취소할 수 있는 사유이다.

정답 ▷ 21 ③   22 ⑤   23 ④   24 ⑤

25 공인중개사법령상 개업공인중개사에 대한 업무정지처분을 할 수 없는 경우는?

제25회

① 개업공인중개사가 등록하지 아니한 인장을 사용한 경우
② 개업공인중개사가 최근 1년 이내에 「공인중개사법」에 의하여 1회의 과태료 처분을 받고 다시 과태료 처분에 해당하는 행위를 한 경우
③ 개업공인중개사가 부동산거래정보망에 중개대상물에 관한 정보를 거짓으로 공개한 경우
④ 법인인 개업공인중개사가 최근 1년 이내에 겸업금지 규정을 1회 위반한 경우
⑤ 중개대상물 확인·설명서의 보존기간을 준수하지 않은 경우

> **해설**
> ② 최근 1년 이내에 2회 이상 업무정지 또는 과태료 처분을 받고 다시 과태료 처분에 해당하는 행위를 한 경우가 업무정지처분 사유이다.
> ④ 임의적 등록취소 사유는 업무정지 처분을 할 수도 있다.

26 공인중개사법령상 공인중개사의 자격취소에 관한 설명으로 틀린 것은? 제26회
① 자격취소처분은 중개사무소의 소재지를 관할하는 시·도지사가 한다.
② 시·도지사는 자격증 대여를 이유로 자격을 취소하고자 하는 경우 청문을 실시해야 한다.
③ 시·도지사는 자격취소처분을 한 때에는 5일 이내에 이를 국토교통부장관과 다른 시·도지사에게 통보해야 한다.
④ 자격취소처분을 받아 자격증을 반납하고자 하는 자는 그 처분을 받은 날부터 7일 이내에 반납해야 한다.
⑤ 자격이 취소된 자는 자격증을 교부한 시·도지사에게 그 자격증을 반납해야 한다.

> **해설**
> 자격취소 및 자격정지 처분은 자격증을 교부한 시·도지사가 행한다.
> ※ 자격증을 교부한 시·도지사와 공인중개사 사무소의 소재지를 관할하는 시·도지사가 서로 다른 경우에는
> 1. 사무소 소재지를 관할하는 시·도지사가 자격취소처분 또는 자격정지처분에 필요한 절차를 이행한다.
> 2. 자격증을 교부한 시·도지사는 자격취소 및 자격정지 처분을 행한다.

27 공인중개사법령상 개업공인중개사의 업무정지 사유인 동시에 중개행위를 한 소속 공인중개사의 자격정지 사유에 해당하는 것은? 제26회

① 최근 1년 이내에 「공인중개사법」에 의하여 2회 이상 업무정지처분을 받고 다시 과태료의 처분에 해당하는 행위를 한 경우
② 거래계약서를 보존기간 동안 보존하지 아니한 경우
③ 거래계약서를 작성 · 교부하지 아니한 경우
④ 중개대상물 확인 · 설명서에 서명 및 날인을 하지 아니한 경우
⑤ 중개대상물 확인 · 설명서를 교부하지 아니한 경우

> **해설**
> ① 업무정지 사유
> ②③⑤ 전속중개계약서 사용× 보존×, 확인 · 설명서 교부× 보존×, 거래계약서 교부× 보존×: 업무정지(○) 자격정지(×)

28 공인중개사법령상 개업공인중개사의 사유로 중개사무소 개설등록을 취소할 수 있는 경우가 <u>아닌</u> 것은? 제26회

① 중개사무소 등록기준에 미달하게 된 경우
② 국토교통부령으로 정하는 전속중개계약서에 의하지 아니하고 전속중개계약을 체결한 경우
③ 이동이 용이한 임시 중개시설물을 설치한 경우
④ 대통령령으로 정하는 부득이한 사유가 없음에도 계속하여 6개월을 초과하여 휴업한 경우
⑤ 손해배상책임을 보장하기 위한 조치를 이행하지 아니하고 업무를 개시한 경우

> **해설**
> 국토교통부령으로 정하는 전속중개계약서에 의하지 아니하고 전속중개계약을 체결한 경우는 순수 업무정지 사유이다.

> **정답** 25 ② 26 ① 27 ④ 28 ②

29 공인중개사법령상 공인중개사의 자격취소에 관한 설명으로 틀린 것은? 　제29회

① 자격취소처분은 그 자격증을 교부한 시·도지사가 행한다.

② 처분권자가 자격을 취소하려면 청문을 실시해야 한다.

③ 자격취소처분을 받아 그 자격증을 반납하고자 하는 자는 그 처분을 받은 날부터 7일 이내에 반납해야 한다.

④ 처분권자가 자격취소처분을 한 때에는 5일 이내에 이를 국토교통부장관에게 통보해야 한다.

⑤ 자격증을 교부한 시·도지사와 중개사무소의 소재지를 관할하는 시·도지사가 서로 다른 경우에는 자격증을 교부한 시·도지사가 자격취소처분에 필요한 절차를 이행해야 한다.

> **해설**
>
> 자격증을 교부한 시·도지사와 사무소 소재지를 관할하는 시·도지사가 서로 다른 경우에는 <u>사무소의 소재지 관할 시·도지사가 자격취소처분에 필요한 절차를 모두 이행</u>한 후 자격증을 교부한 시·도지사에게 통보해야 한다.

30 공인중개사법령상 소속공인중개사의 자격정지사유에 해당하는 것을 모두 고른 것은?
　제28회

> ㄱ. 공인중개사자격증을 대여한 경우
> ㄴ. 부정한 방법으로 공인중개사의 자격을 취득한 경우
> ㄷ. 둘 이상의 중개사무소의 소속공인중개사가 된 경우
> ㄹ. 거래당사자 쌍방을 대리하는 행위를 한 경우

① ㄱ, ㄴ　　　　　　② ㄱ, ㄷ　　　　　　③ ㄷ, ㄹ
④ ㄱ, ㄴ, ㄹ　　　　⑤ ㄴ, ㄷ, ㄹ

> **해설**
>
> ㄱ. 공인중개사자격증을 대여한 경우 : 자격취소사유
> ㄴ. 부정한 방법으로 공인중개사의 자격을 취득한 경우 : 자격취소사유
> ㄹ. 금지행위(판매명수 / 관직쌍투꾸단) : 자격정지사유

31 공인중개사법령상 지도 · 감독에 관한 설명으로 옳은 것은? 제28회

① 공인중개사자격증을 교부한 시 · 도지사와 공인중개사사무소의 소재지를 관할하는 시 · 도지사가 서로 다른 경우, 국토교통부장관이 공인중개사의 자격취소처분을 행한다.

② 개업공인중개사가 등록하지 아니한 인장을 사용한 경우, 등록관청이 명할 수 있는 업무정지기간의 기준은 3개월이다.

③ 시 · 도지사가 가중하여 자격정지처분을 하는 경우, 그 자격정지기간은 6개월을 초과할 수 있다.

④ 등록관청은 개업공인중개사가 이동이 용이한 임시 중개시설물을 설치한 경우에는 중개사무소의 개설등록을 취소해야 한다.

⑤ 업무정지처분은 그 사유가 발생한 날부터 2년이 경과한 때에는 이를 할 수 없다.

해설

① 자격증을 교부한 시 · 도지사와 사무소의 관할 시 · 도지사가 서로 다른 경우라도 <u>자격취소처분은 자격증을 교부한 시 · 도지사가 행한다.</u>

④ 임시 중개시설물을 설치한 경우는 등록을 취소할 수 있는 사유이다.

⑤ 업무정지처분은 그 사유가 발생한 날부터 3년이 경과한 때에는 이를 할 수 없다. 2년이 경과한 때에는 업무정지처분을 할 수 있다.

32 공인중개사법령상 중개업무를 수행하는 소속공인중개사의 자격정지사유에 해당하지 <u>않는</u> 것은? 제29회

① 하나의 거래에 대하여 서로 다른 둘 이상의 거래계약서를 작성한 경우

② 국토교통부령이 정하는 전속중개계약서에 의하지 않고 전속중개계약을 체결한 경우

③ 성실 · 정확하게 중개대상물의 확인 · 설명을 하지 않은 경우

④ 거래계약서에서 거래금액 등 거래내용을 거짓으로 기재한 경우

⑤ 둘 이상의 중개사무소에 소속공인중개사로 소속된 경우

해설

표준서식인 전속중개계약서를 사용하지 않거나 보존하지 않은 경우
⇨ 개업공인중개사의 업무정지(○), 소속공인중개사의 자격정지(×)

정답　29 ⑤　30 ③　31 ②　32 ②

33 공인중개사법령상 행정제재처분효과의 승계 등에 관한 설명으로 옳은 것은? 제29회

① 폐업기간이 13개월인 재등록 개업공인중개사에게 폐업신고 전의 업무정지사유에 해당하는 위반행위에 대하여 업무정지처분을 할 수 있다.

② 폐업신고 전에 개업공인중개사에게 한 업무정지처분의 효과는 그 처분일부터 3년간 재등록 개업공인중개사에게 승계된다.

③ 폐업기간이 3년 6개월인 재등록 개업공인중개사에게 폐업신고 전의 중개사무소 개설등록 취소사유에 해당하는 위반행위를 이유로 개설등록취소처분을 할 수 있다.

④ 폐업신고 전에 개업공인중개사에게 한 과태료부과처분의 효과는 그 처분일부터 9개월이 된 때에 재등록을 한 개업공인중개사에게 승계된다.

⑤ 재등록 개업공인중개사에 대하여 폐업신고 전의 개설등록취소에 해당하는 위반행위를 이유로 행정처분을 할 때 폐업의 사유는 고려하지 않는다.

> **해설**
> ① 폐업기간 1년 초과: 폐업 전의 사유로 업무정지처분×
> ③ 폐업기간 3년 초과: 폐업 전의 사유로 등록취소처분×
> ②④ 폐업신고 전의 개업공인중개사에 대하여 행한 업무정지처분 및 과태료처분의 효과는 그 <u>처분일부터 1년간</u> 다시 중개사무소의 개설등록을 한 자에게 승계된다.
> ⑤ 폐업기간과 폐업의 사유를 고려하여야 한다.

34 공인중개사법령상 개업공인중개사의 업무정지 사유이면서 중개행위를 한 소속공인중개사의 자격정지 사유에 해당하는 것을 모두 고른 것은? 제29회

> ㄱ. 인장등록을 하지 아니한 경우
> ㄴ. 중개대상물 확인·설명서에 서명 및 날인을 하지 아니한 경우
> ㄷ. 거래계약서에 서명 및 날인을 하지 아니한 경우
> ㄹ. 중개대상물 확인·설명서를 교부하지 않은 경우

① ㄱ, ㄴ   ② ㄷ, ㄹ   ③ ㄱ, ㄴ, ㄷ
④ ㄴ, ㄷ, ㄹ   ⑤ ㄱ, ㄴ, ㄷ, ㄹ

> **해설**
> ㄹ. 중개대상물 확인·설명서 및 거래계약서를 교부하지 않거나 보존하지 않은 경우
> ⇨ 개업공인중개사의 업무정지(○), 소속공인중개사의 자격정지(×)

35 공인중개사법령상 등록관청이 인지하였다면 공인중개사인 개업공인중개사 甲의 중개사무소 개설등록을 취소하여야 하는 경우에 해당하지 <u>않는</u> 것은? 제29회

① 甲이 2018년 9월 12일에 사망한 경우
② 공인중개사법령을 위반한 甲에게 2018년 9월 12일에 400만원 벌금형이 선고되어 확정된 경우
③ 甲이 2018년 9월 12일에 배임죄로 징역 1년, 집행유예 1년 6개월이 선고되어 확정된 경우
④ 甲이 최근 1년 이내에 공인중개사법령을 위반하여 1회 업무정지처분, 2회 과태료처분을 받고 다시 업무정지처분에 해당하는 행위를 한 경우
⑤ 甲이 2018년 9월 12일에 다른 사람에게 자기의 성명을 사용하여 중개업무를 하게 한 경우

해설
②③ 결격사유는 절대적 등록취소 사유이다.
④ 과과업 + 업(위반) = 임등취

36 공인중개사법령상 중개사무소 개설등록의 절대적 취소사유가 <u>아닌</u> 것은? 제30회

① 개업공인중개사인 법인이 해산한 경우
② 자격정지처분을 받은 소속공인중개사로 하여금 자격정지기간 중에 중개업무를 하게 한 경우
③ 거짓 그 밖의 부정한 방법으로 중개사무소의 개설등록을 한 경우
④ 법인이 아닌 개업공인중개사가 파산선고를 받고 복권되지 아니한 경우
⑤ 공인중개사법령을 위반하여 둘 이상의 중개사무소를 둔 경우

해설
④ 결격사유에 해당하는 경우는 절대적 등록취소 사유이다.
⑤ 둘 이상의 중개사무소를 둔 경우 및 임시 중개시설물을 설치한 경우는 개설등록을 취소할 수 있는 임의적 등록취소 사유이다.

37 「공인중개사법」의 내용으로 ( )에 들어갈 숫자를 바르게 나열한 것은? 제32회

> • 등록관청은 개업공인중개사가 최근 (ㄱ)년 이내에 이 법에 의하여 (ㄴ)회 이상 업무정지처분을 받고 다시 업무정지처분에 해당하는 행위를 한 경우에는 중개사무소의 개설등록을 취소하여야 한다.
> • 금고 이상의 실형의 선고를 받고 그 집행이 종료(집행이 종료된 것으로 보는 경우를 포함한다)되거나 집행이 면제된 날부터 (ㄷ)년이 지나지 아니한 자는 중개사무소의 개설등록을 할 수 없다.
> • 중개행위와 관련된 손해배상책임을 보장하기 위하여 이 법에 따라 공탁한 공탁금은 개업공인중개사가 폐업한 날부터 (ㄹ)년 이내에는 회수할 수 없다.

① ㄱ: 1, ㄴ: 2, ㄷ: 1, ㄹ: 3   ② ㄱ: 1, ㄴ: 2, ㄷ: 3, ㄹ: 3
③ ㄱ: 1, ㄴ: 3, ㄷ: 3, ㄹ: 1   ④ ㄱ: 2, ㄴ: 3, ㄷ: 1, ㄹ: 1
⑤ ㄱ: 2, ㄴ: 3, ㄷ: 3, ㄹ: 3

38 공인중개사법령상 공인중개사 자격의 취소사유에 해당하는 것을 모두 고른 것은?
제32회

> ㄱ. 부정한 방법으로 공인중개사의 자격을 취득한 경우
> ㄴ. 다른 사람에게 자기의 공인중개사자격증을 대여한 경우
> ㄷ. 「공인중개사법」에 따라 공인중개사 자격정지처분을 받고 그 자격정지기간 중에 중개업무를 행한 경우

① ㄱ   ② ㄷ   ③ ㄱ, ㄴ
④ ㄴ, ㄷ   ⑤ ㄱ, ㄴ, ㄷ

해설

※ 자격취소사유
  1. 부정한 방법으로 공인중개사의 자격을 취득한 경우
  2. 다른 사람에게 성명을 사용하여 중개업무를 하게 하거나 자격증을 양도 또는 대여한 경우
  3. 자격정지처분을 받고 그 자격정지기간 중에 중개업무를 행하거나 다른 개업공인중개사의 소속공인중개사·중개보조원·법인의 사원·임원이 되는 경우
  4. 「공인중개사법」을 위반하여 징역형의 선고를 받은 경우(집행유예 포함)
  5. 공인중개사의 직무와 관련하여 「형법」을 위반(범죄단체 조직, 사문서 위조·변조·행사, 사기, 횡령, 배임)하여 금고 또는 징역형을 선고받은 경우(집행유예 포함)

39 공인중개사법령상 소속공인중개사로서 업무를 수행하는 기간 동안 발생한 사유 중 자격정지사유로 규정되어 있지 <u>않은</u> 것은?　　제32회

① 둘 이상의 중개사무소에 소속된 경우
② 성실·정확하게 중개대상물의 확인·설명을 하지 않은 경우
③ 등록관청에 등록하지 않은 인장을 사용하여 중개행위를 한 경우
④ 「공인중개사법」을 위반하여 징역형의 선고를 받은 경우
⑤ 중개대상물의 매매를 업으로 하는 행위를 한 경우

> **해설**
>
> 「공인중개사법」을 위반하여 징역형의 선고(집행유예 포함)를 받은 경우는 자격취소 사유이다.

40 공인중개사법령상 중개사무소 개설등록을 취소하여야 하는 사유에 해당하는 것을 모두 고른 것은?　　제32회

> ㄱ. 개업공인중개사인 법인이 해산한 경우
> ㄴ. 개업공인중개사가 거짓으로 중개사무소 개설등록을 한 경우
> ㄷ. 개업공인중개사가 이중으로 중개사무소 개설등록을 한 경우
> ㄹ. 개업공인중개사가 개설등록 후 금고 이상의 형의 집행유예를 받고 그 유예기간 중에 있게 된 경우

① ㄱ, ㄴ, ㄷ　　② ㄱ, ㄴ, ㄹ　　③ ㄱ, ㄷ, ㄹ
④ ㄴ, ㄷ, ㄹ　　⑤ ㄱ, ㄴ, ㄷ, ㄹ

> **해설**
>
> ㄹ. 금고 이상의 형의 집행유예를 받고 그 유예기간 중에 있게 된 경우는 등록의 결격사유에 해당하므로 절대적 등록취소 사유에 해당한다.

정답 37 ② 38 ⑤ 39 ④ 40 ⑤

41 공인중개사법령상 개업공인중개사에 대한 업무정지처분을 할 수 있는 사유에 해당하는 것을 모두 고른 것은? 제32회

> ㄱ. 부동산거래정보망에 중개대상물에 관한 정보를 거짓으로 공개한 경우
> ㄴ. 거래당사자에게 교부해야 하는 중개대상물 확인·설명서를 교부하지 않은 경우
> ㄷ. 거래당사자에게 교부해야 하는 거래계약서를 적정하게 작성·교부하지 않은 경우
> ㄹ. 해당 중개대상물의 거래상의 중요사항에 관하여 거짓된 언행으로 중개의뢰인의 판단을 그르치게 하는 행위를 한 경우

① ㄱ, ㄷ   ② ㄴ, ㄹ   ③ ㄱ, ㄴ, ㄷ
④ ㄴ, ㄷ, ㄹ   ⑤ ㄱ, ㄴ, ㄷ, ㄹ

해설
ㄹ. 임의적 등록취소 사유는 업무정지 사유에도 포함된다.

42 개업공인중개사 甲, 乙, 丙에 대한 「공인중개사법」 제40조(행정제재처분효과의 승계 등)의 적용에 관한 설명으로 옳은 것을 모두 고른 것은? 제32회

> ㄱ. 甲이 2020. 11. 16. 「공인중개사법」에 따른 과태료부과처분을 받았으나 2020. 12. 16. 폐업신고를 하였다가 2021. 10. 15. 다시 중개사무소의 개설등록을 하였다면, 위 과태료부과처분의 효과는 승계된다.
> ㄴ. 乙이 2020. 8. 1. 국토교통부령으로 정하는 전속중개계약서에 의하지 않고 전속중개계약을 체결한 후, 2020. 9. 1. 폐업신고를 하였다가 2021. 10. 1. 다시 중개사무소의 개설등록을 하였다면, 등록관청은 업무정지처분을 할 수 있다.
> ㄷ. 丙이 2018. 8. 5. 다른 사람에게 자기의 상호를 사용하여 중개업무를 하게 한 후, 2018. 9. 5. 폐업신고를 하였다가 2021. 10. 5. 다시 중개사무소의 개설등록을 하였다면, 등록관청은 개설등록을 취소해야 한다.

① ㄱ   ② ㄱ, ㄴ   ③ ㄱ, ㄷ
④ ㄴ, ㄷ   ⑤ ㄱ, ㄴ, ㄷ

해설
ㄱ. 처분일부터 1년간 재등록한 개업공인중개사에게 승계
ㄴ. 폐업기간 1년 초과: 폐업 전의 사유로 업무정지×, 폐업기간 1년 이하: 업무정지○
ㄷ. 폐업기간 3년 초과: 폐업 전의 사유로 등록취소×, 폐업기간 3년 이하: 등록취소○

43 공인중개사법령상 등록관청이 중개사무소의 개설등록을 취소하여야 하는 사유로 명시되지 <u>않은</u> 것은? 제33회

① 개업공인중개사가 업무정지기간 중에 중개업무를 한 경우
② 개인인 개업공인중개사가 사망한 경우
③ 개업공인중개사가 이중으로 중개사무소의 개설등록을 한 경우
④ 개업공인중개사가 천막 그 밖에 이동이 용이한 임시 중개시설물을 설치한 경우
⑤ 개업공인중개사가 최근 1년 이내에 이 법에 의하여 2회 이상 업무정지처분을 받고 다시 업무정지처분에 해당하는 행위를 한 경우

해설

천막 그 밖에 이동이 용이한 임시 중개시설물을 설치한 경우는 임의적 등록취소 사유에 해당한다.

44 공인중개사법령상 행정제재처분효과의 승계 등에 관한 설명으로 옳은 것을 모두 고른 것은? 제33회

> ㄱ. 폐업신고 전에 개업공인중개사에게 한 업무정지처분의 효과는 그 처분일부터 2년간 재등록 개업공인중개사에게 승계된다.
> ㄴ. 폐업기간이 2년을 초과한 재등록 개업공인중개사에 대해 폐업신고 전의 중개사무소 업무정지사유에 해당하는 위반행위를 이유로 행정처분을 할 수 없다.
> ㄷ. 폐업신고 전에 개업공인중개사에게 한 과태료부과처분의 효과는 그 처분일부터 10개월된 때에 재등록을 한 개업공인중개사에게 승계된다.
> ㄹ. 폐업기간이 3년 6개월이 지난 재등록 개업공인중개사에게 폐업신고 전의 중개사무소 개설등록 취소사유에 해당하는 위반행위를 이유로 개설등록취소처분을 할 수 없다.

① ㄱ
② ㄱ, ㄹ
③ ㄴ, ㄷ
④ ㄴ, ㄷ, ㄹ
⑤ ㄱ, ㄴ, ㄷ, ㄹ

해설

ㄱ, ㄷ. 폐업신고 전에 개업공인중개사에게 행한 업무정지처분 및 과태료처분의 효과는 그 처분일부터 1년간 재등록 개업공인중개사에게 승계된다.
ㄴ. 폐업기간 1년 초과인 경우 : 업무정지×
ㄹ. 폐업기간 3년 초과인 경우 : 등록취소×

정답　41 ⑤　42 ①　43 ④　44 ④

45 공인중개사법령상 공인중개사의 자격취소 등에 관한 설명으로 틀린 것은? 제34회
① 공인중개사의 자격취소처분은 청문을 거쳐 중개사무소의 개설등록증을 교부한 시·도지사가 행한다.
② 공인중개사가 자격정지처분을 받은 기간 중에 법인인 개업공인중개사의 임원이 되는 경우 시·도지사는 그 자격을 취소하여야 한다.
③ 자격취소처분을 받아 공인중개사자격증을 반납하려는 자는 그 처분을 받은 날부터 7일 이내에 반납해야 한다.
④ 시·도지사는 공인중개사의 자격취소처분을 한 때에는 5일 이내에 이를 국토교통부장관에게 통보해야 한다.
⑤ 분실로 인하여 공인중개사자격증을 반납할 수 없는 자는 자격증 반납을 대신하여 그 이유를 기재한 사유서를 시·도지사에게 제출하여야 한다.

> **해설**
> 자격취소처분은 자격증을 교부한 시·도지사가 행한다.

46 공인중개사법령상 행정제재처분효과의 승계 등에 관한 설명으로 옳은 것은? 제34회
① 폐업신고한 개업공인중개사의 중개사무소에 다른 개업공인중개사가 중개사무소를 개설등록한 경우 그 지위를 승계한다.
② 폐업신고 전에 중개대상물에 관한 정보를 거짓으로 공개한 사유로 행한 업무정지처분의 효과는 그 처분에 대한 불복기간이 지난날부터 1년간 다시 중개사무소의 개설등록을 한 자에게 승계된다.
③ 폐업신고 전의 위반행위에 대한 행정처분이 업무정지에 해당하는 경우로서 폐업기간이 6개월인 경우 재등록 개업공인중개사에게 그 위반행위에 대해서 행정처분을 할 수 없다.
④ 재등록 개업공인중개사에 대하여 폐업신고 전의 업무정지에 해당하는 위반행위를 이유로 행정처분을 할 때 폐업기간과 폐업의 사유는 고려하지 않는다.
⑤ 개업공인중개사가 2022. 4. 1. 과태료 부과 처분을 받은 후 폐업신고를 하고 2023. 3. 2. 다시 중개사무소의 개설등록을 한 경우 그 처분의 효과는 승계된다.

> **해설**
> ② 처분일부터 1년간
> ③ 폐업기간 1년 초과 폐업 전의 사유로 업무정지×
> ④ 고려해야 한다.

47 공인중개사법령에 관한 내용으로 옳은 것은? 제27회

① 폐업기간이 3년 미만인 경우, 폐업신고 전의 위반행위를 사유로 재등록 개업공인중개사에 대하여 등록취소처분을 함에 있어서 폐업기간과 폐업의 사유는 고려의 대상이 아니다.

② 「공인중개사법」을 위반하여 200만원의 벌금형을 선고받고 3년이 경과되지 아니한 자는 중개사무소의 개설등록을 할 수 없다.

③ 휴업기간 중에 있는 개업공인중개사는 다른 개업공인중개사인 법인의 임원이 될 수 있다.

④ 무자격자에게 토지매매의 중개를 의뢰한 거래당사자는 처벌의 대상이 된다.

⑤ 유치권이 행사되고 있는 건물도 중개대상물이 될 수 있다.

해설

① 폐업의 기간과 폐업의 사유를 고려해야 한다.

② 300만원 미만의 벌금형은 결격사유가 아니므로 개설등록을 할 수 있다.

④ 무등록중개업자에게 중개를 의뢰한 거래당사자를 「공인중개사법」 위반으로 처벌할 수 없으며, 공동정범 행위로 처벌할 수도 없다(판례).

48 공인중개사법령상 공인중개사인 개업공인중개사의 중개사무소 개설등록 취소 사유에 해당하지 <u>않는</u> 경우는? 제35회

① 중개대상물 확인 · 설명서를 교부하지 아니한 경우

② 거짓으로 중개사무소의 개설등록을 한 경우

③ 업무정지기간 중에 중개업무를 한 경우

④ 공인중개사인 개업공인중개사가 개업공인중개사인 법인의 사원 · 임원이 된 경우

⑤ 개업공인중개사가 사망한 경우

해설

확인 · 설명서 교부× 보존× 서명 및 날인× : 순수 업무정지

49 공인중개사법령상 개업공인중개사 업무정지의 기준에서 개별기준에 따른 업무정지기간이 6개월인 것은? 제35회

① 인장등록을 하지 않거나 등록하지 않은 인장을 사용한 경우
② 거래정보사업자에게 공개를 의뢰한 중개대상물의 거래가 완성된 사실을 그 거래정보사업자에게 통보하지 않은 경우
③ 부동산거래정보망에 중개대상물에 관한 정보를 거짓으로 공개한 경우
④ 중개대상물 확인·설명서를 보존기간 동안 보존하지 않은 경우
⑤ 법령상의 전속중개계약서 서식에 따르지 않고 전속중개계약을 체결한 경우

해설

국토교통부령으로 정해진 업무정지 기준기간: ③ 6개월 ①②④⑤ 3개월
임최결(6개월)정(정보 거짓 공개 6개월, 중개완성 사실을 지체 없이 통보하지 아니한 경우 3개월)셔셔셔명령인시(3개월)

50 공인중개사법령상 벌칙 등에 관한 설명 중 옳은 것은? 제18회

① 개업공인중개사가 중개대상물의 매매를 업으로 하는 행위를 한 경우에는 임의적 등록취소 사유에 해당하며, 1년 이하의 징역 또는 1천만원 이하의 벌금에 처한다.
② 중개사무소를 둘 이상 둔 개업공인중개사와 임시중개시설물을 설치한 개업공인중개사의 벌칙은 다르다.
③ 부정한 방법으로 공인중개사의 자격을 취득한 경우에는 자격취소사유에 해당하며, 동시에 3년 이하의 징역 또는 3천만원 이하의 벌금에 처한다.
④ 개업공인중개사가 폐업한 후에 그 업무상 알게 된 비밀을 누설한 경우에는 벌하지 않는다.
⑤ 정당한 사유 없이 연수교육을 받지 아니한 소속공인중개사에게는 100만원 이하의 과태료를 부과한다.

해설

② 임의적 등록취소 & 1-1
③ 부정한 방법으로 자격을 취득한 경우는 자격취소 사유에만 해당한다. 부정한 방법으로 중개사무소 개설등록을 한 경우 절대적 등록취소와 3-3에 처한다.
④ 벌한다. 1-1
⑤ 500만원 이하의 과태료

51 공인중개사법령상 과태료 부과사유에 대한 부과 · 징수권자로 **틀린** 것은? 제27회

① 중개사무소등록증을 게시하지 않은 경우 – 등록관청
② 중개사무소의 이전신고를 하지 않은 경우 – 등록관청
③ 개업공인중개사의 사무소 명칭에 "공인중개사사무소" 또는 "부동산중개"라는 문자를 사용하지 않은 경우 – 등록관청
④ 거래당사자에게 손해배상책임의 보장에 관한 사항을 설명하지 않은 경우 – 시 · 도지사
⑤ 부동산거래정보망의 이용 및 정보제공방법 등에 관한 운영규정을 위반하여 부동산거래정보망을 운영한 경우 – 국토교통부장관

해설

거래당사자에게 손해배상책임의 보장에 관한 사항을 설명하지 않은 경우는 등록관청이 개업공인중개사에게 100만원 이하의 과태료를 부과하는 사유이다.

52 공인중개사법령의 내용에 관한 설명으로 **틀린** 것은? 제25회

① 다른 법률에 의해 중개업을 할 수 있는 경우를 제외하고는 개업공인중개사의 종별에 관계없이 중개대상물의 범위가 같다.
② 개업공인중개사가 아닌 자는 중개대상물에 대한 표시 · 광고를 하여서는 아니 된다.
③ 중개보조원의 업무상 비밀누설금지의무는 업무를 떠난 후에도 요구된다.
④ 폐업신고 전의 개업공인중개사에 대하여 위반행위를 사유로 행한 업무정지처분의 효과는 폐업일부터 1년간 다시 개설등록을 한 자에게 승계된다.
⑤ 국토교통부장관은 부동산거래정보망을 설치 · 운영할 자를 지정할 수 있다.

해설

① 개업공인중개사의 종별에 관계없이 취급할 수 있는 중개대상물의 범위는 같다는 의미이다. 모든 개업공인중개사는 토건입광공을 모두 중개할 수 있다.
④ 폐업신고 전의 개업공인중개사에 대하여 위반행위를 사유로 행한 업무정지처분 및 과태료처분의 효과는 각각의 처분일부터 1년간 다시 개설등록을 한 자에게 승계된다.

정답 49 ③ 50 ① 51 ④ 52 ④

53 공인중개사법령에서 규정한 과태료 부과처분대상자, 부과금액 기준, 부과권자가
바르게 연결된 것은?   제21회

① 중개사무소등록증을 게시하지 않은 개업공인중개사 − 100만원 이하 − 등록
관청

② 중개사무소 개설등록이 취소되었으나 중개사무소등록증을 반납하지 않은 개
업공인중개사 − 500만원 이하 − 등록관청

③ 공제사업 운용실적을 공시하지 아니한 자 − 500만원 이하 − 시·도지사

④ 부동산거래정보망 운영규정을 승인받지 않고 부동산거래정보망을 운영한 거
래정보사업자 − 100만원 이하 − 등록관청

⑤ 정당한 사유 없이 연수교육을 받지 않은 개업공인중개사 − 500만원 이하 −
등록관청

> **해설**
> ② 등록관청 − 100만원 이하의 과태료
> ③ 국토교통부장관 − 500만원 이하의 과태료
> ④ 국토교통부장관 − 500만원 이하의 과태료
> ⑤ 시·도지사 − 500만원 이하의 과태료

54 공인중개사법령상 벌칙의 최고한도가 다른 것은?   제22회

① 둘 이상의 중개사무소에 소속된 자
② 다른 사람의 공인중개사자격증을 대여받은 자
③ 임시 중개시설물을 설치한 자
④ 중개의뢰인과 직접거래를 한 개업공인중개사
⑤ 중개사무소의 개설등록을 하지 아니하고 중개업을 영위한 자인 사실을 알면
서 그에게 자기의 명의를 이용하게 한 개업공인중개사

> **해설**
> ①②③⑤ 1년 이하의 징역 또는 1천만원 이하의 벌금 사유이다.
> ④ 3년 이하의 징역 또는 3천만원 이하의 벌금 사유이다.

55 공인중개사법령상 벌금부과기준에 해당하는 자를 모두 고른 것은?

제31회

> ㄱ. 중개사무소 개설등록을 하지 아니하고 중개업을 한 공인중개사
> ㄴ. 거짓으로 중개사무소의 개설등록을 한 자
> ㄷ. 등록관청의 관할 구역 안에 두 개의 중개사무소를 개설등록한 개업공인중개사
> ㄹ. 임시 중개시설물을 설치한 개업공인중개사
> ㅁ. 중개대상물이 존재하지 않아서 거래할 수 없는 중개대상물을 광고한 개업공인중개사

① ㄱ   ② ㄱ, ㄴ   ③ ㄴ, ㄷ, ㅁ
④ ㄱ, ㄴ, ㄷ, ㄹ   ⑤ ㄱ, ㄴ, ㄷ, ㄹ, ㅁ

해설

ㄱ, ㄴ. 3-3
ㄷ, ㄹ. 1-1
ㅁ. 부당한 표시·광고 : 500만원 이하의 과태료

56 공인중개사법령상 과태료의 부과대상자와 부과기관이 바르게 연결된 것을 모두 고른 것은?

제31회

> ㄱ. 부동산거래정보망의 이용 및 정보 제공방법 등에 관한 운영규정의 내용을 위반하여 부동산 거래정보망을 운영한 거래정보사업자 － 국토교통부장관
> ㄴ. 공인중개사법령에 따른 보고의무를 위반하여 보고를 하지 아니한 거래정보사업자 － 국토교통부장관
> ㄷ. 중개사무소등록증을 게시하지 아니한 개업공인중개사 － 등록관청
> ㄹ. 공인중개사 자격이 취소된 자로 공인중개사자격증을 반납하지 아니한 자 － 등록관청
> ㅁ. 중개사무소 개설등록이 취소된 자로 중개사무소등록증을 반납하지 아니한 자 － 시·도지사

① ㄱ, ㄷ   ② ㄱ, ㄴ, ㄷ   ③ ㄴ, ㄹ, ㅁ
④ ㄱ, ㄴ, ㄷ, ㄹ   ⑤ ㄱ, ㄴ, ㄷ, ㄹ, ㅁ

해설

ㄹ. 시·도지사 － 100만원 이하
ㅁ. 등록관청 － 100만원 이하

정답   53 ①   54 ④   55 ④   56 ②

57 공인중개사법령상 과태료를 부과하는 경우, 부과대상자와 부과기관의 연결이 **틀린** 것은?   제23회

① 성실·정확하게 중개대상물의 확인·설명을 하지 않은 개업공인중개사 － 시·도지사
② 공제사업 운용실적을 공시하지 아니한 자 － 국토교통부장관
③ 중개사무소의 개설등록이 취소되었음에도 중개사무소등록증을 반납하지 아니한 자 － 등록관청
④ 중개사무소등록증을 게시하지 아니한 자 － 등록관청
⑤ 공인중개사 자격이 취소되었음에도 공인중개사자격증을 반납하지 아니한 자 －시·도지사

> **해설**
> 등록관청이 500만원 이하의 과태료를 부과하는 사유이다.

58 공인중개사법령상 3년 이하의 징역 또는 3천만원 이하의 벌금에 처해지는 개업공인중개사 등의 행위가 <u>아닌</u> 것은?   제33회

① 관계 법령에서 양도가 금지된 부동산의 분양과 관련 있는 증서의 매매를 중개하는 행위
② 법정 중개보수를 초과하여 수수하는 행위
③ 중개의뢰인과 직접 거래를 하는 행위
④ 거래당사자 쌍방을 대리하는 행위
⑤ 단체를 구성하여 특정 중개대상물에 대하여 중개를 제한하는 행위

> **해설**
> 법정 중개보수를 초과하여 수수하는 행위는 1년 이하의 징역 또는 1천만원 이하의 벌금에 처해지는 사유이다.

59 공인중개사법령상 벌칙의 법정형이 같은 것끼리 모두 묶은 것은? 제25회

> ㄱ. 이중으로 중개사무소의 개설등록을 한 개업공인중개사
> ㄴ. 중개의뢰인과 직접 거래를 한 개업공인중개사
> ㄷ. 이동이 용이한 임시 중개시설물을 설치한 개업공인중개사
> ㄹ. 둘 이상의 중개사무소에 소속된 공인중개사
> ㅁ. 중개사무소의 개설등록을 하지 아니하고 중개업을 한 자

① ㄱ, ㄴ   ② ㄱ, ㄷ, ㄹ   ③ ㄱ, ㄹ, ㅁ
④ ㄴ, ㄷ, ㅁ   ⑤ ㄷ, ㄹ, ㅁ

해설

ㄱ, ㄷ, ㄹ. 1년 이하의 징역 또는 1천만원 이하의 벌금
ㄴ, ㅁ. 3년 이하의 징역 또는 3천만원 이하의 벌금

60 공인중개사법령상 100만원 이하의 과태료 부과대상인 개업공인중개사에 해당하지 않는 자는? 제26회

① 중개사무소를 이전한 날부터 10일 이내에 이전신고를 하지 아니한 자
② 중개사무소등록증을 게시하지 아니한 자
③ 「공인중개사법」에 따른 연수교육을 정당한 사유 없이 받지 아니한 자
④ 사무소의 명칭에 "공인중개사사무소" 또는 "부동산중개"라는 문자를 사용하지 아니한 자
⑤ 「옥외광고물 등 관리법」에 따른 옥외 광고물에 성명을 거짓으로 표기한 자

해설

연수교육을 정당한 사유 없이 받지 아니한 개업공인중개사 및 소속공인중개사에 대해서는 시 · 도지사가 500만원 이하의 과태료를 부과한다.

정답   57 ①   58 ②   59 ②   60 ③

61 공인중개사법령상 법정형이 1년 이하의 징역 또는 1천만원 이하의 벌금에 해당하는 자를 모두 고른 것은? 제28회

> ㄱ. 공인중개사가 아닌 자로서 공인중개사 명칭을 사용한 자
> ㄴ. 이중으로 중개사무소의 개설등록을 하여 중개업을 한 개업공인중개사
> ㄷ. 개업공인중개사로부터 공개를 의뢰받지 아니한 중개대상물의 정보를 부동산거래정보망에 공개한 거래정보사업자
> ㄹ. 중개의뢰인과 직접 거래를 한 개업공인중개사

① ㄱ, ㄹ   ② ㄴ, ㄷ
③ ㄱ, ㄴ, ㄷ   ④ ㄴ, ㄷ, ㄹ
⑤ ㄱ, ㄴ, ㄷ, ㄹ

해설

ㄱ, ㄴ, ㄷ : 1년 이하의 징역 또는 1천만원 이하의 벌금
ㄹ. 중개의뢰인과 직접 거래를 한 개업공인중개사 : 3년 이하의 징역 또는 3천만원 이하의 벌금

62 공인중개사법령상 과태료 부과대상자가 <u>아닌</u> 것은? 제28회
① 연수교육을 정당한 사유 없이 받지 아니한 소속공인중개사
② 신고한 휴업기간을 변경하고 변경신고를 하지 아니한 개업공인중개사
③ 중개사무소의 개설등록 취소에 따른 중개사무소등록증 반납의무를 위반한 자
④ 중개사무소의 이전신고 의무를 위반한 개업공인중개사
⑤ 개업공인중개사가 아닌 자로서 중개업을 하기 위하여 중개대상물에 대한 표시·광고를 한 자

해설

① 500만원 이하의 과태료
②③④ 100만원 이하의 과태료
⑤ 개업공인중개사가 아닌 자로서 중개업을 하기 위하여 중개대상물에 대한 표시·광고를 한 자 − 1년 이하의 징역 또는 1천만원 이하의 벌금

63 공인중개사법령의 내용으로 옳은 것은? (다툼이 있으면 판례에 따름) 제26회

① 지역농업협동조합이 농지의 임대차에 관한 중개업무를 하려면 「공인중개사법」에 따라 중개사무소 개설등록을 해야 한다.

② 휴업기간 중에 있는 개업공인중개사는 다른 개업공인중개사인 법인의 사원이 될 수 있다.

③ 시 · 도지사가 공인중개사의 자격정지처분을 한 경우에 다른 시 · 도지사에게 통보해야 하는 규정이 없다.

④ 등록의 결격사유 중 '이 법을 위반하여 300만원 이상의 벌금형의 선고를 받고 3년이 경과되지 아니한 자'에는 개업공인중개사가 사용주로서 양벌규정으로 처벌받는 경우도 포함된다.

⑤ 업무의 정지에 관한 기준은 대통령령으로 정하고, 과태료는 국토교통부령으로 정하는 바에 따라 부과 · 징수한다.

해설

① 등록을 요하지 않는다.

③ 시 · 도지사는 공인중개사의 <u>자격취소</u>처분을 한 때에는 5일 이내에 이를 국토교통부장관과 다른 시 · 도지사에게 통보해야 한다.

④ 개업공인중개사가 양벌규정에 따라 벌금형을 받는 경우는 결격사유에 포함되지 않는다.

⑤ 업무정지 및 자격정지 기준은 국토교통부령, 과태료의 부과기준은 대통령령으로 정한다.

64 공인중개사법령상 (　)에 들어갈 기간이 긴 것부터 짧은 순으로 옳게 나열된 것은? 제27회

- 공인중개사 자격취소처분을 받아 자격증을 반납하고자 하는 자는 그 처분을 받은 날부터 (ㄱ) 이내에 그 자격증을 반납해야 한다.
- 거래정보사업자로 지정받은 자는 지정받은 날부터 (ㄴ) 이내에 부동산거래정보망의 이용 및 정보제공방법 등에 관한 운영규정을 정하여 승인받아야 한다.
- 개업공인중개사가 보증보험금 · 공제금 또는 공탁금으로 손해배상을 한 때에는 (ㄷ) 이내에 보증보험 또는 공제에 다시 가입하거나 공탁금 중 부족하게 된 금액을 보전해야 한다.

① ㄱ - ㄴ - ㄷ　　　② ㄴ - ㄱ - ㄷ　　　③ ㄴ - ㄷ - ㄱ
④ ㄷ - ㄱ - ㄴ　　　⑤ ㄷ - ㄴ - ㄱ

정답 61 ③　62 ⑤　63 ③　64 ③

65 공인중개사법령의 내용으로 옳은 것은? 제26회

① 등록관청은 개업공인중개사 등의 부동산거래사고 예방을 위한 교육을 실시할 수 없다.

② 개업공인중개사는 등록관청에 중개사무소의 이전사실을 신고한 경우 지체 없이 사무소의 간판을 철거해야 한다.

③ 개업공인중개사로서 폐업신고를 한 후 1년 이내에 소속공인중개사로 고용신고의 대상이 된 자는 고용신고일 전에 다시 실무교육을 받아야 한다.

④ 개업공인중개사가 조직한 사업자단체가 「독점규제 및 공정거래에 관한 법률」을 위반하여 공정거래위원회로부터 과징금 처분을 최근 2년 이내에 2회 이상 받은 경우 그의 공인중개사 자격이 취소된다.

⑤ 중개보조원은 중개사무소의 명칭, 소재지 및 연락처, 자기의 성명을 명시하여 중개대상물에 대한 표시·광고를 할 수 있다.

해설

① 국토교통부장관, 시·도지사 및 등록관청은 필요하다고 인정하면 개업공인중개사 등의 부동산거래사고 예방을 위한 교육을 실시할 수 있다.

③ 실무교육 면제사유

④ 임의적 등록취소사유

⑤ 개업공인중개사가 아닌 자는 중개대상물의 표시·광고를 해서는 안 된다. 이를 위반한 경우 1년 이하의 징역 또는 1천만원 이하의 벌금에 처한다.

66 공인중개사법령상 1년 이하의 징역 또는 1천만원 이하의 벌금에 해당하지 <u>않는</u> 자는? 제29회

① 공인중개사가 아닌 자로서 공인중개사 또는 이와 유사한 명칭을 사용한 자

② 개업공인중개사가 아닌 자로서 중개업을 하기 위하여 중개대상물에 대한 표시·광고를 한 자

③ 개업공인중개사가 아닌 자로서 "공인중개사사무소", "부동산중개" 또는 이와 유사한 명칭을 사용한 자

④ 관계 법령에서 양도·알선 등이 금지된 부동산의 분양·임대 등과 관련 있는 증서 등의 매매·교환 등을 중개한 개업공인중개사

⑤ 다른 사람에게 자기의 상호를 사용하여 중개업무를 하게 한 개업공인중개사

해설

관계 법령에서 양도·알선 등이 금지된 부동산의 분양·임대 등과 관련 있는 증서 등의 매매·교환 등을 중개한 개업공인중개사: 3년 이하의 징역 또는 3천만원 이하의 벌금 사유이다.

67 공인중개사법령상 과태료 부과대상자와 부과기관의 연결이 틀린 것은?　제29회

① 공제사업 운용실적을 공시하지 아니한 자 - 국토교통부장관
② 공인중개사협회의 임원에 대한 징계·해임의 요구를 이행하지 아니한 자 - 국토교통부장관
③ 연수교육을 정당한 사유 없이 받지 아니한 자 - 등록관청
④ 휴업기간의 변경신고를 하지 아니한 자 - 등록관청
⑤ 성실·정확하게 중개대상물의 확인·설명을 하지 아니한 자 - 등록관청

해설

정당한 사유 없이 연수교육을 받지 아니한 자에 대하여는 시·도지사가 500만원 이하의 과태료를 부과한다.

68 다음 중 공인중개사법령상 과태료를 부과할 경우 과태료의 부과기준에서 정하는 과태료 금액이 가장 큰 경우는?　제30회

① 공제업무의 개선명령을 이행하지 않은 경우
② 휴업한 중개업의 재개 신고를 하지 않은 경우
③ 중개사무소의 이전신고를 하지 않은 경우
④ 중개사무소등록증을 게시하지 않은 경우
⑤ 휴업기간의 변경 신고를 하지 않은 경우

해설

① 국토교통부장관의 공제사업 개선명령을 이행하지 않은 경우 - 500만원 이하의 과태료
② 휴업한 중개업의 재개 신고를 하지 않은 경우 - 100만원 이하의 과태료
③ 중개사무소의 이전신고를 하지 않은 경우 - 100만원 이하의 과태료
④ 중개사무소등록증을 게시하지 않은 경우 - 100만원 이하의 과태료
⑤ 휴업기간의 변경 신고를 하지 않은 경우 - 100만원 이하의 과태료

69 공인중개사법령상 다음의 행위를 한 자에 대하여 3년의 징역에 처할 수 있는 경우는?　제35회

① 거짓이나 그 밖의 부정한 방법으로 중개사무소의 개설등록을 한 경우
② 공인중개사가 다른 사람에게 자기의 성명을 사용하여 중개업무를 하게 한 경우
③ 등록관청의 관할 구역 안에 2개의 중개사무소를 둔 경우
④ 개업공인중개사가 천막 그 밖에 이동이 용이한 임시 중개시설물을 설치한 경우
⑤ 공인중개사가 아닌 자로서 공인중개사 또는 이와 유사한 명칭을 사용한 경우

정답 65 ② 66 ④ 67 ③ 68 ① 69 ①

70 공인중개사법령상 개업공인중개사의 행위 중 과태료 부과대상이 <u>아닌</u> 것은? 제32회

① 중개대상물의 거래상의 중요사항에 관해 거짓된 언행으로 중개의뢰인의 판단을 그르치게 한 경우

② 휴업신고에 따라 휴업한 중개업을 재개하면서 등록관청에 그 사실을 신고하지 않은 경우

③ 중개대상물에 관한 권리를 취득하려는 중개의뢰인에게 해당 중개대상물의 권리관계를 성실·정확하게 확인·설명하지 않은 경우

④ 인터넷을 이용하여 중개대상물에 대한 표시·광고를 하면서 중개대상물의 종류별로 가격 및 거래형태를 명시하지 않은 경우

⑤ 연수교육을 정당한 사유 없이 받지 않은 경우

> **해설**
> ① 1년 이하의 징역 또는 1천만원 이하의 벌금
> ②④ 100만원 이하의 과태료
> ③⑤ 500만원 이하의 과태료

71 공인중개사법령상 벌칙 부과대상 행위 중 피해자의 명시한 의사에 반하여 벌하지 않는 경우는? 제32회

① 거래정보사업자가 개업공인중개사로부터 의뢰받은 내용과 다르게 중개대상물의 정보를 부동산거래정보망에 공개한 경우

② 개업공인중개사가 그 업무상 알게 된 비밀을 누설한 경우

③ 개업공인중개사가 중개의뢰인으로부터 법령으로 정한 보수를 초과하여 금품을 받은 경우

④ 시세에 부당한 영향을 줄 목적으로 개업공인중개사에게 중개대상물을 시세보다 현저하게 높게 표시·광고하도록 강요하는 방법으로 개업공인중개사의 업무를 방해한 경우

⑤ 개업공인중개사가 단체를 구성하여 단체 구성원 이외의 자와 공동중개를 제한한 경우

> **해설**
> 개업공인중개사 등이 비밀준수의무를 위반(1-1)할 경우 이에 위반한 처벌은 피해자의 명시한 의사에 반하여 벌하지 아니한다.

정답   70 ①   71 ②

MEMO

부동산 거래신고
등에 관한 법령

부동산 거래신고

01 부동산 거래신고 등에 관한 법령상 부동산 거래신고에 관한 설명으로 틀린 것은?

① 「공인중개사법」에 따라 거래계약서를 작성·교부한 개업공인중개사는 부동산 거래신고를 할 의무를 부담한다.
② 거래당사자 일방이 부동산 거래신고를 거부하는 경우 다른 당사자는 국토교통부령에 따라 단독으로 신고할 수 있다.
③ 개업공인중개사에게 거짓으로 부동산 거래신고를 하도록 요구한 자는 과태료 부과대상자가 된다.
④ 신고관청은 부동산 거래신고의 내용에 누락이 있는 경우 신고인에게 신고 내용을 보완하게 할 수 있다.
⑤ 신고관청의 요구에도 거래대금 지급을 증명할 수 있는 자료를 제출하지 아니한 자에게는 해당 부동산에 대한 취득가액의 100분의 10 이하에 상당하는 금액의 과태료가 부과된다.

해설

② 거래당사자 직거래인 경우 1. 공동신고(원칙), 2. 일방이 국가 등인 경우 국가 등이 거래신고를 해야 하며, 3. 거래당사자 중 일방이 신고를 거부하는 경우에는 국토교통부령으로 정하는 바에 따라 단독으로 신고할 수 있다.
③ 거래당사자로서 개업공인중개사로 하여금 거짓된 내용을 신고하도록 요구한 자는 500만원 이하의 과태료가 부과된다.
④ 신고관청은 신고받은 내용의 검증 등의 결과에 따라 신고 받은 내용이 누락되어 있거나 정확하지 아니하다고 판단하는 경우에는 <u>신고인에게 신고 내용을 보완하게 하거나</u> 신고한 내용의 사실여부를 확인하기 위하여 소속 공무원으로 하여금 거래당사자 또는 개업공인중개사에게 거래계약서, 거래대금 지급을 증명할 수 있는 자료 등 관련 자료의 제출을 요구하는 등 필요한 조치를 취할 수 있다(법 제6조 제1항).
⑤ 신고관청의 요구에도 거래대금 지급을 증명할 수 있는 자료를 제출하지 아니한 자에게는 3,000만원 이하의 과태료가 부과된다.

2025 정지웅 기출문제 2차 공인중개사법 · 중개실무

02 부동산 거래신고 등에 관한 법령상 부동산거래의 신고대상 등에 관한 설명 중 **틀린** 것은?

① 신고대상은 부동산 거래신고 등에 관한 법령에서 규정하고 있는 부동산 또는 부동산을 취득할 수 있는 권리에 한정된다.

② 「도시 및 주거환경정비법」에 따른 관리처분계획의 인가로 인하여 취득한 입주자로 선정된 지위의 매매계약을 체결한 때에는 부동산 거래신고를 해야 한다.

③ 「택지개발촉진법」에 따른 공급계약을 통하여 부동산을 공급받는 자로 선정된 지위에 관한 매매계약을 체결한 때에는 부동산 거래신고를 해야 한다.

④ 토지 또는 건축물의 교환계약을 체결한 경우에는 부동산 거래신고를 해야 한다.

⑤ 국토교통부장관 또는 시 · 도지사가 지정한 토지거래허가구역 내에서 토지거래계약의 허가를 받더라도 부동산 거래신고를 해야 한다.

> **해설**
> ① '부동산'은 토지 또는 건축물, '부동산을 취득할 수 있는 권리'는 공급계약, 분양권 및 입주권을 말한다.
> ④ 교환계약은 신고대상이 아니다. 매매계약만 신고한다.

03 부동산 거래신고 등에 관한 법령상 부동산 매매계약에 관한 신고사항 및 신고서의 작성에 관한 설명으로 옳은 것은? (거래당사자는 자연인임)

① 「국토의 계획 및 이용에 관한 법률」에 따른 개발제한 사항은 신고사항에 포함되지 않는다.

② 「주택법」에 따라 지정된 투기과열지구에 소재하는 주택의 거래계약을 체결한 경우 부동산거래계약 신고서를 제출할 때 매수인과 매도인이 공동으로 서명 또는 날인한 주택취득자금 조달 및 입주계획서를 함께 제출하여야 한다.

③ 부동산거래계약 신고서의 물건별 거래가격란에 발코니 확장 등 선택 비용에 대한 기재란은 없다.

④ 부동산거래계약 신고서를 작성할 때 건축물의 면적은 집합건축물의 경우 연면적을 적고, 그 밖의 건축물의 경우 전용면적을 적는다.

⑤ 개업공인중개사가 거짓으로 부동산거래계약 신고서를 작성하여 신고한 경우에는 벌금형 부과사유가 된다.

> **해설**
> ② 매수인이 단독으로 서명 또는 날인
> ③ 공급계약 또는 전매계약의 경우 공급가격, 발코니 확장 등 선택비용 및 추가지급액을 각각 적는다.
> ⑤ 취득가액의 100분의 10 이하의 과태료

정답 01 ⑤ 02 ④ 03 ①

제1장 부동산 거래신고 **171**

04 부동산 거래신고 등에 관한 법령상 매매계약에 관하여 신고해야 할 사항이 <u>아닌</u> 것은?

제19회

① 매수인 및 매도인의 인적사항
② 계약의 조건이나 기한이 있는 경우에는 그 조건 또는 기한
③ 거래대상 부동산의 소재지·지번 및 지목
④ 거래대상 부동산의 권리관계
⑤ 실제 거래가격

해설

※ 공통신고사항
1. 거래당사자의 인적사항
2. 매수인이 국내에 주소(거소)를 두지 않을 경우 / 외국인인 경우 위탁관리인의 인적사항
3. 개공이 거래계약서를 작성·교부한 경우(인적사항, 사무소의 상호·전화번호 및 소재지)
4. 계약 체결일·중도금 지급일 및 잔금 지급일
5. 계약의 조건이나 기한이 있는 경우에는 그 조건 또는 기한
6. 거래대상 부동산 등의 종류, 소재지·지번·지목 및 면적
7. 실제 거래가격

05 부동산 거래신고 등에 관한 법령상 부동산거래계약 신고서의 작성방법으로 옳은 것을 모두 고른 것은?

제27회

ㄱ. 공급계약 또는 전매계약의 경우에는 각각의 비용에 부가가치세가 있는 경우 부가가치세를 제외한 금액을 적는다.
ㄴ. 물건별 거래가격란에는 각각의 부동산별 거래가격을 적는다.
ㄷ. 종전 부동산란은 입주권 매매의 경우에만 종전 부동산에 대해 작성한다.
ㄹ. 계약의 조건 및 참고사항란은 부동산 거래계약 내용에 계약조건이나 기한을 붙인 경우, 거래와 관련한 참고내용이 있을 경우에 적는다.

① ㄱ, ㄷ
② ㄴ, ㄹ
③ ㄱ, ㄴ, ㄹ
④ ㄴ, ㄷ, ㄹ
⑤ ㄱ, ㄴ, ㄷ, ㄹ

해설

ㄱ. 공급계약 또는 전매계약인 경우 물건별 거래가격 및 총 실제거래가격에 부가가치세를 포함한 금액을 적고, 그 외의 거래대상의 경우 부가가치세를 제외한 금액을 적는다.

06 부동산 거래신고 등에 관한 법령상 '부동산거래계약 신고서'의 신고대상에 따른 기재사항이 옳게 짝지어진 것을 다음 중 모두 고른 것은?   제21회

> ㄱ. 전매계약인 경우 – 분양권 또는 입주권
> ㄴ. 외국인이 부동산 등을 매수할 경우 – 부동산 등 매수용도
> ㄷ. 매매의 목적물이 집합건축물인 경우 – 전용면적
> ㄹ. 매매의 목적물이 아파트인 경우 – 동 · 호수

① ㄱ, ㄴ   ② ㄱ, ㄴ, ㄷ   ③ ㄱ, ㄷ, ㄹ
④ ㄴ, ㄷ, ㄹ   ⑤ ㄱ, ㄴ, ㄷ, ㄹ

해설
ㄷ. 집합건축물의 경우 전용면적을 기재하고, 그 밖의 건축물의 경우 연면적을 적는다.

07 부동산 거래신고 등에 관한 법령상 부동산 거래신고에 대한 정정신청을 할 수 있는 사유로 명시된 경우가 <u>아닌</u> 것을 모두 고른 것은?   제22회

> ㄱ. 주택거래의 중도금 지급일이 잘못 기재된 경우
> ㄴ. 건축물의 종류가 잘못 기재된 경우
> ㄷ. 매수인들의 거래 지분 비율이 잘못 기재된 경우
> ㄹ. 개업공인중개사의 사무소 소재지가 잘못 기재된 경우
> ㅁ. 상가건물거래의 거래가격이 잘못 기재된 경우

① ㄱ, ㄴ   ② ㄱ, ㅁ   ③ ㄴ, ㄷ
④ ㄱ, ㄹ, ㅁ   ⑤ ㄴ, ㄷ, ㄹ

해설
정정신청을 할 수 있는 사유(전주상사비대종류지지면)
1. 거래당사자의 **주소 · 전화**번호 또는 휴대전화번호
2. 개업공인중개사의 전화번호 · **상호** 또는 **사무소** 소재지
3. 거래 지분 **비율**, **대지권**비율
4. 거래대상 건축물의 **종류**
5. 부동산 등의 **지목** · 거래 **지분** · **면적**

정답   04 ④   05 ④   06 ⑤   07 ②

www.pmg.co.kr

08 부동산 거래신고 등에 관한 법령상 부동산 거래신고에 관한 설명으로 옳은 것은?

제31회

① 부동산매매계약을 체결한 경우 거래당사자는 거래계약의 체결일부터 3개월 이내에 신고관청에 단독 또는 공동으로 신고하여야 한다.

② 「주택법」에 따라 지정된 조정대상지역에 소재하는 주택으로서 실제 거래가 격이 5억원이고, 매수인이 국가인 경우 국가는 매도인과 공동으로 실제거래 가격 등을 신고하여야 한다.

③ 권리 대상인 부동산 소재지를 관할하는 특별자치도 행정시의 시장은 부동산 거래신고의 신고관청이 된다.

④ 개업공인중개사가 거래계약서를 작성·교부한 경우에는 거래당사자 또는 해 당 개업공인중개사가 신고할 수 있다.

⑤ 부동산 거래계약을 신고하려는 개업공인중개사는 부동산거래계약 신고서에 서명 또는 날인하여 관할 등록관청에 제출하여야 한다.

> **해설**
> ① 30일 ② 국가 등이 단독으로 신고해야 한다.
> ③ 신고관청: 부동산 등의 소재지를 관할하는 시장(구가 설치되지 아니한 시의 시장 및 특별자 치시장과 특별자치도 행정시의 시장을 말한다)·군수 또는 구청장
> ④ 개업공인중개사가 신고해야 한다. ⑤ 신고관청에 제출

09 부동산 거래신고 등에 관한 법령상 부동산 거래신고에 관한 설명으로 옳은 것은?

제23회

① 부동산 거래신고는 부동산의 증여계약을 체결한 경우에도 해야 한다.

② 개업공인중개사가 중개를 완성하여 거래계약서를 작성·교부한 때에는 거래 당사자와 개업공인중개사가 공동으로 신고해야 한다.

③ 농지의 매매계약을 체결한 경우 「농지법」상의 농지취득자격증명을 받으면 부동산 거래신고를 한 것으로 본다.

④ 시장·군수 또는 구청장은 부동산거래가격 검증체계를 구축·운영해야 한다.

⑤ 신고인이 부동산거래계약 신고필증을 발급받은 때에는 매수인은 「부동산등 기 특별조치법」에 따른 검인을 받은 것으로 본다.

> **해설**
> ① 매매계약만 신고
> ② 개업공인중개사가 신고해야 하며, 거래당사자는 신고의무가 없다.
> ③ 토지거래허가를 받거나 농지취득자격증명을 받은 경우라도 부동산 거래신고를 해야 한다.
> ④ 국토교통부장관

10 부동산 거래신고 등에 관한 법령상 부동산거래계약 신고서의 작성 · 제출에 관한 설명으로 틀린 것은? 제23회

① 신고대상 부동산이 건축물인 경우에는 건축물의 종류를 「건축법 시행령」[별표 1]에 따른 용도별 건축물의 종류를 기재한다.

② 개업공인중개사가 거래계약서를 작성 · 교부한 경우 거래당사자가 이 신고를 하면 개업공인중개사는 신고의무가 없다.

③ 계약대상 면적에는 실제 거래면적을 계산하여 적되, 건축물 면적은 집합건축물의 경우 전용면적을 기재한다.

④ 물건별 거래가격란에는 각각의 부동산별 거래금액을 적는다.

⑤ 부동산거래계약 신고서의 제출은 해당 거래계약을 중개한 개업공인중개사의 위임을 받은 소속공인중개사가 대행할 수 있다.

해설

중개거래인 경우 개업공인중개사가 신고해야 하며 거래당사자는 신고의무가 없다.

11 부동산 거래신고 등에 관한 법령상 부동산거래계약 변경신고서를 제출할 수 있는 사유를 모두 고른 것은? 제24회

ㄱ. 거래지분의 변경
ㄴ. 계약의 기한 변경
ㄷ. 거래대상 부동산 등의 면적 변경
ㄹ. 중도금 및 지급일의 변경

---

① ㄱ, ㄷ   ② ㄷ, ㄹ   ③ ㄱ, ㄴ, ㄷ
④ ㄴ, ㄷ, ㄹ   ⑤ ㄱ, ㄴ, ㄷ, ㄹ

해설

변경신고서 제출사유(비지면조가중잔제외위)

1. 거래 지분 **비**율
2. 거래 **지분**
3. 거래대상 부동산 등의 **면**적
4. 거래의 **조**건 또는 기한
5. 거래**가**격
6. **중도금 · 잔금** 및 지급일
7. 공동매수의 경우 일부 매수인의 변경(매수인 중 일부가 **제외**되는 경우)
8. 부동산 등이 다수인 경우 일부 부동산 등의 변경(부동산 등 중 일부가 **제외**되는 경우)
9. **위**탁관리인의 성명, 주민등록번호, 주소 및 전화번호

정답   08 ③   09 ⑤   10 ②   11 ⑤

12 부동산 거래신고 등에 관한 법령상 부동산 거래신고에 관한 설명으로 옳은 것은?

제25회

① 개업공인중개사가 거래계약서를 작성·교부한 경우 거래당사자는 부동산 거래신고 의무가 없다.
② 부동산거래의 신고를 하려는 개업공인중개사는 부동산거래계약 신고서에 서명 또는 날인을 하여 중개사무소 소재지 관할 등록관청에 제출해야 한다.
③ 공인중개사법령상 중개대상물의 범위에 속하는 물건의 매매계약을 체결한 때에는 모두 부동산 거래신고를 해야 한다.
④ 부동산거래계약 신고서의 방문 제출은 해당 거래계약을 중개한 개업공인중개사의 위임을 받은 소속공인중개사가 대행할 수 없다.
⑤ 외국인이 대한민국 안의 토지를 취득하는 계약을 체결하였을 때, 부동산 거래신고를 한 경우에도 외국인 등 부동산 취득신고를 해야 한다.

해설
② 부동산 등 소재지 관할 신고관청에 제출해야 한다.
③ 중개대상물 중 입목, 광업재단 및 공장재단은 신고대상이 아니다.
④ 소속공인중개사가 신고서의 제출을 대행할 수 있다.
⑤ 외국인 등이 부동산 등의 매매계약을 체결하고 부동산 거래신고를 한 경우 외국인 등 부동산 취득신고를 할 의무가 없다.

13 부동산 거래신고 등에 관한 법령상 개업공인중개사의 부동산거래계약 신고서 작성방법에 관한 설명으로 틀린 것은?

제25회

① 거래당사자가 다수인 경우 매수인 또는 매도인의 주소란에 각자의 거래지분 비율을 표시한다.
② 거래대상 부동산의 종류가 건축물인 경우에는 「건축법 시행령」에 따른 용도별 건축물의 종류를 적는다.
③ 계약대상 면적에는 실제 거래면적을 계산하여 적되, 집합건축물의 경우 전용면적과 공용면적을 합산하여 기재한다.
④ 물건별 거래가격란에는 각각의 부동산별 거래금액을 적는다.
⑤ 개업공인중개사의 인적사항 및 중개사무소의 상호·전화번호·소재지를 기재해야 한다.

해설
집합건축물의 경우 전용면적을 적으며, 집합건축물 외의 건축물의 경우 연면적을 적는다.

14 부동산 거래신고 등에 관한 법령상 부동산 거래신고에 관한 설명으로 틀린 것은?

제26회

① 「도시 및 주거환경정비법」에 따른 관리처분계획의 인가로 취득한 입주자로 선정된 지위에 관한 매매계약을 체결한 경우 거래신고를 해야 한다.

② 공인중개사법령상 중개대상물에 해당한다고 하여 모두 부동산거래 신고의 대상이 되는 것은 아니다.

③ 거래의 신고를 받은 신고관청은 그 신고내용을 확인한 후 신고인에게 부동산 거래계약 신고필증을 지체 없이 발급해야 한다.

④ 거래의 신고를 하려는 개업공인중개사는 부동산거래계약 신고서에 서명 또는 날인하여 중개사무소 소재지 관할 시장 · 군수 또는 구청장에게 제출해야 한다.

⑤ 거래의 신고를 해야 하는 개업공인중개사의 위임을 받은 소속공인중개사는 부동산거래계약 신고서의 제출을 대행할 수 있다.

15 부동산 거래신고 등에 관한 법령상 부동산거래계약 신고서 작성에 관한 설명으로 옳은 것은? (거래당사자는 자연인임)

제26회 일부 수정

① 공급계약 또는 전매계약인 경우 '물건별 거래가격'과 '총 실제거래가격'에 부가가치세를 포함한 금액을 적는다.

② 계약대상 면적에는 실제 거래면적을 계산하여 적되, 건축물 면적은 집합건축물의 경우 연면적을 적는다.

③ 「주택법」에 따른 '투기과열지구 또는 조정대상지역' 외의 지역에 소재하는 실제 거래가격이 5억원인 주택의 경우, 거래대상 주택의 취득에 필요한 자금 조달계획은 신고사항에 해당한다.

④ 공급계약은 부동산을 취득할 수 있는 권리의 매매로서, '분양권' 또는 '입주권'에 표시를 한다.

⑤ 개업공인중개사가 거짓으로 신고서를 작성하여 신고한 경우 500만원 이하의 과태료 부과사유에 해당한다.

해설

③ 비규제지역의 경우 6억원 이상의 주택

④ 공급계약은 시행사 또는 건축주등이 최초로 부동산을 공급하는 계약을 말하며 준공 전과 준공 후 계약 여부에 따라 표시하고, 전매는 부동산을 취득할 수 있는 권리의 매매로서, "분양권" 또는 "입주권"에 표시한다.

⑤ 취득가액의 100분의 10 이하의 과태료

정답 ▶ 12 ① 13 ③ 14 ④ 15 ①

16 부동산 거래신고 등에 관한 법령상 부동산 거래계약 신고서 작성에 관한 설명으로 틀린 것은?
제28회

① 거래대상 부동산의 공법상 거래규제 및 이용제한에 관한 사항은 신고서 기재 사항이다.

② 거래당사자는 부동산 거래신고를 한 후 해당 거래계약이 해제, 무효 또는 취소된 경우 해제 등이 확정된 날부터 30일 이내에 해당 신고관청에 공동으로 신고해야 한다.

③ 개업공인중개사가 거래계약서를 작성·교부한 경우, 개업공인중개사의 인적 사항과 개설등록한 중개사무소의 상호·전화번호 및 소재지도 신고사항에 포함된다.

④ 거래대상의 종류가 공급계약(분양)인 경우, 물건별 거래가격 및 총 실제거래 가격에 부가가치세를 포함한 금액을 적는다.

⑤ 계약대상 면적에는 실제 거래면적을 계산하여 적되, 건축물 면적은 집합건축 물의 경우 전용면적을 적고, 그 밖의 건축물의 경우 연면적을 적는다.

해설

권리관계, 공법상 거래규제 및 이용제한은 신고사항에 포함되지 않는다.

17 부동산 거래신고 등에 관한 법령상 신고대상인 부동산 거래계약의 신고에 관한 설명으로 틀린 것은?
제28회

① 사인 간의 거래를 중개한 개업공인중개사가 거래계약서를 작성·교부한 경우, 해당 개업공인중개사가 거래신고를 해야 한다.

② 부동산의 매수인은 신고인이 부동산거래계약 신고필증을 발급받은 때에 「부동산등기 특별조치법」에 따른 검인을 받은 것으로 본다.

③ 개업공인중개사의 위임을 받은 소속공인중개사가 부동산거래계약 신고서의 제출을 대행하는 경우, 소속공인중개사는 신분증명서를 신고관청에 보여줘야 한다.

④ 거래당사자 중 일방이 국가인 경우, 국가가 부동산 거래계약의 신고를 해야 한다.

⑤ 신고관청은 거래대금 지급을 증명할 수 있는 자료를 제출하지 아니한 사실을 자진 신고한 자에 대하여 과태료를 감경 또는 면제할 수 있다.

해설

※ 자진신고 감면사유 아닌 것 : 500만원 이하의 과태료(외), 3천만원 이하의 과태료(불불자)

18 부동산 거래신고 등에 관한 법령상 부동산 거래신고에 관한 설명으로 **틀린** 것은?

제29회

① 지방자치단체가 개업공인중개사의 중개 없이 토지를 매수하는 경우 부동산 거래계약 신고서에 단독으로 서명 또는 날인하여 신고관청에 제출해야 한다.
② 개업공인중개사가 공동으로 토지의 매매를 중개하여 거래계약서를 작성 · 교부한 경우 해당 개업공인중개사가 공동으로 신고해야 한다.
③ 매수인은 신고인이 거래신고를 하고 신고필증을 발급받은 때에 「부동산등기 특별조치법」에 따른 검인을 받은 것으로 본다.
④ 「공공주택 특별법」에 따른 공급계약에 의해 부동산을 공급받는 자로 선정된 지위를 매매하는 계약은 부동산 거래신고의 대상이 아니다.
⑤ 매매계약에 조건이나 기한이 있는 경우 그 조건 또는 기한도 신고해야 한다.

해설

「공공주택 특별법」에 따른 부동산의 공급계약, 「공공주택 특별법」에 따른 공급계약을 통하여 부동산을 공급받는 자로 선정된 지위의 매매계약은 모두 신고대상이다.

19 부동산 거래신고 등에 관한 법령상 신고사항 및 부동산거래계약 신고서 작성방법으로 **틀린** 것은? (단, 거래당사자는 자연인임)

제29회 일부 수정

① 거래당사자가 외국인인 경우 거래당사자의 국적을 반드시 기재해야 한다.
② 거래당사자 간 직접거래의 경우 공동으로 신고서에 서명 또는 날인을 하여 공동으로 신고서를 제출해야 한다.
③ 수도권 등 외의 지역에 소재한 토지로서 실제 거래가격이 6억원 미만인 토지를 취득하는 경우, 토지의 취득에 필요한 자금의 조달계획은 신고사항에 포함되지 않는다.
④ "임대주택 분양전환"은 법인인 임대주택사업자가 임대기한이 완료되어 분양전환하는 주택인 경우에 √표시를 한다.
⑤ 계약대상 면적에는 실제 거래면적을 계산하여 적되, 건축물 면적은 집합건축물의 경우 전용면적을 적는다.

해설

③ 수도권 등 외의 지역에 소재하는 토지로서 6억원 이상 토지(지분으로 매수하는 경우에도 6억원 이상의 토지)를 취득하는 경우에는 토지의 취득에 필요한 자금의 조달계획 및 토지의 이용계획을 신고해야 한다.

정답 16 ① 17 ⑤ 18 ④ 19 ②

20 부동산 거래신고 등에 관한 법령상 부동산 거래신고의 대상이 되는 계약이 <u>아닌</u> 것은?   제30회

① 「주택법」에 따라 공급된 주택의 매매계약
② 「택지개발촉진법」에 따라 공급된 토지의 임대차계약
③ 「도시개발법」에 따른 부동산에 대한 공급계약
④ 「체육시설의 설치·이용에 관한 법률」에 따라 등록된 시설이 있는 건물의 매매계약
⑤ 「도시 및 주거환경정비법」에 따른 관리처분계획의 인가로 취득한 입주자로 선정된 지위의 매매계약

> **해설**
>
> 토지의 임대차계약은 부동산 거래신고 대상이 아니다.

21 부동산 거래신고 등에 관한 법령상 부동산 거래신고에 관한 설명으로 옳은 것은? (다툼이 있으면 판례에 따름)   제30회

① 개업공인중개사가 거래계약서를 작성·교부한 경우 거래당사자는 계약체결일부터 30일 이내에 부동산 거래신고를 하여야 한다.
② 소속공인중개사 및 중개보조원은 부동산 거래신고를 할 수 있다.
③ 「지방공기업법」에 따른 지방공사와 개인이 매매계약을 체결한 경우 양 당사자는 공동으로 신고하여야 한다.
④ 거래대상 부동산의 공법상 거래규제 및 이용제한에 관한 사항은 부동산거래계약 신고서의 기재사항이다.
⑤ 매매대상 토지 중 공장부지로 편입되지 아니할 부분의 토지를 매도인에게 원가로 반환한다는 조건을 당사자가 약정한 경우 그 사항은 신고사항이다.

> **해설**
>
> ① 개업공인중개사가 중개한 경우에는 개업공인중개사가 부동산 거래신고를 해야 하며 거래당사자는 신고의무가 없다.
> ② 부동산 거래신고의 의무자는 개업공인중개사이며, 소속공인중개사는 개업공인중개사의 신고서 제출을 대행할 수 있다.
> ③ 거래당사자 중 일방이 국가, 지방자치단체, 공공기관, 지방직영기업, 지방공사, 지방공단(국가 등)인 경우에는 국가 등이 신고를 해야 한다. 다른 상대방은 신고의무가 없다.
> ④ 공법상 거래규제 및 이용제한에 관한 사항은 신고사항 및 부동산거래계약 신고서의 기재사항이 아니다.

22 부동산 거래신고 등에 관한 법령상 부동산거래계약 신고 내용의 정정신청사항이 아닌 것은? 　　　　제30회

① 거래대상 건축물의 종류　　　　② 개업공인중개사의 성명·주소
③ 거래대상 부동산의 면적　　　　④ 거래 지분 비율
⑤ 거래당사자의 전화번호

해설

정정신청사항: **전화번호·주소·상호·사무소** 소재지, 거래 지분 **비**율, **대지권**비율, 건축물의 **종류**, **지목**·거래 **지분·면**적

23 甲이 「건축법 시행령」에 따른 단독주택을 매수하는 계약을 체결하였을 때, 부동산 거래신고 등에 관한 법령에 따라 甲본인이 그 주택에 입주할지 여부를 신고해야 하는 경우를 모두 고른 것은? (甲, 乙, 丙은 자연인이고, 丁은 「지방공기업법」상 지방공단임) 　　　　제32회

ㄱ. 甲이 「주택법」상 투기과열지구에 소재하는 乙소유의 주택을 실제 거래가격 3억원으로 매수하는 경우
ㄴ. 甲이 「주택법」상 '투기과열지구 또는 조정대상지역' 외의 장소에 소재하는 丙소유의 주택을 실제 거래가격 5억원으로 매수하는 경우
ㄷ. 甲이 「주택법」상 조정대상지역에 소재하는 丁소유의 주택을 실제 거래가격 10억원으로 매수하는 경우

① ㄱ　　　　　　② ㄴ　　　　　　③ ㄱ, ㄴ
④ ㄱ, ㄷ　　　　⑤ ㄴ, ㄷ

해설

④ 자연인이 비규제지역에서 실제 거래가격이 6억원 이상인 주택을 매수하거나 투기과열지구 또는 조정대상지역에 소재하는 주택을 매수하는 경우에는 아래의 내용을 추가로 신고해야 한다.
※ 매수인이 국가 등인 경우는 신고하지 않아도 된다.
※ 매도인이 국가 등인 경우에도 주택의 매수인은 아래 내용을 신고해야 한다.
1. 자금의 조달계획 및 지급방식. 이 경우 투기과열지구에 소재하는 주택의 거래계약을 체결한 경우 매수자는 자금의 조달계획을 증명하는 서류를 첨부해야 한다.
2. 거래대상 주택에 매수자 본인이 입주할지 여부, 입주 예정 시기 등 거래대상 주택의 이용계획

정답　20 ②　21 ⑤　22 ②　23 ④

24 개업공인중개사 甲이 A도 B시 소재의 X주택에 관한 乙과 丙 간의 임대차계약 체결을 중개하면서 「부동산 거래신고 등에 관한 법률」에 따른 주택임대차계약의 신고에 관하여 설명한 내용의 일부이다. (　)에 들어갈 숫자를 바르게 나열한 것은?
(X주택은 「주택임대차보호법」의 적용대상이며, 乙과 丙은 자연인임)　　제32회

> 보증금이 (ㄱ)천만원을 초과하거나 월 차임이 (ㄴ)만원을 초과하는 주택임대차계약을 신규로 체결한 계약당사자는 그 보증금 또는 차임 등을 임대차계약의 체결일부터 (ㄷ)일 이내에 주택 소재지를 관할하는 신고관청에 공동으로 신고해야 한다.

① ㄱ : 3, ㄴ : 30, ㄷ : 60　　　② ㄱ : 3, ㄴ : 50, ㄷ : 30
③ ㄱ : 6, ㄴ : 30, ㄷ : 30　　　④ ㄱ : 6, ㄴ : 30, ㄷ : 60
⑤ ㄱ : 6, ㄴ : 50, ㄷ : 60

25 부동산 거래신고 등에 관한 법령상 부동산거래계약신고서의 작성방법으로 틀린 것은?
제34회

① 관련 필지 등 기재사항이 복잡한 경우에는 다른 용지에 작성하여 간인 처리한 후 첨부한다.
② '거래대상'의 '종류' 중 '공급계약'은 시행사 또는 건축주 등이 최초로 부동산을 공급(분양)하는 계약을 말한다.
③ '계약대상 면적'란에는 실제 거래면적을 계산하여 적되, 집합건축물이 아닌 건축물의 경우 건축물 면적은 연면적을 적는다.
④ '거래대상'의 '종류' 중 '임대주택 분양전환'은 법인이 아닌 임대주택사업자가 임대기한이 완료되어 분양전환하는 주택인 경우에 √표시를 한다.
⑤ 전매계약(분양권, 입주권)의 경우 '물건별 거래가격'란에는 분양가격, 발코니 확장 등 선택비용 및 추가 지급액 등을 각각 적되, 각각의 비용에 대한 부가가치세가 있는 경우 이를 포함한 금액으로 적는다.

해설
'거래대상'의 '종류' 중 '임대주택 분양전환'은 <u>법인인 임대주택사업자</u>가 임대기한이 완료되어 분양전환하는 주택인 경우에 √표시를 한다.

26 부동산 거래신고 등에 관한 법령상 부동산 매매계약의 거래신고에 관한 설명으로 **틀린** 것은? (단, 거래당사자는 모두 자연인이고, 공동중개는 고려하지 않음) 제34회

① 신고할 때는 실제 거래가격을 신고해야 한다.

② 거래당사자 간 직접거래의 경우 매도인이 거래신고를 거부하면 매수인이 단독으로 신고할 수 있다.

③ 거래신고 후에 매도인이 매매계약을 취소하면 매도인이 단독으로 취소를 신고해야 한다.

④ 개업공인중개사가 매매계약의 거래계약서를 작성 · 교부한 경우에는 그 개업공인중개사가 신고를 해야 한다.

⑤ 개업공인중개사가 매매계약을 신고한 경우에 그 매매계약이 해제되면 그 개업공인중개사가 해제를 신고할 수 있다.

> **해설**
>
> 거래당사자는 부동산 거래신고를 한 후 해당 거래계약이 해제, 무효 또는 취소된 경우 해제 등이 확정된 날부터 30일 이내에 해당 신고관청에 공동으로 신고하여야 한다.

27 甲이 서울특별시에 있는 자기 소유의 주택에 대해 임차인 乙과 보증금 3억원의 임대차계약을 체결하는 경우, 「부동산 거래신고 등에 관한 법률」에 따른 신고에 관한 설명으로 옳은 것을 모두 고른 것은? (단, 甲과 乙은 자연인임) 제34회

> ㄱ. 보증금이 증액되면 乙이 단독으로 신고해야 한다.
> ㄴ. 乙이 「주민등록법」에 따라 전입신고를 하는 경우 주택 임대차 계약의 신고를 한 것으로 본다.
> ㄷ. 임대차계약서를 제출하면서 신고를 하고 접수가 완료되면 「주택임대차보호법」에 따른 확정일자가 부여된 것으로 본다.

① ㄱ
② ㄴ
③ ㄱ, ㄴ
④ ㄴ, ㄷ
⑤ ㄱ, ㄴ, ㄷ

> **해설**
>
> ㄱ. <u>임대차계약당사자는</u> 주택 임대차 계약을 신고한 후 해당 임대차 계약의 보증금, 차임 등 임대차 가격이 변경되거나 임대차 계약이 해제된 때에는 변경 또는 해제가 확정된 날부터 30일 이내에 해당 <u>신고관청에 공동으로 신고하여야</u> 한다.

정답 24 ③ 25 ④ 26 ③ 27 ④

28 부동산 거래신고 등에 관한 법령상 부동산거래신고의 대상이 <u>아닌</u> 것은? 제35회

① 「주택법」에 따른 조정대상지역에 소재하는 주택의 증여계약
② 「공공주택 특별법」에 따른 부동산의 공급계약
③ 토지거래허가를 받은 토지의 매매계약
④ 「택지개발촉진법」에 따른 부동산 공급계약을 통하여 부동산을 공급받는 자로 선정된 지위의 매매계약
⑤ 「빈집 및 소규모주택 정비에 관한 특례법」에 따른 사업시행계획인가로 취득한 입주자로 선정된 지위의 매매계약

해설

매매계약을 신고해야 하며 교환이나 증여계약은 신고대상이 아니다.

29 부동산 거래신고 등에 관한 법령상 부동산거래신고에 관한 설명으로 <u>틀린</u> 것은?
제35회

① 거래당사자 또는 개업공인중개사는 부동산 거래계약 신고 내용 중 거래 지분 비율이 잘못 기재된 경우 신고관청에 신고 내용의 정정을 신청할 수 있다.
② 자연인 甲이 단독으로 「주택법」상 투기과열지구 외에 소재하는 주택을 실제 거래가격 6억원으로 매수한 경우 입주 예정 시기 등 그 주택의 이용계획은 신고사항이다.
③ 법인이 주택의 매수자로서 거래계약을 체결한 경우 임대 등 그 주택의 이용계획은 신고사항이다.
④ 부동산의 매수인은 신고인이 부동산거래계약 신고필증을 발급받은 때에 「부동산등기 특별조치법」에 따른 검인을 받은 것으로 본다.
⑤ 개업공인중개사가 신고한 후 해당 거래계약이 해제된 경우 그 계약을 해제한 거래당사자는 해제가 확정된 날부터 30일 이내에 해당 신고관청에 단독으로 신고하여야 한다.

해설

투기과열지구 또는 조정대상지역의 모든 주택 및 비규제지역의 6억 이상 주택 ③ 법인이 주택을 매수하는 경우 취득목적, 이용계획, 자금조달계획 및 지급방식 신고 ⑤ 거래당사자는 공동으로 신고해야 한다.

30 부동산 거래신고 등에 관한 법령상 부동산 거래계약의 변경신고사항이 <u>아닌</u> 것은?

제35회

① 거래가격
② 공동매수의 경우 매수인의 추가
③ 거래 지분 비율
④ 거래대상 부동산의 면적
⑤ 거래 지분

해설

매수인이 제외되는 경우에만 변경신고가 가능하며 추가되거나 교체되는 경우는 할 수 없다.

31 부동산 거래신고 등에 관한 법령상 주택 임대차계약의 신고에 관한 설명으로 옳은 것은? (단, 다른 법률에 따른 신고의 의제는 고려하지 않음)

제35회

① A특별자치시 소재 주택으로서 보증금이 6천만원이고 월 차임이 30만원으로 임대차계약을 신규 체결한 경우 신고 대상이다.
② B시 소재 주택으로서 보증금이 5천만원이고 월 차임이 40만원으로 임대차계약을 신규 체결한 경우 신고 대상이 아니다.
③ 자연인 甲과 「지방공기업법」에 따른 지방공사 乙이 신고 대상인 주택 임대차계약을 체결한 경우 甲과 乙은 관할 신고관청에 공동으로 신고하여야 한다.
④ C광역시 D군 소재 주택으로서 보증금이 1억원이고 월 차임이 100만원으로 신고된 임대차계약에서 보증금 및 차임의 증감 없이 임대차 기간만 연장하는 갱신계약은 신고 대상이 아니다.
⑤ 개업공인중개사가 신고 대상인 주택 임대차계약을 중개한 경우 해당 개업공인중개사가 신고하여야 한다.

해설

①② 보증금 6천만원 초과 또는 월차임 30만원 초과인 경우는 신고대상이다.
③ 지방공사가 단독으로 신고해야 한다.
⑤ 개업공인중개사는 임대차 신고의무 없다.

정답 28 ① 29 ⑤ 30 ② 31 ④

Chapter 02 외국인 등의 부동산 취득에 관한 특례

01 부동산 거래신고 등에 관한 법령상 외국인 등에 해당되는 것을 모두 고른 것은? 제33회

> ㄱ. 국제연합의 전문기구
> ㄴ. 대한민국의 국적을 보유하고 있지 아니한 개인
> ㄷ. 외국의 법령에 따라 설립된 법인
> ㄹ. 비정부 간 국제기구
> ㅁ. 외국 정부

① ㄱ, ㄴ   ② ㄴ, ㄷ, ㅁ   ③ ㄱ, ㄴ, ㄷ, ㅁ
④ ㄱ, ㄷ, ㄹ, ㅁ   ⑤ ㄱ, ㄴ, ㄷ, ㄹ, ㅁ

02 개업공인중개사가 국내 부동산을 취득하려는 외국인에게 부동산 거래신고 등에 관한 법령상 외국인의 부동산 취득에 관하여 설명한 것으로 옳은 것을 모두 고른 것은?

제24회

> ㄱ. 「자연환경보전법」상 생태·경관보전지역 내의 토지에 관하여 신고관청의 허가 없이 체결한 토지취득계약은 효력이 없다.
> ㄴ. 경매로 취득한 때에는 그 취득일부터 60일 이내에 신고관청에 신고해야 한다.
> ㄷ. 상속으로 취득한 때에, 이를 신고하지 않거나 거짓으로 신고한 경우 100만원 이하의 과태료가 부과된다.
> ㄹ. 토지취득계약을 체결하고 부동산 거래신고를 한 때에도 계약체결일부터 60일 이내에 신고관청에 신고해야 한다.

① ㄱ, ㄴ   ② ㄱ, ㄷ   ③ ㄴ, ㄷ
④ ㄴ, ㄹ   ⑤ ㄷ, ㄹ

해설

ㄴ. 6개월
ㄹ. 부동산 거래신고를 하면 별도의 취득신고 의무가 없다.

03 부동산 거래신고 등에 관한 법령상 외국인의 부동산 취득 등에 관한 설명으로 옳은 것은? (단, 상호주의에 따른 제한은 고려하지 않음) 제33회

① 「자연환경보전법」에 따른 생태·경관보전지역에서 외국인이 토지취득의 허가를 받지 아니하고 체결한 토지취득계약은 유효하다.

② 외국인이 건축물의 신축을 원인으로 대한민국 안의 부동산을 취득한 때에는 신고관청으로부터 부동산 취득의 허가를 받아야 한다.

③ 외국인이 취득하려는 토지가 토지거래허가구역과 「문화유산의 보존 및 활용에 관한 법률」에 따른 지정문화유산 보호구역에 있으면 토지거래계약허가와 토지취득허가를 모두 받아야 한다.

④ 대한민국 안의 부동산을 가지고 있는 대한민국 국민이 외국인으로 변경된 경우 그 외국인이 해당 부동산을 계속 보유하려는 경우에는 부동산 보유의 허가를 받아야 한다.

⑤ 「자연환경보전법」에 따른 생태·경관보전지역의 토지취득에 관하여 외국인으로부터 토지취득의 허가 신청서를 받은 신고관청은 신청서를 받은 날부터 15일 이내에 허가 또는 불허가 처분을 해야 한다.

해설

① 외국인이 토지취득의 허가를 받지 아니하고 체결한 토지취득계약은 무효이다.

② 건축물의 신축을 원인으로 부동산을 취득한 때에는 취득한 날부터 6개월 이내에 신고관청에 신고해야 한다.

③ 토지거래계약의 허가 또는 외국인 등 토지취득허가 둘 중 하나만 받으면 된다.

④ 외국인 등으로 변경된 날부터 6개월 이내에 신고관청에 신고해야 한다.

⑤ 신고관청은 허가신청서를 받은 날부터 다음의 구분에 따른 기간 안에 허가 또는 불허가 처분을 해야 한다. 다만, 군사시설 보호구역 내의 토지에 대하여 부득이한 사유로 해당 기간 안에 허가 또는 불허가 처분을 할 수 없는 경우에는 30일의 범위에서 그 기간을 연장할 수 있으며, 기간을 연장하는 경우에는 연장 사유와 처리예정일을 지체 없이 신청인에게 알려야 한다.

  ㉠ 군사시설 보호구역: 30일

  ㉡ 천연, 문화, 생태, 야생생물: 15일

04 개업공인중개사가 외국인에게 부동산 거래신고 등에 관한 법령상 외국인 등의 부동산취득에 관하여 설명한 내용으로 옳은 것은? 제27회

① 사원 또는 구성원의 2분의 1 이상이 대한민국 국적을 보유하지 않은 자로 구성된 법인 또는 단체는 외국인 등에 해당한다.

② 외국인 등이 대한민국 안의 토지를 취득하는 교환계약을 체결하였을 때에는 계약체결일부터 30일 이내에 신고해야 한다.

③ 외국인 등이 법인의 합병 등 계약 외의 원인으로 대한민국 안의 토지를 취득한 경우 그 취득한 날부터 60일 이내에 신고해야 한다.

④ 부동산 거래신고를 한 경우에도 외국인 등의 부동산취득신고를 신고해야 한다.

⑤ 대한민국 안의 토지를 가지고 있는 대한민국 국민이 외국인으로 변경되고 그 외국인이 해당 토지를 계속보유하려는 경우 신고의무가 없다.

해설

② 외국인 등이 부동산 등의 매매계약을 체결한 경우에는 계약체결일부터 30일 이내에 부동산 거래신고를 해야 하고, 교환이나 증여계약으로 취득하는 경우에는 계약체결일부터 60일 이내에 외국인 등의 부동산 등 취득신고를 해야 한다.

③ 계약 외의 원인인 경우 취득일부터 6개월 이내에 신고해야 한다.

④ 부동산 거래신고를 한 경우에는 외국인 등의 부동산 등 취득신고를 하지 않아도 된다.

⑤ 외국인으로 변경된 날부터 6개월 이내에 신고해야 한다.

05 개업공인중개사가 외국인에게 부동산 거래신고 등에 관한 법령의 내용을 설명한 것으로 **틀린** 것은?

① 외국인이 부동산 거래신고의 대상인 계약을 체결하여 부동산 거래신고를 한 때에도 부동산 취득신고를 해야 한다.

② 외국인이 경매로 대한민국 안의 부동산을 취득한 때에는 취득한 날부터 6개월 이내에 신고관청에 신고해야 한다.

③ 외국인이 취득하려는 토지가 「자연환경보전법」에 따른 생태 · 경관보전지역에 있으면, 「부동산 거래신고 등에 관한 법률」에 따라 토지거래계약에 관한 허가를 받은 경우를 제외하고는 토지취득계약을 체결하기 전에 신고관청으로부터 토지취득의 허가를 받아야 한다.

④ 대한민국 안의 부동산을 가지고 있는 대한민국 국민이 외국인으로 변경되었음에도 해당 부동산을 계속 보유하려는 경우, 외국인으로 변경된 날부터 6개월 이내에 신고관청에 계속보유에 관한 신고를 해야 한다.

⑤ 외국의 법령에 따라 설립된 법인이 자본금의 2분의 1 이상을 가지고 있는 법인은 "외국인 등"에 해당한다.

해설

③ 외국인 등의 토지취득허가와 토지거래계약의 허가 둘 중 하나를 받으면 된다.

06 부동산 거래신고 등에 관한 법령상 외국인 등의 국내 부동산의 취득 · 보유 등에 관한 설명으로 **틀린** 것은?

① 대한민국 국적을 보유하고 있지 아니한 자가 토지를 증여받은 경우 계약체결일로부터 60일 이내에 취득신고를 해야 한다.

② 외국의 법령에 의하여 설립된 법인이 합병을 통하여 부동산을 취득한 경우에는 취득한 날부터 6개월 이내에 취득신고를 해야 한다.

③ 부동산을 소유한 대한민국 국민이 대한민국 국적을 상실한 경우 부동산을 계속 보유하려면 국적을 상실한 때부터 6개월 이내에 계속보유 신고를 해야 한다.

④ 외국정부가 「군사기지 및 군사시설 보호법」에 따른 군사시설 보호구역 내 토지를 취득하려는 경우 계약체결 전에 국토교통부장관에게 취득허가를 받아야 한다.

⑤ 국제연합의 산하기구가 허가 없이 「자연환경보전법」상 생태 · 경관보전지역의 토지를 취득하는 계약을 체결한 경우 그 효력은 발생하지 않는다.

해설

신고관청의 허가를 받아야 한다.

07 부동산 거래신고 등에 관한 법령상 외국인 등의 부동산 취득 등에 관한 특례에 대한 설명으로 옳은 것은? (단, 헌법과 법률에 따라 체결된 조약의 이행에 필요한 경우는 고려하지 않음) 제30회

① 국제연합의 전문기구가 경매로 대한민국 안의 부동산 등을 취득한 때에는 부동산 등을 취득한 날부터 3개월 이내에 신고관청에 신고하여야 한다.

② 외국인 등이 토지 임대차계약을 체결하는 경우 계약체결일로부터 6개월 이내에 신고관청에 신고하여야 한다.

③ 특별자치시장은 외국인 등이 신고한 부동산 등의 취득·계속보유 신고내용을 매 분기 종료일부터 1개월 이내에 직접 국토교통부장관에게 제출하여야 한다.

④ 「문화유산의 보존 및 활용에 관한 법률」에 따른 지정문화유산과 이를 위한 보호물 또는 보호구역의 토지에 관하여 외국인 등의 토지거래 허가신청서를 받은 신고관청은 신청서를 받은 날부터 30일 이내에 허가 또는 불허가 처분을 하여야 한다.

⑤ 외국인 등이 법원의 확정판결로 대한민국 안의 부동산 등을 취득한 때에는 신고하지 않아도 된다.

해설

① 외국인 등이 경매로 부동산 등을 취득한 때에는 취득한 날부터 6개월 이내에 신고관청에 신고해야 한다.

② 외국인 등이 상가나 토지의 임대차계약을 체결한 경우에는 부동산 거래신고 등에 관한 법령이 적용되지 않는다.

③ 특별자치시장은 외국인 등의 부동산 등의 부동산 거래신고, 취득신고(계약, 계약 외) 계속보유신고 및 허가내용을 매 분기 종료일부터 1개월 이내에 직접 국토교통부장관에게 제출해야 한다.

④ 신고관청은 허가신청서를 받은 날부터 다음의 구분에 따른 기간 안에 허가 또는 불허가 처분을 해야 한다. 다만, 군사시설 보호구역 내의 토지에 대하여 부득이한 사유로 해당 기간 안에 허가 또는 불허가 처분을 할 수 없는 경우에는 30일의 범위에서 그 기간을 연장할 수 있으며, 기간을 연장하는 경우에는 연장 사유와 처리예정일을 지체 없이 신청인에게 알려야 한다.
　㉠ 군사시설 보호구역: 30일
　㉡ 천연, 문화, 생태, 야생생물: 15일

⑤ 외국인 등이 법원의 확정판결로 대한민국 안의 부동산 등을 취득한 때에는 취득한 날부터 6개월 이내에 신고관청에 신고해야 한다.

08 부동산 거래신고 등에 관한 법령상 외국인 등의 부동산 취득 등에 관한 특례에 대한 설명으로 옳은 것은? (단, 헌법과 법률에 따라 체결된 조약의 이행에 필요한 경우는 고려하지 않음) 제31회

> ㄱ. 국제연합도 외국인 등에 포함된다.
> ㄴ. 외국인 등이 대한민국 안의 부동산에 대한 매매 계약을 체결하였을 때에는 계약체결일부터 60일 이내에 신고관청에 신고하여야 한다.
> ㄷ. 외국인이 상속으로 대한민국 안의 부동산을 취득한 때에는 부동산을 취득한 날부터 1년 이내에 신고관청에 신고하여야 한다.
> ㄹ. 외국인이 「수도법」에 따른 상수원보호구역에 있는 토지를 취득하려는 경우 토지취득계약을 체결하기 전에 신고관청으로부터 토지취득의 허가를 받아야 한다.

① ㄱ ② ㄱ, ㄹ ③ ㄴ, ㄷ
④ ㄱ, ㄴ, ㄹ ⑤ ㄱ, ㄴ, ㄷ, ㄹ

해설

ㄴ. 외국인 등이 대한민국 안의 부동산에 대한 매매 계약을 체결하였을 때에는 계약체결일부터 30일 이내에 신고관청에 부동산 거래신고를 하여야 한다.
ㄷ. 외국인이 상속으로 대한민국 안의 부동산을 취득한 때에는 부동산을 취득한 날부터 6개월 이내에 신고관청에 신고하여야 한다.
ㄹ. 「수도법」에 따른 상수원보호구역에 있는 토지는 허가대상이 아니다.

정답 ▶ 07 ③ 08 ①

09 부동산 거래신고 등에 관한 법령상 외국인 등의 부동산 취득에 관한 설명으로 옳은 것을 모두 고른 것은? (단, 법 제7조에 따른 상호주의는 고려하지 않음) 제32회

> ㄱ. 대한민국의 국적을 보유하고 있지 않은 개인이 이사 등 임원의 2분의 1 이상인 법인은 외국인 등에 해당한다.
> ㄴ. 외국인 등이 건축물의 개축을 원인으로 대한민국 안의 부동산을 취득한 때에도 부동산 취득신고를 해야 한다.
> ㄷ. 「군사기지 및 군사시설 보호법」에 따른 군사기지 및 군사시설 보호구역 안의 토지는 외국인 등이 취득할 수 없다.
> ㄹ. 외국인 등이 허가 없이 「자연환경보전법」에 따른 생태·경관보전지역 안의 토지를 취득하는 계약을 체결한 경우 그 계약은 효력이 발생하지 않는다.

① ㄱ, ㄷ   ② ㄱ, ㄹ   ③ ㄱ, ㄴ, ㄹ
④ ㄴ, ㄷ, ㄹ   ⑤ ㄱ, ㄴ, ㄷ, ㄹ

해설

ㄴ. 외국인 등이 건축물의 신축·증축·개축·재축 등 계약 외의 원인으로 대한민국 안의 부동산 등을 취득한 때에는 부동산 등을 취득한 날부터 6개월 이내에 신고관청에 신고하여야 한다.

10 부동산 거래신고 등에 관한 법령상 국내 토지를 외국인이 취득하는 것에 관한 설명이다. (   )에 들어갈 숫자로 옳은 것은? (단, 상호주의에 따른 제한은 고려하지 않음) 제34회

> • 외국인이 토지를 매수하는 계약을 체결하면 계약체결일부터 (ㄱ)일 이내에 신고해야 한다.
> • 외국인이 토지를 증여받는 계약을 체결하면 계약체결일부터 (ㄴ)일 이내에 신고해야 한다.
> • 외국인이 토지를 상속받으면 취득일부터 (ㄷ)개월 이내에 신고해야 한다.

① ㄱ: 30, ㄴ: 30, ㄷ: 3   ② ㄱ: 30, ㄴ: 30, ㄷ: 6
③ ㄱ: 30, ㄴ: 60, ㄷ: 6   ④ ㄱ: 60, ㄴ: 30, ㄷ: 3
⑤ ㄱ: 60, ㄴ: 60, ㄷ: 6

11 부동산 거래신고 등에 관한 법령상 외국인 등의 대한민국 안의 부동산(이하 "국내 부동산"이라 함) 취득에 관한 설명으로 **틀린** 것은? (단, 상호주의에 따른 제한은 고려하지 않음)
제35회

① 정부 간 기구는 외국인 등에 포함된다.

② 외국의 법령에 따라 설립된 법인이 건축물의 신축으로 국내 부동산을 취득한 때에는 부동산을 취득한 날부터 60일 이내에 신고관청에 취득신고를 하여야 한다.

③ 외국인이 국내 부동산을 취득하는 교환계약을 체결하였을 때에는 계약체결일부터 60일 이내에 신고관청에 취득신고를 하여야 한다.

④ 외국인이 국내 부동산을 매수하기 위하여 체결한 매매계약은 부동산 거래신고의 대상이다.

⑤ 국내 부동산을 가지고 있는 대한민국국민이 외국인으로 변경된 경우 그 외국인이 해당 부동산을 계속보유하려는 때에는 외국인으로 변경된 날부터 6개월 이내에 신고관청에 계속보유신고를 하여야 한다.

> **해설**
> 신축 · 증축 · 개축 · 재축의 경우 취득일부터 6개월 이내에 신고해야 한다.

01 부동산 거래신고 등에 관한 법령상 토지거래계약 허가구역의 지정에 관한 설명으로 틀린 것은?

제25회

① 허가구역이 둘 이상의 시·도의 관할 구역에 걸쳐 있는 경우, 국토교통부장관이 지정한다.

② 시·도지사는 지정기간이 끝나는 허가구역을 계속하여 다시 허가구역으로 지정하려면, 시·도 도시계획위원회의 심의 전에 미리 시장·군수 또는 구청장의 의견을 들어야 한다.

③ 허가구역 지정·공고 내용의 통지를 받은 시장·군수 또는 구청장은 지체 없이 그 공고 내용을 그 허가구역을 관할하는 등기소의 장에게 통지해야 한다.

④ 허가구역의 지정은 허가구역의 지정을 공고한 날부터 5일 후에 그 효력이 발생한다.

⑤ 국토교통부장관은 허가구역의 지정 사유가 없어졌다고 인정되면 중앙도시계획위원회의 심의를 거치지 않고 허가구역의 지정을 해제할 수 있다.

해설

국토교통부장관은 허가구역의 지정을 해제하려면 중앙도시계획위원회의 심의를 거쳐야 한다.
지정절차 = 해제절차 = 축소지정절차
※ 지정 = 해제 = 축소 : 심의
※ 재지정 : 의견 ⇨ 심의

02 부동산 거래신고 등에 관한 법령상 토지거래허가제에 관한 설명으로 옳은 것은?

제19회

① 기준 면적을 초과하는 토지에 대하여 자기의 거주용 주택용지로 이용하고자 하는 경우에는 허가를 받지 않아도 된다.

② 도시 · 군관리계획 등 토지이용계획이 새로이 수립되는 지역은 토지의 투기적 거래나 지가의 급격한 상승이 우려되지 않아도 토지거래허가구역으로 지정할 수 있다.

③ 국토교통부장관은 관계 시 · 도지사로부터의 허가구역 지정해제의 요청이 이유 있다고 인정되면 허가구역을 해제할 수 있다.

④ 허가구역 안에서의 토지거래계약을 체결하고자 하는 당사자는 공동으로 시 · 도지사의 허가를 받아야 한다.

⑤ 국토교통부장관은 토지거래계약허가구역을 지정하기 전에 중앙도시계획위원회의 심의를 거쳐야 한다.

> **해설**
> ① 허가를 받아야 하며, 허가관청은 허가하여야 한다. ② 우려되는 지역에 대하여 지정
> ③ 요청이 이유 있다고 인정되면 해제<u>하여야 한다</u>. ④ 시장 · 군수 또는 구청장의 허가

03 부동산 거래신고 등에 관한 법령상 토지거래계약에 관한 허가구역에 대한 설명 중 옳은 것은?

제17회

① 토지거래계약에 관한 허가 및 허가받은 사항의 변경에 관한 허가관청은 시 · 도지사이다.

② 허가구역의 지정은 그 지정을 공고한 날부터 15일 후에 그 효력이 발생한다.

③ 허가구역 안에 있는 토지의 소유권을 이전하고자 하는 경우에는 유 · 무상에 관계없이 토지거래계약에 관한 허가를 받아야 한다.

④ 「민사집행법」에 의한 경매의 경우라 하더라도 허가구역 안에 있는 일정 규모 이상의 토지를 거래하고자 하는 경우에는 토지거래계약에 관한 허가를 받아야 한다.

⑤ 허가관청은 허가받은 목적대로 토지를 이용하지 아니하는 자에 대하여 토지이용의무의 최초 이행명령이 있었던 날을 기준으로 1년에 한 번씩 그 이행명령이 이행될 때까지 반복하여 이행강제금을 부과할 수 있다.

> **해설**
> ① 시장 · 군수 또는 구청장 ② 5일 후 ③ 대가를 받고 소유권 또는 지상권 취득하는 계약
> ④ 경매로 취득하는 경우 허가규정을 적용하지 아니한다(허가면제 사유).

정답 01 ⑤ 02 ⑤ 03 ⑤

04 부동산 거래신고 등에 관한 법령상 토지거래계약 허가 신청서에 기재하거나 별지로 제출해야 할 것이 <u>아닌</u> 것은? (단, 농지의 경우는 고려하지 않음) 　제29회

① 매매의 경우 매도인과 매수인의 성명 및 주소
② 거래를 중개한 개업공인중개사의 성명 및 주소
③ 이전 또는 설정하려는 권리의 종류
④ 토지이용계획서
⑤ 토지취득자금조달계획서

해설

토지거래계약 허가 신청서에는 다음의 서류를 첨부해야 한다.
1. 토지이용계획서(농지의 경우 농업경영계획서)
2. 토지취득자금 조달계획서

05 부동산 거래신고 등에 관한 법령상 토지거래계약에 관한 허가구역 내에서 행하는 법인 아닌 사인(私人) 간의 다음 거래 중 토지거래계약의 허가가 필요한 것은? (단, 국토교통부장관이 따로 정하여 공고하는 기준면적은 고려하지 않음) 　제24회

① 주거지역에서 $50m^2$의 토지를 매매하는 계약
② 상업지역에서 $100m^2$의 토지를 매매하는 계약
③ 공업지역에서 $120m^2$의 토지를 매매하는 계약
④ 녹지지역에서 $250m^2$의 토지를 매매하는 계약
⑤ 도시지역 외에 지역에서 $500m^2$의 임야를 매매하는 계약

해설

다음의 면적 이하의 토지는 허가가 필요하지 않다.
①②③④ 주거(60), 상업(150), 공업(150), 녹지(200), 미지정지역(60)
⑤ 도시지역 외의 지역에서 농지(500), 임야(1,000)

06 부동산 거래신고 등에 관한 법령상 토지거래계약에 관한 허가구역에서 허가를 요하지 아니하는 토지거래계약의 토지면적 기준으로 옳은 것은? (단, 국토교통부장관이 따로 정하는 기준면적은 고려하지 않음) 제22회

① 주거지역 : 150m² 이하

② 상업지역 : 200m² 이하

③ 녹지지역 : 250m² 이하

④ 도시지역 외의 지역에 위치한 농지 : 800m² 이하

⑤ 도시지역 외의 지역에 위치한 임야 : 1,000m² 이하

07 甲은 A도 B군에 토지 210m²를 소유한 자로서, 관할 A도지사는 甲의 토지 전부가 포함된 녹지지역 일대를 토지거래계약 허가구역으로 지정하였다. 부동산 거래신고 등에 관한 법령상 이에 관한 설명으로 틀린 것은? (단, A도지사는 허가를 요하지 아니하는 토지의 면적을 따로 정하지 않았음) 제26회

① 甲이 자신의 토지 전부에 대해 대가를 받고 지상권을 설정하려면 토지거래계약 허가를 받아야 한다.

② 甲의 토지가 농지라면 토지거래계약 허가를 받은 경우에는 「농지법」에 따른 농지취득자격증명을 받은 것으로 본다.

③ 허가구역에 거주하는 농업인 乙이 그 허가구역에서 농업을 경영하기 위해 甲의 토지 전부를 임의매수하는 경우에는 토지거래계약 허가가 필요하지 않다.

④ 丙이 자기의 거주용 주택용지로 이용하려는 목적으로 甲의 토지 전부를 임의매수하는 경우, 해당 토지거래계약 허가의 신청에 대하여 B군수는 허가하여야 한다.

⑤ 토지거래계약 허가신청에 대해 불허가처분을 받은 경우, 甲은 그 통지를 받은 날부터 1개월 이내에 B군수에게 해당 토지에 관한 권리의 매수를 청구할 수 있다.

> **해설**
>
> 甲의 토지는 도시지역 내의 녹지지역에 위치하고 있고 녹지지역에서 200m² 초과는 허가대상이며, 허가관청은 B군수이다.
> 따라서 허가구역에 거주하는 농업인 乙이 그 허가구역에서 농업을 경영하기 위해 甲의 토지 전부를 임의매수하는 경우에는 허가관청은 허가신청에 대해 허가해야 한다.

정답 04 ② 05 ④ 06 ⑤ 07 ③

08 부동산 거래신고 등에 관한 법령상 토지거래계약을 허가받은 경우 그 토지를 허가받은 목적대로 이용하여야 하는 토지이용 의무기간으로 틀린 것은? (단, 의무기간의 기산점은 토지의 취득시이고, 대통령령으로 정하는 예외 사유는 고려하지 않음)
제23회

① 자기의 거주용 주택용지로 이용하려는 목적으로 허가를 받은 경우에는 2년
② 허가구역을 포함한 지역의 주민을 위한 편익시설의 설치에 이용하려는 목적으로 허가를 받은 경우에는 2년
③ 농업을 영위하기 위한 목적으로 허가를 받은 경우에는 2년
④ 축산업을 영위하기 위한 목적으로 허가를 받은 경우에는 3년
⑤ 관계법령의 규정에 의하여 건축물이나 공작물의 설치행위가 금지된 토지에 대하여 현상보존의 목적으로 토지를 취득하기 위하여 허가를 받은 경우에는 5년

> **해설**
> 농업인 등이 축산업·임업 또는 어업을 영위하기 위한 목적으로 허가를 받은 경우에는 토지의 취득일부터 2년

09 부동산 거래신고 등에 관한 법령상 토지거래계약 허가와 관련된 선매제도에 대한 설명 중 옳은 것은?
제18회

① 토지거래계약 허가를 받아 취득한 토지가 이용목적대로 이용되고 있는 경우 해당 토지는 선매 협의매수의 대상이 된다.
② 시장·군수·구청장은 토지거래계약 허가의 신청이 있는 날부터 2개월 이내에 선매자를 지정하여 토지소유자에게 통지해야 한다.
③ 선매자로 지정된 자는 그 지정통지를 받은 날부터 15일 이내에 매수가격 등 선매조건을 기재한 서면을 토지소유자에게 통지하여 선매협의를 해야 한다.
④ 선매자가 토지를 매수하는 경우의 가격은 토지소유자의 매입가격을 기준으로 한다.
⑤ 선매협의가 이루어지지 아니한 때에는 토지거래계약에 관한 허가신청에 대하여 불허가처분을 해야 한다.

> **해설**
> ① 허가받은 목적대로 이용하고 있지 아니한 토지 ② 1개월
> ③ 선매자는 통지받은 날부터 15일 이내에 선매협의를 해야 하고, 통지받은 날부터 1개월 이내에 토지소유자와 선매협의를 끝내야 한다.
> ④ 감정가격
> ⑤ 허가관청은 선매협의가 이루어지지 아니한 경우에는 지체 없이 허가 또는 불허가의 여부를 결정하여 통보해야 한다.

10 부동산 거래신고 등에 관한 법령상 토지거래계약의 허가 등에 관한 설명으로 **틀린** 것은?

제23회 일부 수정

① 토지거래계약의 허가를 받으려는 자는 그 허가신청서에 계약내용과 그 토지의 이용계획, 취득자금 조달계획 등을 적어 시장 · 군수 또는 구청장에게 제출하여야 한다.

② 「민원 처리에 관한 법률」에 따른 처리기간에 허가증의 발급 또는 불허가처분 사유의 통지가 없거나 선매 협의 사실의 통지가 없는 경우에는, 그 기간이 끝난 날의 다음 날에 토지거래계약의 허가가 있는 것으로 본다.

③ 토지거래계약의 불허가처분에 이의가 있는 자는 그 처분을 받은 날부터 1개월 이내에 시장 · 군수 또는 구청장에게 이의를 신청할 수 있다.

④ 선매자로 지정된 자는 지정 통지를 받은 날부터 15일 이내에 토지 소유자와 선매협의를 끝내야 한다.

⑤ 시장 · 군수 또는 구청장은 허가받은 목적대로 토지를 이용하지 아니한 자에 대하여 최초의 이행명령이 있었던 날을 기준으로 하여 1년에 한 번씩 그 이행명령이 이행될 때까지 반복하여 이행강제금을 부과 · 징수할 수 있다.

11 부동산 거래신고 등에 관한 법령상 토지거래의 허가 등에 관한 설명으로 옳은 것은?

제27회

① 도시지역 외의 지역에 있는 허가구역에서 900m²의 임야를 매매하는 경우에는 허가를 요하지 아니한다.

② 시 · 도지사는 허가구역으로 지정하려면 시 · 도도시계획위원회의 심의 전에 시장 · 군수 또는 구청장의 의견을 들어야 한다.

③ 허가구역의 지정은 이를 공고하고 일반이 열람할 수 있는 날이 끝난 날부터 5일 후에 그 효력이 발생한다.

④ 허가구역이 동일한 시 · 군 또는 구 안의 일부지역인 경우에는 시장 · 군수 또는 구청장이 허가구역을 지정한다.

⑤ 토지거래계약에 대해 불허가처분을 받은 매도인은 그 처분을 받은 날부터 3개월 이내에 시장 · 군수 또는 구청장에게 이의를 신청할 수 있다.

해설

② 지정: 심의(O) 의견(×) ③ 지정을 공고한 날부터 5일 후

④ 허가구역이 둘 이상의 시 · 도의 관할 구역에 걸쳐 있는 경우에는 국토교통부장관이 지정하며, 허가구역이 동일한 시 · 도 안의 일부지역인 경우에는 시 · 도지사가 지정함이 원칙이다.

⑤ 1개월

정답 08 ④ 09 ③ 10 ④ 11 ①

12 부동산 거래신고 등에 관한 법령상 이행강제금에 대하여 개업공인중개사가 중개의 뢰인에게 설명한 내용으로 옳은 것은? 　　　　제30회

① 군수는 최초의 의무이행위반이 있었던 날을 기준으로 1년에 한 번씩 그 이행 명령이 이행될 때까지 반복하여 이행강제금을 부과·징수할 수 있다.

② 시장은 토지의 이용 의무기간이 지난 후에도 이행명령 위반에 대해서는 이행 강제금을 반복하여 부과할 수 있다.

③ 시장·군수 또는 구청장은 이행명령을 받은 자가 그 명령을 이행하는 경우라 도 명령을 이행하기 전에 이미 부과된 이행강제금은 징수하여야 한다.

④ 토지거래계약허가를 받아 토지를 취득한 자가 직접 이용하지 아니하고 임대 한 경우에는 토지 취득가액의 100분의 10에 상당하는 금액을 이행강제금으로 부과한다.

⑤ 이행강제금 부과처분을 받은 자가 국토교통부장관에게 이의를 제기하려는 경우에는 부과처분을 고지받은 날부터 15일 이내에 하여야 한다.

해설
① 최초의 이행명령이 있었던 날을 기준 ② 이용의무기간이 지난 후 부과× ④ 임대 7
⑤ 부과처분을 고지받은 날부터 <u>30일 이내에 허가관청</u>에 이의를 제기할 수 있다.

13 부동산 거래신고 등에 관한 법령상 토지거래허가구역 등에 관한 설명으로 옳은 것 을 모두 고른 것은? 　　　　제28회

> ㄱ. 허가구역의 지정은 그 지정을 공고한 날부터 5일 후에 그 효력이 발생한다.
> ㄴ. 「민사집행법」에 따른 경매의 경우에는 허가구역 내 토지거래에 대한 허 가의 규정은 적용하지 아니한다.
> ㄷ. 자기의 거주용 주택용지로 이용할 목적으로 토지거래계약을 허가받은 자는 대통령령으로 정하는 사유가 있는 경우 외에는 토지취득일부터 2년 간 그 토지를 허가받은 목적대로 이용해야 한다.
> ㄹ. 토지의 이용의무를 이행하지 않아 이행명령을 받은 자가 그 명령을 이행 하는 경우에는 새로운 이행강제금의 부과를 즉시 중지하고, 명령을 이행 하기 전에 이미 부과된 이행강제금을 징수해서는 안 된다.

① ㄱ, ㄴ　　　　　② ㄴ, ㄷ　　　　　③ ㄱ, ㄴ, ㄷ
④ ㄱ, ㄷ, ㄹ　　　　⑤ ㄱ, ㄴ, ㄷ, ㄹ

14 부동산 거래신고 등에 관한 법령상 신고포상금에 관한 설명으로 옳은 것은? 제30회

① 포상금의 지급에 드는 비용은 국고로 충당한다.

② 해당 위반행위에 관여한 자가 신고한 경우라도 신고포상금은 지급하여야 한다.

③ 익명으로 고발하여 고발인을 확인할 수 없는 경우에는 해당 신고포상금은 국고로 환수한다.

④ 부동산 등의 실제 거래가격을 거짓으로 신고한 자를 행정기관이 적발하기 전에 1건 고발한 경우 1천5백만원의 신고포상금을 받을 수 있다.

⑤ 신고관청 또는 허가관청으로부터 포상금 지급 결정을 통보받은 신고인은 포상금을 받으려면 국토교통부령으로 정하는 포상금 지급신청서를 작성하여 신고관청 또는 허가관청에 제출하여야 한다.

해설

① 시·군이나 구의 재원으로 충당한다.

②③ 포상금을 지급하지 아니할 수 있는 사유이다.

④ 부과되는 과태료의 100분의 20에 해당하는 금액을 지급하되 한도액은 1천만원으로 한다.

⑤ 위반행위 신고서 제출 ⇨ 신고(허가)관청은 포상금 지급여부 결정하여 통보 ⇨ 신고인(고발인)은 포상금 지급신청서 제출 ⇨ 신고(허가)관청은 접수한 날부터 2개월 이내 지급

15 부동산 거래신고 등에 관한 법령상 토지거래허가구역에 관한 설명으로 옳은 것은? 제31회

① 국토교통부장관은 토지의 투기적인 거래가 성행하는 지역에 대해서는 7년의 기간을 정하여 토지거래계약에 관한 허가구역을 지정할 수 있다.

② 시·도지사가 토지거래허가구역을 지정하려면 시·도도시계획위원회의 심의를 거쳐 인접 시·도지사의 의견을 들어야 한다.

③ 시·도지사가 토지거래허가구역을 지정한 때에는 이를 공고하고 그 공고내용을 국토교통부장관, 시장·군수 또는 구청장에게 통지하여야 한다.

④ 허가구역의 지정은 허가구역의 지정을 공고한 날부터 3일 후에 효력이 발생한다.

⑤ 「국토의 계획 및 이용에 관한 법률」에 따른 도시지역 중 주거지역의 경우 200m² 이하의 토지에 대해서는 토지거래계약허가가 면제된다.

해설

① 5년 이내 ② 지정: 심의(○) 의견(×)

④ 지정을 공고한 날부터 5일 후에 효력이 발생

⑤ 60m² 이하의 토지는 허가 면제

정답 12 ③ 13 ③ 14 ⑤ 15 ③

16 부동산 거래신고 등에 관한 법령상 이행강제금에 관한 설명으로 옳은 것은? 제31회

① 이행명령은 구두 또는 문서로 하며 이행기간은 3개월 이내로 정하여야 한다.

② 토지거래계약허가를 받아 토지를 취득한 자가 당초의 목적대로 이용하지 아니하고 방치하여 이행명령을 받고도 정하여진 기간에 이를 이행하지 아니한 경우, 시장·군수 또는 구청장은 토지 취득가액의 100분의 10에 상당하는 금액의 이행강제금을 부과한다.

③ 이행강제금 부과처분에 불복하는 경우 이의를 제기할 수 있으나, 그에 관한 명문의 규정을 두고 있지 않다.

④ 이행명령을 받은 자가 그 명령을 이행하는 경우 새로운 이행강제금의 부과를 즉시 중지하며, 명령을 이행하기 전에 부과된 이행강제금도 징수할 수 없다.

⑤ 최초의 이행명령이 있었던 날을 기준으로 1년에 두 번씩 그 이행명령이 이행될 때까지 반복하여 이행강제금을 부과·징수할 수 있다.

해설

① 이행명령은 문서로 하여야 하며, 이행기간은 3개월 이내로 정하여야 한다.

③ 이행강제금 부과처분을 받은 자가 허가관청에 이의를 제기하려는 경우에는 부과처분을 고지받은 날부터 30일 이내에 하여야 한다고 규정하고 있다.

④ 명령을 이행하기 전에 이미 부과된 이행강제금은 징수하여야 한다.

⑤ 최초의 이행명령이 있었던 날을 기준으로 하여 1년에 한 번씩 부과·징수할 수 있다.

17 부동산 거래신고 등에 관한 법령상 토지거래허가구역(이하 '허가구역'이라 함)에 관한 설명으로 옳은 것은? 　　　　　　　　　　　　　　　　　　제32회

① 시 · 도지사는 법령의 개정으로 인해 토지이용에 대한 행위제한이 강화되는 지역을 허가구역으로 지정할 수 있다.

② 토지의 투기적인 거래 성행으로 지가가 급격히 상승하는 등의 특별한 사유가 있으면 5년을 넘는 기간으로 허가구역을 지정할 수 있다.

③ 허가구역 지정의 공고에는 허가구역에 대한 축척 5만분의 1 또는 2만 5천분의 1의 지형도가 포함되어야 한다.

④ 허가구역을 지정한 시 · 도지사는 지체 없이 허가구역 지정에 관한 공고내용을 관할 등기소의 장에게 통지해야 한다.

⑤ 허가구역 지정에 이의가 있는 자는 그 지정이 공고된 날부터 1개월 내에 시장 · 군수 · 구청장에게 이의를 신청할 수 있다.

해설

① 법령의 제정 · 개정 또는 폐지나 그에 따른 고시 · 공고로 인하여 토지이용에 대한 행위제한이 완화되거나 해제되는 지역을 허가구역으로 지정할 수 있다.

③ 국토교통부장관 또는 시 · 도지사는 허가구역을 지정한 때에는 지체 없이 다음의 사항을 공고해야 한다.

　　㉠ 허가구역의 지정기간

　　㉡ 허가대상자, 허가대상 용도와 지목

　　㉢ 허가구역의 토지 소재지, 지번, 지목, 면적 및 용도지역

　　㉣ 허가구역에 대한 축척 5만분의 1 또는 2만 5천분의 1의 지형도

　　㉤ 허가 면제 대상 토지면적

④ 국토교통부장관은 허가구역의 지정 · 공고내용을 시 · 도지사를 거쳐 시장 · 군수 또는 구청장에게 통지해야 하고, 시 · 도지사는 국토교통부장관, 시장 · 군수 또는 구청장에게 통지해야 한다. 허가구역 지정 · 공고내용의 통지를 받은 시장 · 군수 또는 구청장은 지체 없이 그 공고내용을 그 허가구역을 관할하는 등기소의 장에게 통지하여야 하며, 지체 없이 그 사실을 7일 이상 공고하고 15일간 일반이 열람할 수 있도록 하여야 한다.

⑤ 허가구역 지정에 이의가 있더라도 이에 대해 이의를 신청할 수 있는 규정은 없다. 허가관청의 허가 또는 불허가 처분에 대하여 이의가 있는 자는 그 처분을 받은 날부터 1개월 이내에 시장 · 군수 또는 구청장에게 이의를 신청할 수 있다.

정답 　16 ② 　17 ③

18 부동산 거래신고 등에 관한 법령상 토지거래허가에 관한 내용으로 옳은 것은?

제32회

① 토지거래허가구역의 지정은 그 지정을 공고한 날부터 3일 후에 효력이 발생한다.

② 토지거래허가구역의 지정 당시 국토교통부장관 또는 시·도지사가 따로 정하여 공고하지 않은 경우, 「국토의 계획 및 이용에 관한 법률」에 따른 도시지역 중 녹지지역 안의 250m² 면적의 토지거래계약에 관하여는 허가가 필요 없다.

③ 토지거래계약을 허가받은 자는 대통령령으로 정하는 사유가 있는 경우 외에는 토지 취득일부터 10년간 그 토지를 허가받은 목적대로 이용해야 한다.

④ 허가받은 목적대로 토지를 이용하지 않았음을 이유로 이행강제금 부과처분을 받은 자가 시장·군수·구청장에게 이의를 제기하려면 그 처분을 고지받은 날부터 60일 이내에 해야 한다.

⑤ 토지거래허가신청에 대해 불허가처분을 받은 자는 그 통지를 받은 날부터 1개월 이내에 시장·군수·구청장에게 해당 토지에 관한 권리의 매수를 청구할 수 있다.

해설

① 허가구역의 지정은 지정권자가 허가구역의 지정을 공고한 날부터 5일 후에 그 효력이 발생한다.

② 국토교통부장관 또는 시·도지사가 따로 정하여 공고하지 않은 경우, 도시지역 중 녹지지역 안의 200m² 이하 면적의 토지거래계약에 관하여는 허가가 필요 없다.

③ 토지거래계약을 허가받은 자는 대통령령으로 정하는 사유가 있는 경우 외에는 5년의 범위에서 그 토지를 허가받은 목적대로 이용하여야 한다.

④ 이행강제금의 부과처분에 불복하는 자는 시장·군수 또는 구청장에게 이의를 제기할 수 있다. 이행강제금 부과처분을 받은 자가 이의를 제기하려는 경우에는 부과처분을 고지받은 날부터 30일 이내에 하여야 한다.

⑤ 불허가의 처분을 받은 자는 그 통지를 받은 날부터 1개월 이내에 시장·군수 또는 구청장에게 해당 토지에 관한 권리의 매수를 청구할 수 있다. 매수 청구를 받은 시장·군수 또는 구청장은 국가, 지방자치단체, 한국토지주택공사 등 중에서 매수할 자를 지정하며 매수할 자로 하여금 예산의 범위에서 공시지가를 기준으로 하여 해당 토지를 매수하게 하여야 한다.

19 부동산 거래신고 등에 관한 법령상 토지거래계약허가를 받아 취득한 토지를 허가받은 목적대로 이용하고 있지 않은 경우 시장 · 군수 · 구청장이 취할 수 있는 조치가 <u>아닌</u> 것은?

제32회

① 과태료를 부과할 수 있다.
② 토지거래계약허가를 취소할 수 있다.
③ 3개월 이내의 기간을 정하여 토지의 이용 의무를 이행하도록 문서로 명할 수 있다.
④ 해당 토지에 관한 토지거래계약 허가신청이 있을 때 국가, 지방자치단체, 한국토지주택공사가 그 토지의 매수를 원하면 이들 중에서 매수할 자를 지정하여 협의 매수하게 할 수 있다.
⑤ 해당 토지를 직접 이용하지 않고 임대하고 있다는 이유로 이행명령을 했음에도 정해진 기간에 이행되지 않은 경우, 토지 취득가액의 100분의 7에 상당하는 금액의 이행강제금을 부과한다.

해설

② 국토교통부장관, 시 · 도지사, 시장 · 군수 또는 구청장은 다음의 어느 하나에 해당하는 자에게 허가 취소 또는 그 밖에 필요한 처분을 하거나 조치를 명할 수 있다.
　㉠ 토지거래계약에 관한 허가 또는 변경허가를 받지 아니하고 토지거래계약 또는 그 변경계약을 체결한 자
　㉡ 부정한 방법으로 토지거래계약에 관한 허가를 받은 자
　㉢ 토지거래계약에 관한 허가를 받고 그 토지를 허가받은 목적대로 이용하지 아니한 자
③ 시장 · 군수 또는 구청장은 토지의 이용 의무를 이행하지 아니한 자에 대하여는 상당한 기간(이행명령은 3개월 이내의 기간을 정하여 문서로 하여야 한다)을 정하여 이용 의무를 이행하도록 명할 수 있다.
④ 시장 · 군수 또는 구청장은 공익사업용 토지 또는 허가를 받아 취득한 토지를 그 이용목적대로 이용하고 있지 아니한 토지에 대한 토지거래계약 허가신청이 있는 경우 국가, 지방자치단체, 한국토지주택공사, 공공기관 또는 공공단체가 그 매수를 원하는 경우에는 이들 중에서 해당 토지를 매수할 자(선매자)를 지정하여 그 토지를 협의 매수하게 할 수 있다.
⑤ 시장 · 군수 또는 구청장은 이행명령이 정하여진 기간에 이행되지 아니한 경우에는 토지 취득가액의 100분의 10의 범위에서 이행강제금을 부과하며, 직접 이용하지 아니하고 임대한 경우에는 취득가액의 100분의 7에 상당하는 금액의 이행강제금을 부과한다.

정답 　18 ⑤　19 ①

20 부동산 거래신고 등에 관한 법령상 신고포상금 지급대상에 해당하는 위반행위를 모두 고른 것은?　제32회

> ㄱ. 부동산 매매계약의 거래당사자가 부동산의 실제 거래가격을 거짓으로 신고하는 행위
> ㄴ. 부동산 매매계약에 관하여 개업공인중개사에게 신고를 하지 않도록 요구하는 행위
> ㄷ. 토지거래계약허가를 받아 취득한 토지를 허가받은 목적대로 이용하지 않는 행위
> ㄹ. 부동산 매매계약에 관하여 부동산의 실제 거래가격을 거짓으로 신고하도록 조장하는 행위

① ㄱ, ㄷ　　　　② ㄱ, ㄹ　　　　③ ㄴ, ㄹ
④ ㄱ, ㄴ, ㄷ　　⑤ ㄴ, ㄷ, ㄹ

해설

※ 시장·군수 또는 구청장은 다음에 해당하는 자를 관계 행정기관이나 수사기관에 신고하거나 고발한 자에게 예산의 범위에서 포상금을 지급할 수 있다.
1. 부동산 등의 실제 거래가격을 거짓으로 신고한 자 − 취득가액의 10% 이하의 과태료
2. 신고의무자가 아닌 자로서 부동산 등의 실제 거래가격을 거짓으로 신고한 자 − 취득가액의 10% 이하의 과태료
3. 부동산 등의 매매계약을 체결하지 아니하였음에도 불구하고 거짓으로 부동산 거래신고를 한 자 − 3천만원 이하의 과태료
4. 부동산 거래신고 후 해당 계약이 해제 등이 되지 아니하였음에도 불구하고 거짓으로 해제 등의 신고를 한 자 − 3천만원 이하의 과태료
5. 주택 임대차 계약의 보증금·차임 등 계약금액을 거짓으로 신고한 자 − 1백만원 이하의 과태료
6. 토지거래허가 또는 변경허가를 받지 아니하고 토지거래계약을 체결한 자 또는 거짓 그 밖의 부정한 방법으로 토지거래계약허가를 받은 자 − 2년 이하의 징역 또는 공시지가 100분의 30 이하의 벌금
7. 토지거래허가를 받아 취득한 토지에 대하여 허가받은 목적대로 이용하지 아니한 자 − 이행명령 및 이행강제금
※ 500만원 이하의 과태료(아아조외요) 사유 및 외국인 등의 과태료(300만 이하, 100만 이하) 사유는 포상금 지급대상인 위반행위에 포함되지 않는다.

21 부동산 거래신고 등에 관한 법령상 벌금 또는 과태료의 부과기준이 '계약 체결 당시의 개별공시지가에 따른 해당 토지가격' 또는 '해당 부동산 등의 취득가액'의 비율 형식으로 규정된 경우가 <u>아닌</u> 것은?

제32회

① 토지거래허가구역 안에서 허가 없이 토지거래계약을 체결한 경우

② 외국인이 「자연환경보전법」에 의한 생태·경관보전지역 내의 토지에 대해 부정한 방법으로 허가를 받아 토지취득계약을 체결한 경우

③ 토지거래허가구역 안에서 속임수나 그 밖의 부정한 방법으로 토지거래계약 허가를 받은 경우

④ 부동산매매계약을 체결한 거래당사자가 그 실제거래가격을 거짓으로 신고한 경우

⑤ 부동산매매계약을 체결한 후 신고 의무자가 아닌 자가 거짓으로 부동산거래 신고를 한 경우

해설

② 외국인 등이 허가구역 안에서 허가를 받지 아니하고 토지취득계약을 체결하거나 부정한 방법으로 허가를 받아 토지취득계약을 체결한 외국인 등은 2년 이하의 징역 또는 2천만원 이하의 벌금에 처한다.

①③ 토지거래허가구역 안에서 허가 또는 변경허가를 받지 아니하고 토지거래계약을 체결하거나, 속임수나 그 밖의 부정한 방법으로 토지거래계약 허가를 받은 자는 2년 이하의 징역 또는 는 <u>계약체결 당시의 개별공시지가에 따른 해당 토지가격의 100분의 30</u>에 해당하는 금액 이하의 벌금에 처한다.

④⑤ 신고의무자로서 부동산 거래신고를 거짓으로 한 자, 매매계약 체결 후 신고의무자가 아닌 자로서 거짓된 내용의 부동산거래신고를 한 자에 대하여는 <u>해당 부동산 등의 취득가액의 100분의 10</u> 이하의 과태료를 부과한다.

정답   20 ①   21 ②

22 부동산 거래신고 등에 관한 법령상 토지거래허가구역 등에 관한 설명으로 **틀린** 것은?

제33회

① 시장·군수 또는 구청장은 공익사업용 토지에 대해 토지거래계약에 관한 허가신청이 있는 경우, 한국토지주택공사가 그 매수를 원하는 경우에는 한국토지주택공사를 선매자(先買者)로 지정하여 그 토지를 협의 매수하게 할 수 있다.

② 국토교통부장관 또는 시·도지사는 허가구역의 지정 사유가 없어졌다고 인정되면 지체 없이 허가구역의 지정을 해제해야 한다.

③ 토지거래허가신청에 대해 불허가처분을 받은 자는 그 통지를 받은 날부터 1개월 이내에 시장·군수 또는 구청장에게 해당 토지에 관한 권리의 매수를 청구할 수 있다.

④ 허가구역의 지정은 허가구역의 지정을 공고한 날의 다음 날부터 그 효력이 발생한다.

⑤ 토지거래허가를 받으려는 자는 그 허가신청서에 계약내용과 그 토지의 이용계획, 취득자금 조달계획 등을 적어 시장·군수 또는 구청장에게 제출해야 한다.

23 부동산 거래신고 등에 관한 법령상 토지거래허가 등에 관한 설명으로 옳은 것은 모두 몇 개인가?

제33회

> ㄱ. 농지에 대하여 토지거래계약 허가를 받은 경우에는 「농지법」에 따른 농지전용허가를 받은 것으로 본다.
> ㄴ. 국세의 체납처분을 하는 경우에는 '허가구역 내 토지거래에 대한 허가'의 규정을 적용한다.
> ㄷ. 시장·군수는 토지 이용 의무기간이 지난 후에도 이행강제금을 부과할 수 있다.
> ㄹ. 토지의 소유권자에게 부과된 토지 이용에 관한 의무는 그 토지에 관한 소유권의 변동과 동시에 그 승계인에게 이전한다.

① 0개   ② 1개   ③ 2개
④ 3개   ⑤ 4개

해설
ㄱ. 농지취득자격증명
ㄴ. 국세 및 지방세의 체납처분 또는 강제집행을 하는 경우에는 토지거래계약의 허가에 대한 규정을 적용하지 아니한다.
ㄷ. 이용 의무기간이 지난 후에는 부과×

24 부동산 거래신고 등에 관한 법령상 이행강제금에 관한 설명이다. (   )에 들어갈 숫자로 옳은 것은?   제33회

> 시장·군수는 토지거래계약허가를 받아 토지를 취득한 자가 당초의 목적대로 이용하지 아니하고 방치한 경우 그에 대하여 상당한 기간을 정하여 토지의 이용 의무를 이행하도록 명할 수 있다. 그 의무의 이행기간은 (ㄱ)개월 이내로 정하여야 하며, 그 정해진 기간 내에 이행되지 않은 경우, 그 정해진 기간 내에 이행되지 않은 경우, 토지 취득가액의 100분의 (ㄴ)에 상당하는 금액의 이행강제금을 부과한다.

① ㄱ: 3, ㄴ: 7   ② ㄱ: 3, ㄴ: 10   ③ ㄱ: 6, ㄴ: 7
④ ㄱ: 6, ㄴ: 10   ⑤ ㄱ: 12, ㄴ: 15

25 부동산 거래신고 등에 관한 법령상 부동산정보체계의 관리 대상 정보로 명시된 것을 모두 고른 것은?   제33회

> ㄱ. 부동산 거래계약 등 부동산거래 관련 정보
> ㄴ. 「부동산등기 특별조치법」 제3조에 따른 검인 관련 정보
> ㄷ. 중개사무소의 개설등록에 관한 정보
> ㄹ. 토지거래계약의 허가 관련 정보

① ㄱ, ㄷ   ② ㄴ, ㄹ   ③ ㄱ, ㄴ, ㄹ
④ ㄴ, ㄷ, ㄹ   ⑤ ㄱ, ㄴ, ㄷ, ㄹ

해설
③ 국토교통부장관은 다음의 신고·허가·검증·검인·계약 등의 업무와 관련된 정보체계를 구축·운영할 수 있다.
1. 부동산거래 **신고** 정보
2. 주택 임대차 계약 **신고**, 변경 및 해제 신고 정보
3. 외국인 등의 부동산 취득·보유 **신고** 자료 및 관련 정보
4. 토지거래계약의 **허가** 관련 정보
5. **검증**체계 관련 정보
6. 「부동산등기 특별조치법」에 따른 **검인** 관련 정보
7. 부동산 거래**계약** 등 부동산거래 관련 정보

정답   22 ④   23 ②   24 ②   25 ③

26 부동산 거래신고 등에 관한 법령상 2년 이하의 징역 또는 계약 체결 당시의 개별 공시지가에 따른 해당 토지가격의 100분의 30에 해당하는 금액 이하의 벌금에 처해지는 자는? 제33회

① 신고관청의 관련 자료의 제출요구에도 거래대금 지급을 증명할 수 있는 자료를 제출하지 아니한 자

② 토지거래허가구역 내에서 토지거래계약허가를 받은 사항을 변경하려는 경우 변경허가를 받지 아니하고 토지거래계약을 체결한 자

③ 외국인이 경매로 대한민국 안의 부동산을 취득한 후 취득 신고를 하지 아니한 자

④ 개업공인중개사에게 부동산 거래신고를 하지 아니하게 한 자

⑤ 부동산의 매매계약을 체결한 후 신고 의무자가 아닌 자가 거짓으로 부동산 거래신고를 하는 자

> **해설**
> ① 거래대금 지급을 증명할 수 있는 자료를 제출하지 아니하거나 거짓으로 제출한 자 또는 그 밖의 필요한 조치를 이행하지 아니한 자: 3천만원 이하의 과태료
> ② 허가 또는 변경허가를 받지 아니하고 토지거래계약을 체결한 자 또는 거짓이나 그 밖의 부정한 방법으로 토지거래계약허가를 받은 자: 2년 이하 징역 또는 30% 이하 벌금
> ③ 외국인이 경매로 대한민국 안의 부동산을 취득한 후 취득 신고를 하지 아니한 자: 100만원 이하의 과태료
> ④ 개업공인중개사로 하여금 부동산 거래신고를 하지 아니하게 하거나 거짓된 내용을 신고하도록 요구한 자: 500만원 이하의 과태료
> ⑤ 부동산의 매매계약을 체결한 후 신고 의무자가 아닌 자가 거짓으로 부동산 거래신고를 하는 자: 취득가액의 100분의 10 이하의 과태료

27 부동산 거래신고 등에 관한 법령상 토지거래허가구역 등에 관한 설명으로 **틀린** 것은? (단, 거래당사자는 모두 대한민국 국적의 자연인임) 제34회

① 허가구역의 지정은 그 지정을 공고한 날부터 7일 후에 그 효력이 발생한다.
② 허가구역에 있는 토지거래에 대한 처분에 이의가 있는 자는 그 처분을 받은 날부터 1개월 이내에 시장·군수 또는 구청장에게 이의를 신청할 수 있다.
③ 허가구역에 있는 토지에 관하여 사용대차계약을 체결하는 경우에는 토지거래허가를 받을 필요가 없다.
④ 허가관청은 허가신청서를 받은 날부터 15일 이내에 허가 또는 불허가 처분을 하여야 한다.
⑤ 허가신청에 대하여 불허가 처분을 받은 자는 그 통지를 받은 날부터 1개월 이내에 시장·군수 또는 구청장에게 해당 토지에 관한 권리의 매수를 청구할 수 있다.

> **해설**
> ① 허가구역의 지정은 그 지정을 공고한 날부터 5일 후에 그 효력이 발생한다.
> ③ 사용대차계약은 무상으로 사용, 수익하게 하는 계약을 말하므로 토지거래계약의 허가대상이 아니다.

28 부동산 거래신고 등에 관한 법령상 포상금의 지급에 관한 설명으로 **틀린** 것을 모두 고른 것은? 제34회

> ㄱ. 가명으로 신고하여 신고인을 확인할 수 없는 경우에는 포상금을 지급하지 아니할 수 있다.
> ㄴ. 신고관청에 포상금지급신청서가 접수된 날부터 1개월 이내에 포상금을 지급하여야 한다.
> ㄷ. 신고관청은 하나의 위반행위에 대하여 2명 이상이 각각 신고한 경우에는 포상금을 균등하게 배분하여 지급한다.

① ㄱ   ② ㄱ, ㄴ   ③ ㄱ, ㄷ
④ ㄴ, ㄷ   ⑤ ㄱ, ㄴ, ㄷ

> **해설**
> ㄴ. 포상금 지급신청서가 접수된 날부터 2개월 이내
> ㄷ. 최초로 신고 또는 고발한 사람에게 포상금을 지급한다.

정답 26 ② 27 ① 28 ④

29 부동산 거래신고 등에 관한 법령상 토지거래허가구역(이하 "허가구역"이라 함)의 지정에 관한 설명으로 옳은 것은?   제35회

① 허가구역이 둘 이상의 시·도의 관할구역에 걸쳐 있는 경우 해당 시·도지사가 공동으로 지정한다.

② 토지의 투기적인 거래 성행으로 지가가 급격히 상승하는 등의 특별한 사유가 있으면 7년 이내의 기간을 정하여 허가구역을 지정할 수 있다.

③ 허가구역의 지정은 시장·군수 또는 구청장이 허가구역 지정의 통지를 받은 날부터 5일 후에 그 효력이 발생한다.

④ 허가구역 지정에 관한 공고 내용의 통지를 받은 시장·군수 또는 구청장은 지체 없이 그 공고 내용을 관할 등기소의 장에게 통지해야 한다.

⑤ 허가구역 지정에 관한 공고 내용의 통지를 받은 시장·군수 또는 구청장은 그 사실을 7일 이상 공고해야 하고, 그 공고 내용을 30일간 일반이 열람할 수 있도록 해야 한다.

해설

① 국토교통부장관이 지정 ② 5년 이내
③ 국토교통부장관 또는 시·도지사가 지정을 공고한 날부터 5일 후
⑤ 7일 이상 공고하고 15일간 일반이 열람

30 부동산 거래신고 등에 관한 법령상 '허가구역 내 토지거래에 대한 허가'의 규정이 적용되지 <u>않는</u> 경우를 모두 고른 것은?   제35회

> ㄱ. 「부동산 거래신고 등에 관한 법률」에 따라 외국인이 토지취득의 허가를 받은 경우
> ㄴ. 「공익사업을 위한 토지 등의 취득 및 보상에 관한 법률」에 따라 토지를 환매하는 경우
> ㄷ. 「한국농어촌공사 및 농지관리기금법」에 따라 한국농어촌공사가 농지의 매매를 하는 경우

① ㄱ   ② ㄴ   ③ ㄱ, ㄷ
④ ㄴ, ㄷ   ⑤ ㄱ, ㄴ, ㄷ

해설

토지거래허가의 면제사유를 고르는 문제이다.

31 개업공인중개사가 토지거래계약허가구역 내의 허가대상 토지매매를 중개하면서 당사자에게 설명한 내용으로 **틀린** 것은? (다툼이 있으면 판례에 의함) 제22회

① 이 매매계약은 관할관청의 허가를 받기 전에는 효력이 발생하지 않는다.

② 관할관청의 허가가 있기 전에는 매수인은 그 계약내용에 따른 대금의 지급의무가 없다.

③ 허가신청에 이르기 전에 매매계약을 일방적으로 철회하는 경우 상대방에게 일정한 손해액을 배상하기로 하는 약정은 그 효력이 없다.

④ 매도인이 허가신청절차에 협력하지 않으면, 매수인은 매도인에게 협력의무의 이행을 소로써 구할 수 있다.

⑤ 이 매매계약은 당사자 쌍방이 허가신청을 하지 아니하기로 의사표시를 명백히 한 때에는 확정적으로 무효가 된다.

해설

② 무효이므로 권리의 이전 또는 설정에 관한 어떠한 이행청구도 할 수 없다(90다12243).

③④ 일방이 허가신청절차에 대한 이행거절 의사를 분명히 하더라도 상대방은 소로서 협력의 이행을 청구할 수 있다(95다28236). 협력의무불이행을 이유로 손해배상청구 가능하며, 협력의무불이행에 대한 손해배상예정액을 약정할 수 있다(96다49933).

32 부동산 거래신고 등에 관한 법령상 토지거래허가구역 내의 토지매매에 관한 설명으로 옳은 것을 모두 고른 것은? (단, 법령상 특례는 고려하지 않으며, 다툼이 있으면 판례에 따름) 제34회

> ㄱ. 허가를 받지 아니하고 체결한 매매계약은 그 효력이 발생하지 않는다.
> ㄴ. 허가를 받기 전에 당사자는 매매계약상 채무불이행을 이유로 계약을 해제할 수 있다.
> ㄷ. 매매계약의 확정적 무효에 일부 귀책사유가 있는 당사자도 그 계약의 무효를 주장할 수 있다.

① ㄱ   ② ㄴ   ③ ㄱ, ㄷ

④ ㄴ, ㄷ   ⑤ ㄱ, ㄴ, ㄷ

해설

ㄴ. 무효 상태이므로 채무불이행을 이유로 계약을 해제할 수 없다(97다4357).

ㄷ. 허가규정을 위반한 자가 스스로 계약이 무효임을 주장하는 것이 신의성실의 원칙에 반하는 것은 아니다(97다33218).

정답 ▶ 29 ④   30 ⑤   31 ③   32 ③

박문각 공인중개사

중개실무

01 개업공인중개사가 중개의뢰인에게 중개대상물에 대하여 설명한 내용으로 옳은 것을 모두 고른 것은? (다툼이 있으면 판례에 따름)   제27회

> ㄱ. 토지의 소재지, 지목, 지형 및 경계는 토지대장을 통해 확인할 수 있다.
> ㄴ. 분묘기지권은 등기사항증명서를 통해 확인할 수 없다.
> ㄷ. 지적도상의 경계와 실제경계가 일치하지 않는 경우 특별한 사정이 없는 한 실제경계를 기준으로 한다.
> ㄹ. 동일한 건물에 대하여 등기부상의 면적과 건축물대장의 면적이 다른 경우 건축물대장을 기준으로 한다.

① ㄱ, ㄷ   ② ㄴ, ㄹ   ③ ㄱ, ㄴ, ㄷ
④ ㄱ, ㄷ, ㄹ   ⑤ ㄴ, ㄷ, ㄹ

해설

ㄱ. 경계는 토지대장을 통해 확인할 수 없고, 지적도나 임야도를 봐야 한다.

ㄷ. 어떤 토지가 1필지의 토지로 지적공부에 등록되면 그 소유권의 범위는 현실의 경계와 관계없이 공부상의 경계에 의하여 확정되는 것이다. 토지에 대한 매매는 특별한 사정이 없는 한 현실의 경계와 관계없이 지적공부상의 경계와 지적에 의하여 소유권의 범위가 확정된 토지를 매매 대상으로 하는 것으로 보아야 하고, 당사자들이 사실상의 경계대로 토지를 매매할 의사를 가지고 거래한 경우 등과 같이 특별한 사정이 있는 경우에 한하여 그 토지의 경계는 실제의 경계에 의하여야 한다(95다55597).

02 개업공인중개사가 토지를 중개하면서 분묘기지권에 대해 설명한 내용으로 **틀린 것**을 모두 고른 것은? (다툼이 있으면 판례에 의함) 제25회

> ㄱ. 장래의 묘소(가묘)는 분묘에 해당하지 않는다.
> ㄴ. 분묘의 특성상, 타인의 승낙 없이 분묘를 설치한 경우에도 즉시 분묘기지권을 취득한다.
> ㄷ. 평장되어 있어 객관적으로 인식할 수 있는 외형을 갖추고 있지 아니한 경우, 분묘기지권이 인정되지 아니한다.
> ㄹ. 분묘기지권의 효력이 미치는 범위는 분묘의 기지 자체에 한정된다.

① ㄱ, ㄷ   ② ㄴ, ㄹ   ③ ㄷ, ㄹ
④ ㄱ, ㄴ, ㄷ   ⑤ ㄱ, ㄴ, ㄹ

해설

ㄴ. 20년간 평온 · 공연하게 그 분묘의 기지를 점유한 때 분묘기지권을 취득한다.
ㄹ. 분묘의 기지 주위의 공지를 포함한 지역에까지 미친다.

03 甲이 丁소유의 X토지를 공유하고자 하는 乙과 丙에게 매매계약을 중개하였다. 다음 설명 중 옳은 것을 모두 고른 것은? (다툼이 있으면 판례에 의함) 제21회

> ㄱ. 乙의 지분이 2분의 1이고 다른 특약이 없는 경우, 乙이 X토지 전부를 사용 · 수익하고 있다면 丙은 乙에게 부당이득반환청구를 할 수 있다.
> ㄴ. 乙의 지분이 2분의 1이고 다른 특약이 없는 경우, 乙은 단독으로 공유물의 관리에 관한 사항을 결정할 수 없다.
> ㄷ. 乙의 지분이 3분의 2인 경우, 乙은 X토지의 특정된 부분을 배타적으로 사용하는 결정을 할 수 있다.
> ㄹ. 乙과 丙은 X토지를 5년 내에 분할하지 않을 것을 약정할 수 있다.

① ㄱ, ㄴ   ② ㄴ, ㄹ   ③ ㄱ, ㄴ, ㄹ
④ ㄴ, ㄷ, ㄹ   ⑤ ㄱ, ㄴ, ㄷ, ㄹ

해설

ㄱ. 공유자 중의 일부가 특정 부분을 배타적으로 점유 · 사용하고 있다면 다른 공유자들 중 지분은 있으나 사용 · 수익은 전혀 하지 않고 있는 자에 대하여는 그 자의 지분에 상응하는 부당이득을 하고 있다고 보아야 할 것이다(2000다13948).

정답 01 ②   02 ②   03 ⑤

04 X대지에 Y건물이 있고, X대지와 Y건물은 동일인의 소유이다. 개업공인중개사가 Y건물에 대해서만 매매를 중개하면서 중개의뢰인에게 설명한 내용으로 옳은 것을 모두 고른 것은? (다툼이 있으면 판례에 따름) 제30회

> ㄱ. Y건물에 대한 철거특약이 없는 경우, Y건물이 건물로서의 요건을 갖추었다면 무허가건물이라도 관습상의 법정지상권이 인정된다.
> ㄴ. 관습상의 법정지상권이 성립한 후 Y건물을 증축하더라도 구 건물을 기준으로 관습상의 법정지상권은 인정된다.
> ㄷ. Y건물 취득 시 Y건물을 위해 X대지에 대한 임대차계약을 체결하더라도 관습상의 법정지상권을 포기한 것은 아니다.
> ㄹ. 대지소유자가 Y건물만을 매도하여 관습상의 법정지상권이 인정되면 Y건물 매수인은 대지 소유자에게 지료를 지급할 의무가 없다.

① ㄱ, ㄴ   ② ㄴ, ㄷ   ③ ㄷ, ㄹ
④ ㄱ, ㄴ, ㄹ   ⑤ ㄱ, ㄷ, ㄹ

해설

ㄴ. 「민법」 제366조 소정의 법정지상권이나 관습상의 법정지상권이 성립한 후에 건물을 개축 또는 증축하는 경우는 물론 건물이 멸실되거나 철거된 후에 신축하는 경우에도 법정지상권은 성립한다. 다만 그 법정지상권의 범위는 구건물을 기준으로 하여 그 유지 또는 사용을 위하여 일반적으로 필요한 범위 내의 대지 부분에 한정된다(96다40080).

ㄷ. 동일인에게 속하였던 대지나 지상물 중 건물만을 매수하면서 대지에 관한 임대차계약을 체결하였다면 위 건물매수로 인하여 취득하게 될 관습상의 법정지상권을 포기하였다고 볼 것이다(91다1912).

ㄹ. 관습법상 법정지상권을 취득한 경우 건물의 매수인은 대지 소유자에게 지료를 지급할 의무가 있다.

05 개업공인중개사 甲의 중개로 丙이 乙소유의 X토지를 매수한 후 乙에게 계약금과 중도금을 지급하였다. 그 후 甲은 乙이 X토지를 丁에게 다시 매각한 사실을 알게 되었다. 甲의 설명으로 옳은 것을 모두 고른 것은? (다툼이 있으면 판례에 의함)

제24회

> ㄱ. 丁이 乙과 丙 사이의 매매계약이 있음을 미리 알았다는 사실만으로도 乙과 丁 사이의 매매계약은 무효가 된다.
> ㄴ. 특별한 사정이 없는 한, 乙은 丙으로부터 받은 계약금의 배액과 중도금을 반환하고 丙과의 매매계약을 해제할 수 있다.
> ㄷ. 특별한 사정이 없는 한, 丙과 丁 중에서 소유권이전등기를 먼저 하는 자가 X토지의 소유자가 된다.

① ㄱ   ② ㄴ   ③ ㄷ
④ ㄱ, ㄴ   ⑤ ㄴ, ㄷ

해설

ㄱ. 적극 가담하지 않는 한 유효하다.
ㄴ. 중도금이 지급된 후에는 특별한 사정이 없는 한 계약을 해제할 수 없다.

06 개업공인중개사가 X토지를 공유로 취득하고자 하는 甲, 乙에게 설명한 내용으로 옳은 것을 모두 고른 것은? (다툼이 있으면 판례에 따름)

제35회

> ㄱ. 甲의 지분이 1/2, 乙의 지분이 1/2인 경우, 乙과 협의 없이 X토지 전체를 사용·수익하는 甲에 대하여 乙은 X토지의 인도를 청구할 수 있다.
> ㄴ. 甲의 지분이 2/3, 乙의 지분이 1/3인 경우, 甲이 X토지를 임대하였다면 乙은 그 임대차의 무효를 주장할 수 없다.
> ㄷ. 甲의 지분이 1/3, 乙의 지분이 2/3인 경우, 乙은 甲의 동의 없이 X토지를 타인에게 처분할 수 없다.

① ㄱ   ② ㄴ   ③ ㄱ, ㄷ
④ ㄴ, ㄷ   ⑤ ㄱ, ㄴ, ㄷ

해설

ㄱ. 소수지분권자가 다른 공유자와 협의 없이 공유물의 전부 또는 일부를 독점적으로 점유·사용하고 있는 경우, 다른 소수지분권자는 공유물의 보존행위로서 공유물의 인도를 청구할 수는 없으며 자신의 지분권에 기초하여 공유물에 대한 방해 상태를 제거하거나 공동 점유를 방해하는 행위의 금지 등을 청구할 수 있다(2018다287522).

정답 ▶ 04 ①   05 ③   06 ④

07 개업공인중개사가 집합건물의 매매를 중개하면서 설명한 내용으로 틀린 것은? (다툼이 있으면 판례에 따름) 제32회

① 아파트 지하실은 특별한 사정이 없는 한 구분소유자 전원의 공용부분으로, 따로 구분소유의 목적이 될 수 없다.

② 전유부분이 주거 용도로 분양된 경우, 구분소유자는 정당한 사유 없이 그 부분을 주거 외의 용도로 사용해서는 안 된다.

③ 구분소유자는 구조상 구분소유자 전원의 공용에 제공된 건물 부분에 대한 공유지분을 그가 가지는 전유부분과 분리하여 처분할 수 없다.

④ 규약으로써 달리 정한 경우에도 구분소유자는 그가 가지는 전유부분과 분리하여 대지사용권을 처분할 수 없다.

⑤ 일부의 구분소유자만이 공용하도록 제공되는 것임이 명백한 공용부분은 그들 구분소유자의 공유에 속한다.

해설
구분소유자는 그가 가지는 전유부분과 분리하여 대지사용권을 처분할 수 없다. 다만, 규약으로써 달리 정한 경우에는 그러하지 아니하다.

08 개업공인중개사가 아파트를 매수하려는 의뢰인에게 「집합건물의 소유 및 관리에 관한 법률」의 내용에 관하여 설명한 것으로 옳은 것은? 제33회

① 전유부분이 속하는 1동의 건물의 설치 또는 보존의 흠으로 인하여 다른 자에게 손해를 입힌 경우, 그 흠은 공용부분에 존재하는 것으로 추정한다.

② 구분소유자는 그 전유부분을 개량하기 위하여 필요한 범위에서 다른 구분소유자의 전유부분의 사용을 청구할 수 없다.

③ 공용부분의 공유자가 공용부분에 관하여 다른 공유자에 대하여 가지는 채권은 그 특별승계인에 대하여 행사할 수 없다.

④ 대지 위에 구분소유권의 목적인 건물이 속하는 1동의 건물이 있을 때에는 그 대지의 공유자는 그 건물 사용에 필요한 범위의 대지에 대하여 분할을 청구할 수 있다.

⑤ 공용부분에 대한 공유자의 지분은 그가 가지는 전유부분의 처분에 따르지 않는다.

> **해설**
> ② 구분소유자는 그 전유부분이나 공용부분을 보존하거나 개량하기 위하여 필요한 범위에서 다른 구분소유자의 전유부분 또는 자기의 공유에 속하지 아니하는 공용부분의 사용을 청구할 수 있다. 이 경우 다른 구분소유자가 손해를 입었을 때에는 보상하여야 한다.
> ③ 공유자가 공용부분에 관하여 다른 공유자에 대하여 가지는 채권은 그 특별승계인에 대하여도 행사할 수 있다.
> ④ 대지 위에 구분소유권의 목적인 건물이 속하는 1동의 건물이 있을 때에는 그 대지의 공유자는 그 건물 사용에 필요한 범위의 대지에 대하여는 분할을 청구하지 못한다.
> ⑤ 공용부분에 대한 공유자의 지분은 그가 가지는 전유부분의 처분에 따른다.

09 개업공인중개사가 집합건물을 매수하려는 의뢰인에게 「집합건물의 소유 및 관리에 관한 법률」에 관하여 설명한 것으로 틀린 것은? (다툼이 있으면 판례에 따름)

제34회

① 전유부분이란 구분소유권의 목적인 건물부분을 말한다.
② 소유자가 기존 건물에 증축을 하고 기존 건물에 마쳐진 등기를 증축한 건물의 현황과 맞추어 1동의 건물로서 증축으로 인한 건물표시변경등기를 마친 경우, 그 증축 부분에 대해서는 구분소유권이 성립하지 않는다.
③ 구분소유자는 건물의 관리 및 사용에 관하여 구분소유자 공동의 이익에 어긋나는 행위를 하여서는 아니 된다.
④ 일부의 구분소유자만이 공용하도록 제공되는 것임이 명백한 공용부분은 그들 구분소유자의 공유에 속한다.
⑤ 일부공용부분의 관리에 관한 사항 중 구분소유자 전원에게 이해관계가 있는 사항은 그것을 공용하는 구분소유자만의 집회결의로써 결정한다.

> **해설**
> ② 소유자가 기존 건물에 증축을 한 경우에도 증축 부분이 구조상, 이용상의 독립성을 갖추었다는 사유만으로 당연히 구분소유권이 성립된다고 할 수는 없고, 소유자의 구분행위가 있어야 비로소 구분소유권이 성립된다고 할 것이며, 이 경우에 소유자가 기존 건물에 마쳐진 등기를 이와 같이 증축한 건물의 현황과 맞추어 1동의 건물로서 증축으로 인한 건물표시변경등기를 경료한 때에는 이를 구분건물로 하지 않고 그 전체를 1동의 건물로 하려는 의사였다고 봄이 상당하다(98다35020).
> ④ 공용부분은 구분소유자 전원의 공유에 속한다. 다만, 일부의 구분소유자만이 공용하도록 제공되는 것임이 명백한 공용부분(일부공용부분)은 그들 구분소유자의 공유에 속한다.
> ⑤ 일부공용부분의 관리에 관한 사항 중 <u>구분소유자 전원에게 이해관계가 있는 사항과 규약으로써 정한 사항은 구분소유자 전원의 집회결의로써 결정</u>하고, 그 밖의 사항은 그것을 공용하는 구분소유자만의 집회결의로써 결정한다.

정답 07 ④ 08 ① 09 ⑤

10 개업공인중개사가 구분소유권의 목적인 건물을 매수하려는 중개의뢰인에게「집합건물의 소유 및 관리에 관한 법률」에 관하여 설명한 내용으로 옳은 것은? 제35회

① 일부의 구분소유자만이 공용하도록 제공되는 것임이 명백한 공용부분도 구분소유자 전원의 공유에 속한다.

② 대지의 공유자는 그 대지에 구분소유권의 목적인 1동의 건물이 있을 때에도 그 건물 사용에 필요한 범위의 대지에 대해 분할을 청구할 수 있다.

③ 구분소유자는 공용부분을 개량하기 위해서 필요한 범위에서 다른 구분소유자의 전유부분의 사용을 청구할 수 있다.

④ 전유부분이 속하는 1동의 건물의 설치 또는 보존의 흠으로 인하여 다른 자에게 손해를 입힌 경우에는 그 흠은 전유부분에 존재하는 것으로 추정한다.

⑤ 대지사용권이 없는 구분소유자는 대지사용권자에게 대지사용권을 시가(時價)로 매도할 것을 청구할 수 있다.

> **해설**
>
> ① 공용부분은 구분소유자 전원의 공유에 속한다. 다만, 일부의 구분소유자만이 공용하도록 제공되는 것임이 명백한 공용부분(일부공용부분)은 그들 구분소유자의 공유에 속한다.
> ② 대지 위에 구분소유권의 목적인 건물이 속하는 1동의 건물이 있을 때에는 그 대지의 공유자는 그 건물 사용에 필요한 범위의 대지에 대하여는 분할을 청구하지 못한다.
> ③ 구분소유자는 그 전유부분이나 공용부분을 보존하거나 개량하기 위하여 필요한 범위에서 다른 구분소유자의 전유부분 또는 자기의 공유에 속하지 아니하는 공용부분의 사용을 청구할 수 있다. 이 경우 다른 구분소유자가 손해를 입었을 때에는 보상하여야 한다.
> ④ 전유부분이 속하는 1동의 건물의 설치 또는 보존의 흠으로 인하여 다른 자에게 손해를 입힌 경우에는 그 흠은 공용부분에 존재하는 것으로 추정한다.
> ⑤ 대지사용권을 가지지 아니한 구분소유자가 있을 때에는 그 전유부분의 철거를 청구할 권리를 가진 자는 그 구분소유자에 대하여 구분소유권을 시가(時價)로 매도할 것을 청구할 수 있다.

11 부동산 전자계약에 관한 설명으로 옳은 것은?
제30회

① 시·도지사는 부동산거래의 계약·신고·허가·관리 등의 업무와 관련된 정보체계를 구축·운영하여야 한다.

② 부동산 거래계약의 신고를 하는 경우 전자인증의 방법으로 신분을 증명할 수 없다.

③ 정보처리시스템을 이용하여 주택임대차계약을 체결하였더라도 해당 주택의 임차인은 정보처리시스템을 통하여 전자계약증서에 확정일자 부여를 신청할 수 없다.

④ 개업공인중개사가 부동산거래계약시스템을 통하여 부동산거래계약을 체결한 경우 부동산거래계약이 체결된 때에 부동산거래계약 신고서를 제출한 것으로 본다.

⑤ 거래계약서 작성시 확인·설명 사항이 「전자문서 및 전자거래 기본법」에 따른 공인전자문서센터에 보관된 경우라도 개업공인중개사는 확인·설명 사항을 서면으로 작성하여 보존하여야 한다.

해설

① 국토교통부장관은 효율적인 정보의 관리 및 국민편의 증진을 위하여 부동산거래의 계약·신고·허가·관리 등의 업무와 관련된 정보체계를 구축·운영할 수 있다.

② 부동산 거래신고를 전자문서로 하는 경우, 전자인증의 방법으로 신분을 증명할 수 있다.

③ 정보처리시스템을 이용하여 주택임대차계약을 체결한 경우 해당 주택의 임차인은 정보처리시스템을 통하여 전자계약증서에 확정일자 부여를 신청할 수 있다.

⑤ 개업공인중개사는 중개가 완성되어 거래계약서를 작성하는 때에는 확인·설명사항을 서면으로 작성하여, 거래당사자에게 교부하고 3년 동안 그 원본, 사본 또는 전자문서를 보존해야 한다. 다만, 확인·설명사항이 공인전자문서센터에 보관된 경우에는 그러하지 아니하다.

중개실무 관련 법령

01 개업공인중개사가 중개의뢰인에게 「부동산 실권리자명의 등기에 관한 법률」의 내용에 관하여 설명한 것으로 옳은 것을 모두 고른 것은? (다툼이 있으면 판례에 따름)

제33회

> ㄱ. 부동산의 위치와 면적을 특정하여 2인 이상이 구분소유하기로 하는 약정을 하고 그 구분소유자의 공유로 등기한 경우, 그 등기는 「부동산 실권리자명의 등기에 관한 법률」 위반으로 무효이다.
>
> ㄴ. 배우자 명의로 부동산에 관한 물권을 등기한 경우 조세 포탈, 강제집행의 면탈 또는 법령상 제한의 회피를 목적으로 하지 아니하는 경우 그 등기는 유효하다.
>
> ㄷ. 명의신탁자가 계약의 당사자가 되는 3자 간 등기명의신탁이 무효인 경우 명의신탁자는 매도인을 대위하여 명의수탁자 명의의 등기의 말소를 청구할 수 있다.

① ㄱ   ② ㄴ   ③ ㄱ, ㄷ
④ ㄴ, ㄷ   ⑤ ㄱ, ㄴ, ㄷ

해설

ㄱ. 부동산의 위치와 면적을 특정하여 2인 이상이 구분소유하기로 하는 약정을 하고, 그 구분소유자의 공유로 등기하는 경우는 이 법상 명의신탁약정에 해당하지 아니한다.

ㄷ. 매도인과 명의신탁자 사이의 매매계약은 유효하므로 명의신탁자는 매도인을 상대로 한 소유권이전등기 청구권을 갖는다. 그러므로 수탁자가 등기이전을 거부하는 경우 신탁자는 매도인을 대위하여 수탁자 명의 등기의 말소를 청구하고 매도인을 상대로 소유권이전등기를 청구할 수 있다.

02 공인중개사가 중개행위를 하면서 부동산 실권리자명의 등기에 관한 법령에 대하여 설명한 내용으로 옳은 것은? 제25회

① 위법한 명의신탁약정에 따라 수탁자명의로 등기한 명의신탁자는 5년 이하의 징역 또는 2억원 이하의 벌금에 처한다.

② 무효인 명의신탁약정에 따라 수탁자명의로 등기한 명의신탁자에게 해당 부동산 가액의 100분의 30에 해당하는 확정금액의 과징금을 부과한다.

③ 위법한 명의신탁의 신탁자라도 이미 실명등기를 하였을 경우에는 과징금을 부과하지 않는다.

④ 명의신탁을 이유로 과징금을 부과받은 자에게 과징금부과일부터 부동산평가액의 100분의 20에 해당하는 금액을 매년 이행강제금으로 부과한다.

⑤ 종교단체의 명의로 그 산하조직이 보유한 부동산에 관한 물권을 등기한 경우, 그 등기는 언제나 무효이다.

해설

② 100분의 30에 해당하는 금액의 범위에서

③ 명의신탁관계 종료 시점 또는 실명등기 시점의 부동산 가액을 기준으로 과징금을 부과한다.

④ 과징금 부과 후 1년 이내 실명등기× 10% 이행강제금, 또 다시 1년 이내 실명등기× 20% 이행강제금 부과

03 A주식회사는 공장부지를 확보하기 위하여 그 직원 甲과 명의신탁약정을 맺고, 甲은 2020. 6. 19. 개업공인중개사 乙의 중개로 丙 소유 X토지를 매수하여 2020. 8. 20. 甲 명의로 등기하였다. 이에 관한 설명으로 틀린 것은? (다툼이 있으면 판례에 따름) 제31회

① A와 甲 사이의 명의신탁약정은 丙의 선의, 악의를 묻지 아니하고 무효이다.

② 丙이 甲에게 소유권이전등기를 할 때 비로소 A와 甲 사이의 명의신탁약정 사실을 알게 된 경우 X토지의 소유자는 丙이다.

③ A는 甲에게 X토지의 소유권이전등기를 청구할 수 없다.

④ 이 X토지를 丁에게 처분하고 소유권이전등기를 한 경우 丁은 유효하게 소유권을 취득한다.

⑤ A와 甲의 명의신탁 약정을 丙이 알지 못한 경우, 甲은 X토지의 소유권을 취득한다.

해설

매매계약 체결 당시 매도인의 인식을 기준으로 판단. 매도인이 계약 체결 이후에 명의신탁약정 사실을 알게 되었다고 하더라도 계약과 등기의 효력에는 영향이 없다(2017다257715).

정답 01 ④   02 ①   03 ②

04 甲과 친구 乙은 乙을 명의수탁자로 하는 계약명의신탁약정을 하였고, 이에 따라 乙은 2017. 10. 17. 丙소유 X토지를 매수하여 乙명의로 등기하였다. 이 사안에서 개업공인중개사가 「부동산 실권리자명의 등기에 관한 법률」의 적용과 관련하여 설명한 내용으로 옳은 것을 모두 고른 것은? (다툼이 있으면 판례에 따름) 제28회

> ㄱ. 甲과 乙의 위 약정은 무효이다.
> ㄴ. 甲과 乙의 위 약정을 丙이 알지 못한 경우라면 그 약정은 유효하다.
> ㄷ. 甲과 乙의 위 약정을 丙이 알지 못한 경우, 甲은 X토지의 소유권을 취득한다.
> ㄹ. 甲과 乙의 위 약정을 丙이 안 경우, 乙로부터 X토지를 매수하여 등기한 丁은 그 소유권을 취득하지 못한다.

① ㄱ   ② ㄹ   ③ ㄱ, ㄴ
④ ㄴ, ㄷ   ⑤ ㄴ, ㄷ, ㄹ

해설
ㄴ. 甲과 乙의 명의신탁약정을 丙이 알지 못한 경우라도 명의신탁약정은 무효이다.
ㄷ. 명의신탁약정을 丙이 알지 못한 경우, 乙이 X토지의 소유권을 취득한다.
ㄹ. 乙 명의의 소유권이전등기는 무효이다. 그러나 乙로부터 X토지를 매수하여 등기한 제3자 丁은 선의·악의를 불문하고 소유권을 취득한다.

05 2023. 10. 7. 甲은 친구 乙과 X부동산에 대하여 乙을 명의수탁자로 하는 명의신탁약정을 체결하였다. 개업공인중개사가 이에 관하여 설명한 내용으로 옳은 것을 모두 고른 것은? (다툼이 있으면 판례에 따름) 제34회

> ㄱ. 甲과 乙 사이의 명의신탁약정은 무효이다.
> ㄴ. X부동산의 소유자가 甲이라면, 명의신탁약정에 기하여 甲에서 乙로 소유권이전등기가 마쳐졌다는 이유만으로 당연히 불법원인급여에 해당한다고 볼 수 없다.
> ㄷ. X부동산의 소유자가 丙이고 계약명의신탁이라면, 丙이 그 약정을 알았더라도 丙으로부터 소유권이전등기를 마친 乙은 유효하게 소유권을 취득한다.

① ㄱ   ② ㄴ   ③ ㄷ
④ ㄱ, ㄴ   ⑤ ㄱ, ㄴ, ㄷ

해설
ㄷ. 계약명의신탁에서 X부동산의 소유자인 매도인 丙이 甲과 乙의 명의신탁약정을 알고 있는 경우에는 丙과 乙의 매매계약 및 乙 명의로 된 소유권이전등기는 무효이다.

06 甲은 乙과 乙 소유의 X부동산의 매매계약을 체결하고, 친구 丙과의 명의신탁약정에 따라 乙로부터 바로 丙 명의로 소유권이전등기를 하였다. 이와 관련하여 개업공인중개사가 甲과 丙에게 설명한 내용으로 옳은 것을 모두 고른 것은? (다툼이 있으면 판례에 따름)

제30회

> ㄱ. 甲과 丙 간의 약정이 조세포탈, 강제집행의 면탈 또는 법령상 제한의 회피를 목적으로 하지 않은 경우 명의신탁약정 및 그 등기는 유효하다.
> ㄴ. 丙이 X부동산을 제3자에게 처분한 경우 丙은 甲과의 관계에서 횡령죄가 성립하지 않는다.
> ㄷ. 甲과 乙 사이의 매매계약은 유효하므로 甲은 乙을 상대로 소유권이전등기를 청구할 수 있다.
> ㄹ. 丙이 소유권을 취득하고 甲은 丙에게 대금 상당의 부당이득반환청구권을 행사할 수 있다.

① ㄱ, ㄷ   ② ㄱ, ㄹ   ③ ㄴ, ㄷ
④ ㄱ, ㄴ, ㄹ   ⑤ ㄴ, ㄷ, ㄹ

해설

乙을 매도인으로 하는 신탁자 甲과 수탁자 丙 간의 중간생략등기형이다.
ㄱ. 종중, 배우자, 종교단체의 특례에 해당하지 않으므로 명의신탁약정 및 수탁자 명의로 된 등기는 무효이다.
ㄴ. 명의신탁자는 신탁부동산의 소유권을 가지지 아니하고, 신탁자와 수탁자 사이에 위탁신임관계를 인정할 수도 없다. 따라서 명의수탁자가 신탁받은 부동산을 임의로 처분하여도 명의신탁자에 대한 관계에서 횡령죄가 성립하지 아니한다(2014도6992).
ㄹ. 丙이 소유권을 취득하고 甲은 丙에게 대금 상당의 부당이득 반환청구권을 행사할 수 있는 경우는 계약명의신탁이다.

정답   04 ①   05 ④   06 ③

07 2020. 10. 1. 甲과 乙은 甲소유의 X토지에 관해 매매계약을 체결하였다. 乙과 丙은 「농지법」상 농지소유제한을 회피할 목적으로 명의신탁 약정을 하였다. 그 후 甲은 乙의 요구에 따라 丙명의로 소유권이전등기를 마쳐주었다. 그 사정을 아는 개업공인중개사가 X토지의 매수의뢰인에게 설명한 내용으로 옳은 것을 모두 고른 것은? (다툼이 있으면 판례에 따름) 제32회

> ㄱ. 甲이 丙명의로 마쳐준 소유권이전등기는 유효하다.
> ㄴ. 乙은 丙을 상대로 매매대금 상당의 부당이득반환청구권을 행사할 수 있다.
> ㄷ. 乙은 甲을 대위하여 丙명의의 소유권이전등기의 말소를 청구할 수 있다.

① ㄱ   ② ㄴ   ③ ㄷ
④ ㄱ, ㄴ   ⑤ ㄴ, ㄷ

해설

甲을 X토지의 매도인으로 하는 명의신탁자 乙과 명의수탁자 丙 간의 중간생략등기형 명의신탁에 해당한다.

ㄱ. 명의수탁자 丙 명의의 소유권이전등기는 무효이다.

ㄴ. 3자 간 등기명의신탁에서 명의수탁자가 제3자에게 부동산을 매도하거나 부동산에 근저당권을 설정하는 등으로 처분행위를 하여 제3자가 부동산에 관한 권리를 취득하는 경우, 명의신탁자가 명의수탁자를 상대로 직접 부당이득반환을 청구할 수 있다(2018다284233). 그러나 위의 경우 수탁자 丙이 제3자에게 처분한 경우는 아니므로 乙은 丙을 상대로 매매대금 상당의 부당이득반환청구권을 행사할 수 없다.

ㄷ. 甲과 乙 간의 매매계약은 유효이므로 乙은 甲을 상대로 한 소유권이전등기 청구권을 갖는다. 그러므로 丙이 등기이전을 거부하는 경우 乙은 甲을 대위하여 丙 명의의 등기말소를 청구하고 甲을 상대로 소유권이전등기를 청구할 수 있다.

08 甲이 乙로부터 乙 소유의 X주택을 2020. 1. 매수하면서 그 소유권이전등기는 자신의 친구인 丙에게로 해 줄 것을 요구하였다(이에 대한 丙의 동의가 있었음). 乙로부터 X주택의 소유권이전등기를 받은 丙은 甲의 허락을 얻지 않고 X주택을 丁에게 임대하였고, 丁은 X주택을 인도받은 후 주민등록을 이전하였다. 그런데 丁은 임대차계약 체결 당시에 甲의 허락이 없었음을 알고 있었다. 이에 대하여 개업공인중개사가 丁에게 설명한 내용으로 틀린 것은? (다툼이 있으면 판례에 따름) 제35회

① 丙은 X주택의 소유권을 취득할 수 없다.

② 乙은 丙을 상대로 진정명의 회복을 위한 소유권이전등기를 청구할 수 있다.

③ 甲은 乙과의 매매계약을 기초로 乙에게 X주택의 소유권이전등기를 청구할 수 있다.

④ 丁은 甲 또는 乙에 대하여 임차권을 주장할 수 있다.

⑤ 丙은 丁을 상대로 임대차계약의 무효를 주장할 수 없지만, 甲은 그 계약의 무효를 주장할 수 있다.

해설

매도인 乙, 명의신탁자 甲, 명의수탁자 丙인 3자간 등기명의신탁(중간생략등기형)이다. 丙 명의의 등기는 무효이며 소유자는 乙이다. 신탁자 甲은 임차인 丁에게 대항할 수 없다.

명의수탁자로부터 명의신탁의 목적물인 주택을 임차하여 「주택임대차보호법」의 대항요건을 갖춘 임차인(丁)은 명의수탁자(丙)의 소유권이전등기가 말소됨으로써 등기명의를 회복한 매도인(乙)과 그로부터 다시 소유권이전등기를 마친 명의신탁자(甲)에 대하여 자신의 임차권을 대항할 수 있으며 이 경우 소유권이전등기를 마친 명의신탁자(甲)는 임대인의 지위를 승계한다(2021다210720).

09 개업공인중개사가 분묘가 있는 토지를 매수하려는 의뢰인에게 분묘기지권에 관해 설명한 것으로 옳은 것은? (다툼이 있으면 판례에 따름) 제33회

① 분묘기지권의 존속기간은 지상권의 존속기간에 대한 규정이 유추적용되어 30년 으로 인정된다.

② 「장사 등에 관한 법률」이 시행되기 전에 설치된 분묘의 경우 그 법의 시행 후에는 분묘기지권의 시효취득이 인정되지 않는다.

③ 자기 소유 토지에 분묘를 설치한 사람이 분묘이장의 특약 없이 토지를 양도 함으로써 분묘기지권을 취득한 경우, 특별한 사정이 없는 한 분묘기지권이 성 립한 때부터 지료지급의무가 있다.

④ 분묘기지권을 시효로 취득한 사람은 토지소유자의 지료지급청구가 있어도 지료지급의무가 없다.

⑤ 분묘가 멸실된 경우 유골이 존재하여 분묘의 원상회복이 가능한 일시적인 멸 실에 불과하여도 분묘기지권은 소멸한다.

> **해설**
>
> ① 분묘기지권의 존속기간은 당사자의 약정이 없는 경우에는 권리자가 분묘의 수호와 봉제사를 계속하는 한, 그 분묘가 존속하고 있는 동안은 분묘기지권은 존속한다.
>
> ② 「장사법」 시행(2001년) 후 토지소유자의 승낙 없이 설치된 분묘는 분묘기지권을 시효로 취 득할 수 없으나 동법 시행 전에 설치된 분묘는 시효취득할 수 있다.
>
> ④ 분묘기지권을 시효로 취득한 경우, 분묘기지권자는 토지소유자가 지료를 청구하면 그 청구 한 날부터의 지료를 지급할 의무가 있다(2017다228007).
>
> ⑤ 분묘가 멸실된 경우라고 하더라도 유골이 존재하여 분묘의 원상회복이 가능하여 일시적인 멸실에 불과하다면 분묘기지권은 소멸하지 않고 존속하고 있다고 해석함이 상당하다.

10 개업공인중개사가 「장사 등에 관한 법률」에 대해 중개의뢰인에게 설명한 것으로 틀린 것은? 제27회

① 개인묘지는 20m²를 초과해서는 안 된다.

② 매장을 한 자는 매장 후 30일 이내에 매장지를 관할하는 시장 등에게 신고해야 한다.

③ 가족묘지란 「민법」에 따라 친족관계였던 자의 분묘를 같은 구역 안에 설치하는 묘지를 말한다.

④ 시장 등은 묘지의 설치 · 관리를 목적으로 「민법」에 따라 설립된 재단법인에 한정하여 법인묘지의 설치 · 관리를 허가할 수 있다.

⑤ 설치기간이 끝난 분묘의 연고자는 설치기간이 끝난 날부터 1년 이내에 해당 분묘에 설치된 시설물을 철거하고 매장된 유골을 화장하거나 봉안해야 한다.

해설

개인묘지는 30m²를 초과해서는 안 된다.

11 개업공인중개사가 중개의뢰인에게 분묘가 있는 토지에 관하여 설명한 내용으로 틀린 것을 모두 고른 것은? (다툼이 있으면 판례에 따름) 제34회

ㄱ. 토지 소유자의 승낙에 의하여 성립하는 분묘기지권의 경우 성립 당시 토지 소유자와 분묘의 수호 · 관리자가 지료 지급의무의 존부에 관하여 약정을 하였다면 그 약정의 효력은 분묘 기지의 승계인에게 미치지 않는다.

ㄴ. 분묘기지권은 지상권 유사의 관습상 물권이다.

ㄷ. 「장사 등에 관한 법률」 시행일(2001. 1. 13.) 이후 토지 소유자의 승낙 없이 설치한 분묘에 대해서 분묘기지권의 시효취득을 주장할 수 있다.

① ㄱ   ② ㄷ   ③ ㄱ, ㄷ

④ ㄴ, ㄷ   ⑤ ㄱ, ㄴ, ㄷ

해설

ㄱ. 토지소유자의 승낙에 의하여 성립하는 분묘기지권의 경우, 성립 당시 토지 소유자와 분묘의 수호 · 관리자가 지료 지급의무의 존부나 범위 등에 관하여 약정을 하였다면 그 약정의 효력은 분묘 기지의 승계인에 대하여도 미친다.

ㄷ. 「장사법」 시행 후 토지 소유자의 승낙 없이 설치된 분묘는 분묘기지권을 시효로 취득할 수 없다.

정답   09 ③   10 ①   11 ③

12 개업공인중개사가 분묘와 관련된 토지에 관하여 매수의뢰인에게 설명한 내용으로 옳은 것은? (다툼이 있으면 판례에 의함) 제21회

① 가족묘지 안의 분묘 1기 및 그 시설물의 총면적은 합장하는 경우 $20m^2$까지 가능하다.

② 최종으로 연장 받은 설치기간이 종료한 분묘의 연고자는 설치기간 만료 후 2년 내에 분묘에 설치된 시설물을 철거해야 한다.

③ 평장의 경우에도 유골이 매장되어 있는 때에는 분묘기지권이 인정된다.

④ 토지소유자의 설치승낙을 받아 분묘를 설치한 경우에는 분묘기지권을 취득하지 못한다.

⑤ 토지소유자의 승낙 없이 타인 소유의 토지에 자연장을 한 자는 토지소유자에 대하여 시효취득을 이유로 자연장의 보존을 위한 권리를 주장할 수 없다.

해설

① 가족묘지, 종중·문중묘지 및 법인묘지 안의 분묘 1기 및 그 시설물의 총면적은 단분의 경우 $10m^2$(합장하는 경우 $15m^2$) 이내로 한다.

② 1년 ③ 인정× ④ 취득○

13 개업공인중개사가 분묘가 있는 토지에 관하여 중개의뢰인에게 설명한 내용으로 틀린 것은? (다툼이 있으면 판례에 의함) 제24회

① 문중자연장지를 조성하려는 자는 관할 시장 등의 허가를 받아야 한다.

② 남편의 분묘구역 내에 처의 분묘를 추가로 설치한 경우, 추가설치 후 30일 이내에 해당 묘지의 관할 시장 등에게 신고해야 한다.

③ 분묘기지권은 분묘의 수호와 봉사에 필요한 범위 내에서 타인의 토지를 사용할 수 있는 권리이다.

④ 분묘기지권은 특별한 사정이 없는 한, 분묘의 수호와 봉사가 계속되고 그 분묘가 존속하는 동안 인정된다.

⑤ 가족묘지의 면적은 $100m^2$ 이하여야 한다.

해설

① 가족자연장지, 종중·문중자연장지를 조성하려는 자는 시장 등에게 신고해야 한다.

② 개인묘지란 1기의 분묘 또는 해당 분묘에 매장된 자와 배우자관계에 있던 자의 분묘를 같은 구역 안에 설치하는 묘지를 말하므로, 개인묘지를 조성하고 30일 이내에 신고해야 한다.

14 개업공인중개사가 분묘가 있는 토지에 관하여 중개의뢰인에게 설명한 내용으로 **틀린** 것은? (다툼이 있으면 판례에 따름)　　　　　　　　　　　　　제29회

① 분묘기지권이 성립하기 위해서는 그 내부에 시신이 안장되어 있고, 봉분 등 외부에서 분묘의 존재를 인식할 수 있는 형태를 갖추고 있어야 한다.

② 분묘기지권이 인정되는 분묘가 멸실되었더라도 유골이 존재하여 분묘의 원상회복이 가능하고 일시적인 멸실에 불과하다면 분묘기지권은 소멸하지 않는다.

③ 「장사 등에 관한 법률」의 시행에 따라 그 시행일 이전의 분묘기지권은 존립근거를 상실하고, 그 이후에 설치된 분묘에는 분묘기지권이 인정되지 않는다.

④ 분묘기지권은 분묘의 기지 자체뿐만 아니라 분묘의 설치 목적인 분묘의 수호와 제사에 필요한 범위 내에서 분묘 기지 주위의 공지를 포함한 지역까지 미친다.

⑤ 분묘기지권은 권리자가 의무자에 대하여 그 권리를 포기하는 의사표시를 하는 외에 점유까지도 포기해야만 그 권리가 소멸하는 것은 아니다.

해설

법 시행 전에 승낙 없이 설치된 분묘는 현재 분묘기지권을 시효로 취득하는 것이 가능하며 기존의 분묘기지권도 그 효력이 그대로 유지된다.

15 분묘가 있는 토지에 관하여 개업공인중개사가 중개의뢰인에게 설명한 내용으로 **틀린** 것은? (다툼이 있으면 판례에 따름)　　　　　　　　　　　제32회

① 분묘기지권은 등기사항증명서를 통해 확인할 수 없다.

② 분묘기지권은 분묘의 설치 목적인 분묘의 수호와 제사에 필요한 범위 내에서 분묘 기지 주위의 공지를 포함한 지역에까지 미친다.

③ 분묘기지권이 인정되는 경우 분묘가 멸실되었더라도 유골이 존재하여 분묘의 원상회복이 가능하고 일시적인 멸실에 불과하다면 분묘기지권은 소멸하지 않는다.

④ 분묘기지권에는 그 효력이 미치는 범위 안에서 새로운 분묘를 설치할 권능은 포함되지 않는다.

⑤ 甲이 자기 소유 토지에 분묘를 설치한 후 그 토지를 乙에게 양도하면서 분묘를 이장하겠다는 특약을 하지 않음으로써 甲이 분묘기지권을 취득한 경우, 특별한 사정이 없는 한 甲은 분묘의 기지에 대한 토지사용의 대가로서 지료를 지급할 의무가 없다.

정답　12 ⑤　13 ①　14 ③　15 ⑤

16 개업공인중개사가 묘지를 설치하고자 토지를 매수하려는 중개의뢰인에게 장사 등에 관한 법령에 관하여 설명한 내용으로 틀린 것은? 제34회

① 가족묘지는 가족당 1개소로 제한하되, 그 면적은 100m² 이하여야 한다.

② 개인묘지란 1기의 분묘 또는 해당 분묘에 매장된 자와 배우자 관계였던 자의 분묘를 같은 구역 안에 설치하는 묘지를 말한다.

③ 법인묘지에는 폭 4m 이상의 도로와 그 도로로부터 각 분묘로 통하는 충분한 진출입로를 설치하여야 한다.

④ 화장한 유골을 매장하는 경우 매장 깊이는 지면으로부터 30cm 이상이어야 한다.

⑤ 「민법」에 따라 설립된 사단법인은 법인묘지의 설치 허가를 받을 수 없다.

> **해설**
> ③ 법인묘지에는 폭 5m 이상의 도로와 그 도로로부터 각 분묘로 통하는 충분한 진출입로를 설치하고, 주차장을 마련하여야 한다.
> ⑤ 시장 등은 묘지의 설치·관리를 그 목적으로 「민법」에 의하여 설립된 재단법인에 한하여 법인묘지의 설치·관리를 허가 할 수 있다.

17 개업공인중개사가 토지를 매수하려는 중개의뢰인에게 분묘기지권에 관하여 설명한 내용으로 옳은 것을 모두 고른 것은? (다툼이 있으면 판례에 따름) 제35회

> ㄱ. 분묘기지권을 시효취득한 사람은 시효취득한 때부터 지료를 지급할 의무가 발생한다.
> ㄴ. 특별한 사정이 없는 한 분묘기지권자가 분묘의 수호와 봉사를 계속하는 한 그 분묘가 존속하는 동안은 분묘기지권이 존속한다.
> ㄷ. 분묘기지권을 취득한 자는 그 분묘기지권의 등기 없이도 그 분묘가 설치된 토지의 매수인에게 대항할 수 있다.

① ㄴ   ② ㄱ, ㄴ   ③ ㄱ, ㄷ
④ ㄴ, ㄷ   ⑤ ㄱ, ㄴ, ㄷ

> **해설**
> ㄱ. 시효취득한 경우에는 토지소유자가 지료를 청구한 날부터 지료를 지급해야 한다.
> ㄷ. 분묘기지권 취득 후 토지가 매매된 경우 분묘기지권자는 토지의 매수인에게 대항할 수 있다.

18 토지를 매수하여 사설묘지를 설치하려는 중개의뢰인에게 개업공인중개사가 장사 등에 관한 법령에 관하여 설명한 내용으로 옳은 것은?　제35회

① 개인묘지를 설치하려면 그 묘지를 설치하기 전에 해당 묘지를 관할하는 시장 등에게 신고해야 한다.
② 가족묘지를 설치하려면 해당 묘지를 관할하는 시장 등의 허가를 받아야 한다.
③ 개인묘지나 가족묘지의 면적은 제한을 받지만, 분묘의 형태나 봉분의 높이는 제한을 받지 않는다.
④ 분묘의 설치기간은 원칙적으로 30년이지만, 개인묘지의 경우에는 3회에 한하여 그 기간을 연장할 수 있다.
⑤ 설치기간이 끝난 분묘의 연고자는 그 끝난 날부터 1개월 이내에 해당 분묘에 설치된 시설물을 철거하고 매장된 유골을 화장하거나 봉안해야 한다.

해설
① 설치 후 30일 이내 신고
③ 분묘의 형태는 봉분, 평분 또는 평장으로 하되, 봉분의 높이는 지면으로부터 1m, 평분의 높이는 50cm 이하여야 한다.
④ 1회에 한하여 연장이 가능하며 연장기간은 30년으로 해야 한다. ⑤ 1년 이내에

19 주택임대차에 관한 개업공인중개사의 설명 중 **틀린** 것은? (다툼이 있으면 판례에 의함)　제18회

① 임차인은 「주택임대차보호법」에 따른 임차권등기명령에 의한 임차권등기 이후에는 이사를 가더라도 이미 취득한 대항력 및 우선변제권을 상실하지 않는다.
② 일시사용을 위한 임대차임이 명백한 경우에는 「주택임대차보호법」이 적용되지 않는다.
③ 확정일자 없이 대항요건만을 갖춘 임차인은 임차권등기명령에 의해 임차권등기가 경료되더라도 우선변제권을 취득하지 못한다.
④ 「주택임대차보호법」에 따라 임대차계약이 묵시적으로 갱신된 경우 임차인은 임대차계약의 존속기간이 2년이라고 주장할 수 있다.
⑤ 다가구용 단독주택을 임차하여 대항력을 취득한 후에 그 주택이 다세대주택으로 변경된 사정만으로는 임차인의 대항력이 상실하는 것은 아니다.

해설
등기 이전에 대항력이나 우선변제권을 취득하지 못하였던 임차인은 등기된 때 대항력과 우선변제권을 취득하며, 등기 당시 이미 우선변제권이나 대항력을 취득한 경우 그 대항력과 우선변제권은 그대로 유지된다.

정답 16 ③　17 ④　18 ②　19 ③

20 개업공인중개사 甲의 중개로 丙은 2018. 10. 17. 乙소유의 용인시 소재 X주택에 대하여 보증금 5,000만원에 2년 기간으로 乙과 임대차계약을 체결하고, 계약 당일 주택의 인도와 주민등록 이전, 임대차계약증서상의 확정일자를 받았다. 이 임차권등기명령을 신청하는 경우 주택임대차보호법령의 적용에 관한 甲의 설명으로 옳은 것은?   제31회

① 丙은 임차권등기명령 신청서에 신청의 취지와 이유를 적어야 하지만, 임차권 등기의 원인이 된 사실을 소명할 필요는 없다.

② 丙이 임차권등기와 관련하여 든 비용은 乙에게 청구할 수 있으나, 임차권등기 명령 신청과 관련하여 든 비용은 乙에게 청구할 수 없다.

③ 임차권등기명령의 집행에 따른 임차권등기를 마치면 丙은 대항력을 유지하지만 우선변제권은 유지하지 못한다.

④ 임차권등기명령의 집행에 따른 임차권등기 후에 丙이 주민등록을 서울특별시로 이전한 경우 대항력을 상실한다.

⑤ 임차권등기명령의 집행에 따라 임차권등기가 끝난 X주택을 임차한 임차인 丁은 소액보증금에 관한 최우선변제를 받을 권리가 없다.

> **해설**
> ① 소명해야 한다.
> ② 임차권등기 신청비용 및 등기와 관련된 비용 모두 청구할 수 있다.
> ③ 기존의 대항력과 우선변제권이 유지된다.
> ④ 임차권등기 이후에는 대항요건을 상실하더라도 이미 취득한 대항력과 우선변제권을 상실하지 않는다.

21 주택임대차에 관한 개업공인중개사의 설명으로 옳은 것은? (다툼이 있으면 판례에 의함)   제19회

① 차임 등의 증액청구에 대한 제한규정은 임대차계약이 종료된 후 재계약을 하는 경우에도 적용된다.

② 자연인인 임차인에 한하여 「주택임대차보호법」에 의한 보호를 받는다.

③ 임차권등기명령에 의한 임차권등기가 첫 경매개시결정등기 전에 이루어진 경우, 임차인은 별도의 배당요구를 하지 않아도 당연히 배당받을 채권자에 속한다.

④ 임대인이 계약해제로 인하여 주택의 소유권을 상실하게 되었다면, 임차인이 그 계약이 해제되기 전에 대항력을 갖춘 경우에는 새로운 소유자에게 대항할 수 없다.

⑤ 일시사용을 위한 임대차임이 명백한 경우에도 「주택임대차보호법」이 적용된다.

해설

① 20분의 1 증액청구 제한은 임대차계약의 존속중 당사자 일방이 약정한 차임 등의 증감을 청구한 때에 한하여 적용되고, 임대차계약이 종료된 후 재계약을 하거나 또는 임대차계약 종료 전이라도 당사자의 합의로 차임 등이 증액된 경우에는 적용되지 않는다(93다30532).

③ 한국토지주택공사, 주택사업을 목적으로 설립된 지방공사, 「중소기업기본법」에 따른 중소기업은 「주임법」에 따라 대항력을 취득할 수 있는 법인이다.

④ <u>소유권을 취득하였다가 계약해제로 인하여 소유권을 상실하게 된 임대인으로부터 그 계약이 해제되기 전에 주택을 임차 받아 주택의 인도와 주민등록을 마침으로써 대항요건을 갖춘 임차인은 자신의 임차권을 새로운 소유자에게 대항할 수 있다(2003다12717).</u>

⑤ 일시사용을 위한 임대차임이 명백한 경우 적용되지 않는다.

22 개업공인중개사가 주택을 임차하려는 의뢰인에게 「주택임대차보호법」 관련 내용을 설명한 것으로 옳은 것은 모두 몇 개인가? (다툼이 있으면 판례에 의함) 제20회

> ㄱ. 이행지체에 빠진 임대인의 보증금반환의무는 임차권등기명령에 의하여 등기된 임차권등기의 말소의무보다 먼저 이행되어야 한다.
>
> ㄴ. 대항력을 유지하기 위한 요건으로서의 주민등록은 임차인뿐만 아니라 그 자녀의 주민등록도 유효하다.
>
> ㄷ. 계약기간을 1년으로 정한 경우 임대인이 2년을 주장하더라도 임차인은 1년으로 항변할 수 있다.
>
> ㄹ. 임차인은 선순위의 저당권자에 의하여 경매가 이루어진 경우 보증금을 모두 변제받을 때까지 임차권의 존속을 주장할 수 있다.
>
> ㅁ. 임차인이 상속권자 없이 사망한 경우 그 주택에서 가정공동생활을 하던 사실상의 혼인관계에 있는 자는 임차인이 사망한 후 1개월 이내에 임대인에 대하여 반대의사를 표시하지 않는 한 임차인의 권리와 의무를 승계한다.

① 1개   ② 2개   ③ 3개
④ 4개   ⑤ 5개

해설

ㄱ. 임대인의 임대차보증금의 반환의무가 임차인의 임차권등기 말소의무보다 먼저 이행되어야 할 의무이다(2005다4529).

ㄹ. 임차인의 선순위 저당권자가 신청한 경매이므로 임차인은 대항력을 상실한다. ㄹ만 틀리다.

정답 20 ⑤   21 ③   22 ④

23 개업공인중개사가 甲 소유의 X주택을 乙에게 임대하는 임대차계약을 중개하면서 양 당사자에게 설명한 내용으로 옳은 것은? (다툼이 있으면 판례에 의함) 제21회

① 乙이 X주택의 일부를 주거 외의 목적으로 사용하면 「주택임대차보호법」의 적용을 받지 못한다.

② 임차권등기명령에 따라 등기되었더라도 X주택의 점유를 상실하면 乙은 대항력을 잃는다.

③ 乙이 X주택에 대한 대항력을 취득하려면 확정일자를 요한다.

④ 乙이 대항력을 취득한 후 X주택이 丙에게 매도되어 소유권이전등기가 경료된 다음에 乙이 주민등록을 다른 곳으로 옮겼다면 丙의 임차보증금반환채무는 소멸한다.

⑤ 乙이 경매를 통해 X주택의 소유권을 취득하면 甲과 乙 사이의 임대차계약은 원칙적으로 종료한다.

> **해설**
> ① 임차주택의 일부가 주거 외의 목적으로 사용되는 경우에도 보호를 받을 수 있다.
> ② 임차권등기 이후에는 대항요건을 상실하더라도 이미 취득한 대항력이나 우선변제권을 상실하지 아니한다.
> ③ 확정일자는 대항요건이 아니라 우선변제권의 취득 요건이다.
> ④ 乙이 대항력을 취득한 후 甲의 주택이 丙에게 이전된 경우이다. 이때 丙은 임대인의 지위를 승계하며, 보증금반환채무는 甲에서 丙으로 이전된다. 丙이 임대인의 지위를 승계한 후 乙이 대항요건을 상실한 경우이므로 丙의 보증금반환채무는 소멸하지 않는다.
> ⑤ 양수인에게 대항할 수 있는 임차인이 해당 임차주택을 경락받아 그 대금을 납부함으로써 임차주택의 소유권을 취득한 때에는, 그 임차인은 임대인의 지위를 승계하는 결과, 그 임대차계약에 기한 채권이 혼동으로 인하여 소멸하게 되므로 그 임대차는 종료된 상태가 된다(97다28650).

24 개업공인중개사가 주택임차 의뢰인에게 설명한 「주택임대차보호법」상 대항력의 내용으로 옳은 것은? (다툼이 있으면 판례에 의함) 제22회

① 2011년 9월 5일에 주택의 인도와 주민등록을 마친 임차인에게 대항력이 생기는 때는 2011년 9월 6일 오전 0시이다.

② 한 지번에 다가구용 단독주택 1동만 있는 경우 임차인이 전입신고시 그 지번만 기재하고 편의상 부여된 호수를 기재하지 않았다면 대항력을 취득하지 못한다.

③ 임차인이 전입신고를 올바르게 하고 입주했으나 공무원이 착오로 지번을 잘못 기재하였다면 정정될 때까지 대항력이 생기지 않는다.

④ 「중소기업기본법」에 따른 중소기업이 주택을 임차하면서 그 소속직원의 명의로 주민등록을 하고 확정일자를 구비한 경우 「주택임대차보호법」이 적용되지 않는다.

⑤ 임차인이 별도로 전세권설정등기를 마쳤다면 세대원 전원이 다른 곳으로 이사를 가더라도 이미 취득한 「주택임대차보호법」상의 대항력이 유지된다.

해설

② 단독주택의 경우 지번까지만 전입신고를 하면 대항력을 취득한다.

③ 임차인이 전입신고를 올바르게 하였다면 담당공무원의 착오로 주민등록표상에 지번이 틀리게 기재되었더라도 대항력은 인정된다.

④ 「중소기업기본법」에 따른 중소기업에 해당하는 법인이 소속 직원의 주거용으로 주택을 임차한 후 그 법인이 선정한 직원이 해당 주택을 인도받고 주민등록을 마쳤을 때에는 대항력을 취득한다.

⑤ 주택임차인이 그 지위를 강화하고자 별도로 전세권설정등기를 마친 경우, 주택임차인이 「주택임대차보호법」 제3조 제1항의 대항요건을 상실하면 이미 취득한 「주택임대차보호법」상의 대항력 및 우선변제권을 상실한다(2004다69741).

25 개업공인중개사가 임대인 甲과 임차인 乙 사이에 주택임대차계약을 중개하면서 그 계약의 갱신에 대하여 설명하고 있다. 「주택임대차보호법」상 ( )에 들어갈 내용으로 옳은 것은? 제24회

> • 乙이 임대차기간 종료 (ㄱ) 전까지 갱신거절의 통지를 하지 않은 경우, 그 기간 만료시에 전 임대차와 동일한 조건으로 묵시적 갱신이 된다.
> • 乙이 (ㄴ)의 차임액을 연체한 경우에는 묵시적 갱신이 허용되지 않는다.
> • 甲이 임대차기간 종료 (ㄷ) 전부터 (ㄹ) 전까지의 기간에 갱신거절의 통지를 하지 않은 경우, 그 기간 만료 시에 전 임대차와 동일한 조건으로 묵시적 갱신이 된다.
> • 묵시적 갱신이 된 후, 乙에 의한 계약해지의 통지는 甲이 그 통지를 받은 날로부터 (ㅁ)이 지나면 그 효력이 발생한다.

	(ㄱ)	(ㄴ)	(ㄷ)	(ㄹ)	(ㅁ)
①	1개월	2기	6개월	1개월	3개월
②	2개월	2기	6개월	2개월	3개월
③	1개월	3기	3개월	1개월	1개월
④	3개월	1기	3개월	1개월	3개월
⑤	3개월	2기	6개월	3개월	1개월

26 주택임대차계약에 대하여 개업공인중개사가 중개의뢰인에게 설명한 내용으로 틀린 것을 모두 고른 것은? (다툼이 있으면 판례에 의함) 제25회

> ㄱ. 임차인이 주택의 인도를 받고 주민등록을 마친 날과 제3자의 저당권설정 등기일이 같은 날이면 임차인은 저당권의 실행으로 그 주택을 취득한 매수인에게 대항하지 못한다.
> ㄴ. 임차인이 임차권등기를 통하여 대항력을 가지는 경우, 임차주택의 양수인은 임대인의 지위를 승계한 것으로 본다.
> ㄷ. 소액임차인의 최우선변제권은 주택가액(대지가액 포함)의 3분의 1에 해당하는 금액까지만 인정된다.
> ㄹ. 주택임대차계약이 묵시적으로 갱신된 경우, 임대인은 언제든지 임차인에게 계약해지를 통지할 수 있다.

① ㄱ, ㄴ   ② ㄴ, ㄹ   ③ ㄷ, ㄹ
④ ㄱ, ㄴ, ㄷ   ⑤ ㄱ, ㄷ, ㄹ

해설
ㄷ. 2분의 1 ㄹ. 임차인은 언제든지 임대인에게 계약해지를 통지할 수 있다.

27 개업공인중개사가 중개의뢰인에게 주택임대차보호법령에 대해 설명한 내용으로 틀린 것은? (다툼이 있으면 판례에 따름)   제26회

① 차임의 증액청구에 관한 규정은 임대차계약이 종료된 후 재계약을 하는 경우에는 적용되지 않는다.

② 확정일자는 확정일자번호, 확정일자 부여일 및 확정일자부여기관을 주택임대차계약증서에 표시하는 방법으로 부여한다.

③ 주택임차인이 그 지위를 강화하고자 별도로 전세권설정등기를 마쳤더라도 「주택임대차보호법」상 대항요건을 상실하면 이미 취득한 「주택임대차보호법」상 대항력 및 우선변제권을 상실한다.

④ 임차인이 다세대주택의 동·호수 표시 없이 그 부지 중 일부 지번으로만 주민등록을 한 경우, 대항력을 취득할 수 없다.

⑤ 「지방공기업법」에 따라 주택사업을 목적으로 설립된 지방공사는 「주택임대차보호법」상 대항력이 인정되는 법인이 아니다.

28 개업공인중개사가 보증금 1억 7천만원으로 주택임대차를 중개하면서 임차인에게 설명한 내용으로 옳은 것은? (다툼이 있으면 판례에 따름)   제27회

① 주택을 인도받고 주민등록을 마친 때에는 확정일자를 받지 않더라도 주택의 경매 시 후순위저당권자보다 우선하여 보증금을 변제받는다.

② 주택 소재지가 서울특별시인 경우 보증금 중 5,500만원에 대해서는 최우선변제권이 인정된다.

③ 다세대 주택인 경우 전입신고시 지번만 기재하고 동·호수는 기재하지 않더라도 대항력을 인정받는다.

④ 대항력을 갖춘 임차인이라도 저당권설정등기 이후 증액된 임차보증금에 관하여는 저당권에 기해 주택을 경락받은 소유자에게 대항할 수 없다.

⑤ 확정일자를 먼저 받은 후 주택의 인도와 전입신고를 하면 그 신고일이 저당권설정등기일과 같아도 임차인이 저당권자에 우선한다.

> **해설**
> ② 서울특별시의 경우 보증금 1억 6천500만원 이하인 임차인이 소액임차인이다.
> ④ 임차인이 대항력을 갖춘 후에 저당권이 설정되었고, <u>저당권 설정등기 이후에 증액된 보증금</u>에 대해서는 경매로 소유권을 취득한 매수인(경락인)에게 대항할 수 없다.
> ⑤ 확정일자를 4월 14일에 받고, 인도와 전입신고를 4월 15일에 했다면 대항력이 4월 16일 0시에 발생하므로 우선변제권도 대항력과 마찬가지로 4월 16일 0시에 발생한다. 저당권이 전입신고일과 같은 4월 15일에 등기되었으므로 저당권이 우선한다.

정답 ▶ 25 ② 26 ③ 27 ⑤ 28 ④

29 甲은 2017. 1. 28. 자기소유의 X주택을 2년간 乙에게 임대하는 계약을 체결하였다. 개업공인중개사가 이 계약을 중개하면서 「주택임대차보호법」과 관련하여 설명한 내용으로 옳은 것은?
제28회

① 乙은 「공증인법」에 따른 공증인으로부터 확정일자를 받을 수 없다.
② 乙이 X주택의 일부를 주거 외 목적으로 사용하면 「주택임대차보호법」이 적용되지 않는다.
③ 임대차계약이 묵시적으로 갱신된 경우, 甲은 언제든지 乙에게 계약해지를 통지할 수 있다.
④ 임대차 기간에 관한 분쟁이 발생한 경우, 甲은 주택임대차분쟁조정위원회에 조정을 신청할 수 없다.
⑤ 경제사정의 변동으로 약정한 차임이 과도하게 되어 적절하지 않은 경우, 임대차 기간 중 乙은 그 차임의 20분의 1의 금액을 초과하여 감액을 청구할 수 있다.

> **해설**
> ① 확정일자 부여기관: 읍·면사무소, 동 주민센터, 지방법원 및 그 지원, 등기소 또는 「공증인법」에 따른 공증인
> ④ 심의·조정 사항: 차임 또는 보증금의 증감 분쟁, 임대차 기간 분쟁, 보증금 또는 주택 반환 분쟁, 유지·수선 의무 분쟁

30 개업공인중개사가 중개의뢰인에게 「주택임대차보호법」을 설명한 내용으로 틀린 것은?
제29회

① 임차인이 임차주택에 대하여 보증금반환청구소송의 확정판결에 따라 경매를 신청하는 경우 반대의무의 이행이나 이행의 제공을 집행개시의 요건으로 하지 아니한다.
② 임차권등기명령의 집행에 따른 임차권등기가 끝난 주택을 그 이후에 임차한 임차인은 보증금 중 일정액을 다른 담보물권자보다 우선하여 변제받을 권리가 없다.
③ 임대차계약을 체결하려는 자는 임차인의 동의를 받아 확정일자부여기관에 해당 주택의 확정일자 부여일 정보의 제공을 요청할 수 있다.
④ 임차인이 상속인 없이 사망한 경우 그 주택에서 가정공동생활을 하던 사실상의 혼인 관계에 있는 자가 임차인의 권리와 의무를 승계한다.
⑤ 주택의 등기를 하지 아니한 전세계약에 관하여는 「주택임대차보호법」을 준용한다.

> **해설**
> 임대인의 동의

31 甲 소유의 X주택에 대하여 임차인 乙이 주택의 인도를 받고 2019. 6. 3. 10:00에 확정일자를 받으면서 주민등록을 마쳤다. 그런데 甲의 채권자 丙이 같은 날 16:00에, 다른 채권자 丁은 다음날 16:00에 X주택에 대해 근저당권설정등기를 마쳤다. 임차인 乙에게 개업공인중개사가 설명한 내용으로 옳은 것은? (다툼이 있으면 판례에 따름)　　　　　　　　　　　　　　　　　　　　　　　제30회

① 丁이 근저당권을 실행하여 X주택이 경매로 매각된 경우, 乙은 매수인에 대하여 임차권으로 대항할 수 있다.

② 丙 또는 丁 누구든 근저당권을 실행하여 X주택이 경매로 매각된 경우, 매각으로 인하여 乙의 임차권은 소멸한다.

③ 乙은 X주택의 경매시 경매법원에 배당요구를 하면 丙과 丁보다 우선하여 보증금 전액을 배당받을 수 있다.

④ X주택이 경매로 매각된 후 乙이 우선변제권 행사로 보증금을 반환받기 위해서는 X주택을 먼저 법원에 인도하여야 한다.

⑤ X주택에 대해 乙이 집행권원을 얻어 강제경매를 신청하였더라도 우선변제권을 인정받기 위해서는 배당요구의 종기까지 별도로 배당요구를 하여야 한다.

> **해설**
> ①②③ 1순위 근저당권 丙, 2순위 임차인 乙, 3순위 근저당권자 丁
> ⑤ 강제경매를 신청하였다면 대항력과 우선변제권 중 우선변제권을 선택하여 행사한 것으로 보아야 하므로, 별도로 배당요구를 해야 하는 것은 아니다(2013다27831).

32 개업공인중개사 甲의 중개로 乙과 丙은 丙소유의 주택에 관하여 임대차계약(이하 '계약'이라 함)을 체결하려 한다. 「주택임대차보호법」의 적용에 관한 甲의 설명으로 틀린 것은? (임차인 乙은 자연인임)　　　　　　　　　　　　제32회

① 乙과 丙이 임대차기간을 2년 미만으로 정한다면 乙은 그 임대차기간이 유효함을 주장할 수 없다.

② 계약이 묵시적으로 갱신되면 임대차의 존속기간은 2년으로 본다.

③ 계약이 묵시적으로 갱신되면 乙은 언제든지 丙에게 계약해지를 통지할 수 있고, 丙이 그 통지를 받은 날부터 3개월이 지나면 해지의 효력이 발생한다.

④ 乙이 丙에게 계약갱신요구권을 행사하여 계약이 갱신되면, 갱신되는 임대차의 존속기간은 2년으로 본다.

⑤ 乙이 丙에게 계약갱신요구권을 행사하여 계약이 갱신된 경우 乙은 언제든지 丙에게 계약해지를 통지할 수 있다.

> **정답** 　29 ⑤　　30 ③　　31 ②　　32 ①

33 개업공인중개사가 「주택임대차보호법」의 적용에 관하여 설명한 내용으로 틀린 것을 모두 고른 것은? (다툼이 있으면 판례에 따름) 제34회

> ㄱ. 주택의 미등기 전세계약에 관하여는 「주택임대차보호법」을 준용한다.
> ㄴ. 주거용 건물에 해당하는지 여부는 임대차목적물의 공부상의 표시만을 기준으로 정하여야 한다.
> ㄷ. 임차권등기 없이 우선변제청구권이 인정되는 소액임차인의 소액보증금 반환채권은 배당요구가 필요한 배당요구채권에 해당하지 않는다.

① ㄱ ② ㄴ ③ ㄱ, ㄷ
④ ㄴ, ㄷ ⑤ ㄱ, ㄴ, ㄷ

해설

ㄴ. 주거용 건물인지의 여부는 그 실제 용도에 따라 결정하여야 한다.
ㄷ. 소액임차인의 소액보증금반환채권은 현행법상 「민사집행법」에서 규정하는 배당요구가 필요한 배당요구채권에 해당한다(2001다70702).

34 甲의 저당권이 설정되어 있는 乙소유의 X주택을 丙이 임차하려고 한다. 개업공인중개사가 중개의뢰인 丙에게 임대차계약 체결 후 발생할 수 있는 상황에 관하여 설명한 내용으로 옳은 것은? (다툼이 있으면 판례에 따름) 제35회

① 丙이 X주택을 인도받고 그 주소로 동거하는 자녀의 주민등록을 이전하면 대항력이 인정되지 않는다.
② 丙이 부동산임대차 등기를 한 때에도 X주택을 인도받고 주민등록의 이전을 하지 않으면 대항력이 인정되지 않는다.
③ 乙이 보증금반환채권을 담보하기 위하여 丙에게 전세권을 설정해 준 경우, 乙은 丙의 전세권을 양수한 선의의 제3자에게 연체차임의 공제 주장으로 대항할 수 있다.
④ 丙이 「주택임대차보호법」상 최우선변제권이 인정되는 소액임차인인 때에도 甲의 저당권이 실행되면 丙의 임차권은 소멸한다.
⑤ 丙이 임대차계약을 체결한 후 丁이 X주택에 저당권을 설정 받았는데, 丁이 채권을 변제받지 못하자 X주택을 경매한 경우 甲의 저당권과 丙의 임차권은 매각으로 소멸하지 않는다.

해설

① 가족의 주민등록도 대항력 인정
② 임차권 등기를 하면 인도와 주민등록을 하지 않아도 대항력이 인정된다.
③ 전세권설정계약은 외관상 차임지급 약정이 존재하지 않아 전세금에서 연체차임이 공제되지 않는다. 따라서 제3자가 그 사정을 알고 있었던 경우 연체차임 공제를 주장할 수 있다(2020다257999).
⑤ 1순위 저당권 甲, 2순위 임차인 丙, 3순위 저당권 丁인 경우 매각으로 모두 소멸한다.

35 개업공인중개사가 중개의뢰인에게 「주택임대차보호법」상 계약갱신요구권에 관하여 설명한 것으로 옳은 것은? 제35회

① 임차인은 최초의 임대차기간을 포함한 전체 임대차기간이 10년을 초과하지 아니하는 범위에서 계약갱신요구권을 행사할 수 있다.

② 임차인뿐만 아니라 임대인도 계약갱신요구권을 행사할 수 있다.

③ 임차인이 계약갱신요구권을 행사하여 임대차계약이 갱신된 경우 임차인은 언제든지 임대인에게 계약해지를 통지할 수 있다.

④ 임차인이 계약갱신요구권을 행사하여 임대차계약이 갱신된 경우 임대인은 차임을 증액할 수 없다.

⑤ 임차인이 계약갱신요구권을 행사하려는 경우 계약기간이 끝난 후 즉시 이를 행사하여야 한다.

해설

① 1회만 행사할 수 있고 2년으로 본다. ② 임차인만 가능 ④ 20분의 1까지 증액 가능
⑤ 기간이 끝나기 6개월 전부터 2개월 전까지 행사

36 개업공인중개사가 보증금 1억원, 월차임 200만원에 상가건물의 임대차를 중개하면서, 임차인의 계약갱신요구권에 관하여 설명한 내용으로 옳은 것을 모두 고른 것은? 제23회

ㄱ. 임차인의 계약갱신요구권은 최초의 임대차기간을 포함한 전체 임대차기간이 5년을 초과하지 않는 범위에서만 행사할 수 있다.

ㄴ. 임대인의 동의를 받고 전대차계약을 체결한 전차인은 임차인의 계약갱신요구권 행사기간 이내에 임차인을 대위하여 임대인에게 계약갱신요구권을 행사할 수 있다.

ㄷ. 임차인이 임대인의 동의 없이 목적 건물의 전부 또는 일부를 전대한 경우에는 임대인은 임차인의 계약갱신요구를 거절할 수 있다.

ㄹ. 갱신되는 임대차는 전(前) 임대차와 동일한 조건으로 다시 계약된 것으로 보므로 차임과 보증금은 변경할 수 없다.

① ㄱ, ㄴ   ② ㄱ, ㄷ   ③ ㄴ, ㄷ
④ ㄴ, ㄹ   ⑤ ㄴ, ㄷ, ㄹ

해설

ㄱ. 10년

ㄹ. 갱신되는 임대차는 전 임대차와 동일한 조건으로 다시 계약된 것으로 보게 되나, 차임과 보증금은 100분의 5 범위 안에서 증액할 수 있다(환산보증금 이내인 경우).

정답   33 ④   34 ④   35 ③   36 ③

37 개업공인중개사가 중개의뢰인에게 「상가건물 임대차보호법」에 대해 설명한 내용으로 틀린 것은? 　　　　제26회

① 권리금 계약이란 신규임차인이 되려는 자가 임차인에게 권리금을 지급하기로 하는 계약을 말한다.
② 임차인의 차임연체액이 3기의 차임액에 달하는 때에는 임대인은 계약을 해지할 수 있다.
③ 국토교통부장관은 권리금에 대한 감정평가의 절차와 방법 등에 관한 기준을 고시할 수 있다.
④ 국토교통부장관은 법무부장관과 협의를 거쳐 권리금 계약을 체결하기 위한 표준권리금계약서를 정하여 그 사용을 권장할 수 있다.
⑤ 보증금이 전액 변제되지 아니한 대항력이 있는 임차권은 임차건물에 대하여 「민사집행법」에 따른 경매가 실시된 경우에 그 임차건물이 매각되면 소멸한다.

> **해설**
> 보증금이 전액 변제되지 아니한 대항력이 있는 임차권은 매수인으로부터 보증금을 모두 변제받을 때까지 소멸하지 않는다.

38 개업공인중개사가 보증금 5천만원, 월차임 1백만원으로 하여 상가건물 임대차보호법이 적용되는 상가건물의 임대차를 중개하면서 임차인에게 설명한 내용으로 옳은 것은? 　　　　제27회

① 임차인의 계약갱신요구권은 전체 임대차기간이 7년을 초과하지 아니하는 범위에서만 행사할 수 있다.
② 임대인의 차임증액청구가 인정되더라도 10만원까지만 인정된다.
③ 임차인의 차임연체액이 2백만원에 이르는 경우 임대인은 계약을 해지할 수 있다.
④ 상가건물이 서울특별시에 있을 경우 그 건물의 경매시 임차인은 2천 2백만원을 다른 담보권자보다 우선하여 변제받을 수 있다.
⑤ 임차인이 임대인의 동의 없이 건물의 전부를 전대한 경우 임대인은 임차인의 계약갱신요구를 거절할 수 있다.

> **해설**
> ② 5만원 ③ 300만원
> ④ 서울특별시에서 환산보증금 액수가 6,500만원 이하인 경우 소액임차인에 해당하며, 위 임차인의 환산보증금은 1억 5천만원이므로 소액임차인이 아니다.

39 개업공인중개사가 중개의뢰인에게 상가건물 임대차계약에 관하여 설명한 내용으로 틀린 것은?
제29회

① 임차인은 임차권등기명령의 신청과 관련하여 든 비용을 임대인에게 청구할 수 없다.

② 임대차계약의 당사자가 아닌 이해관계인은 관할 세무서장에게 임대인 · 임차인의 인적사항이 기재된 서면의 열람을 요청할 수 없다.

③ 임대인의 동의를 받고 전대차계약을 체결한 전차인은 임차인의 계약갱신요구권 행사기간 이내에 임차인을 대위하여 임대인에게 계약갱신요구권을 행사할 수 있다.

④ 임대차는 그 등기가 없는 경우에도 임차인이 건물의 인도와 법령에 따른 사업자등록을 신청하면 그 다음날부터 제3자에 대하여 효력이 생긴다.

⑤ 차임이 경제사정의 침체로 상당하지 않게 된 경우 당사자는 장래의 차임 감액을 청구할 수 있다.

> **해설**
> ② 임대차계약의 당사자가 아닌 이해관계인 또는 임대차계약을 체결하려는 자(임대인 동의 요함)는 세무서장에게 인적사항을 제외한 사항이 기재된 서면 열람 또는 교부를 요청할 수 있다.

40 甲과 乙은 2017. 1. 25. 서울특별시 소재 甲소유 X상가건물에 대하여 보증금 5억원, 월차임 500만원으로 하는 임대차계약을 체결한 후, 乙은 X건물을 인도받고 사업자등록을 신청하였다. 이 사안에서 개업공인중개사가 「상가건물 임대차보호법」의 적용과 관련하여 설명한 내용으로 틀린 것을 모두 고른 것은? (일시사용을 위한 임대차계약은 고려하지 않음)
제28회

> ㄱ. 甲과 乙이 계약기간을 정하지 않은 경우 그 기간을 1년으로 본다.
> ㄴ. 甲으로부터 X건물을 양수한 丙은 甲의 지위를 승계한 것으로 본다.
> ㄷ. 乙의 차임 연체액이 2기의 차임액에 달하는 경우 甲은 임대차계약을 해지할 수 있다.
> ㄹ. 乙은 사업자등록 신청 후 X건물에 대하여 저당권을 취득한 丁보다 경매절차에서 우선하여 보증금을 변제받을 권리가 있다.

① ㄷ   ② ㄱ, ㄹ   ③ ㄴ, ㄷ
④ ㄱ, ㄷ, ㄹ   ⑤ ㄴ, ㄷ, ㄹ

정답 ▸ 37 ⑤   38 ⑤   39 ①   40 ④

환산보증금 초과인 경우에 적용되는 규정 : 표준계약서, 3, 권, 대, 요
위 문제의 경우 보증금 5억원, 월차임 500만원이므로 환산보증금은 10억원이다. 환산보증금을
초과하는 경우이므로 위 5가지만 적용되고 나머지 「상가건물 임대차보호법」 규정은 적용되지
않는다.
ㄱ. 기간을 정하지 않았거나 1년 미만으로 정한 경우 임대차 기간을 1년으로 본다는 규정은 적
   용되지 않으므로 틀린 지문이다.
ㄴ. 대항력은 인정되므로 옳은 지문이다.
ㄷ. 차임 연체액이 3기의 차임액에 달하는 경우 임대인은 임대차계약을 해지할 수 있으므로 틀
   린 지문이다.
ㄹ. 임차인은 확정일자에 의한 우선변제권을 취득할 수 없으므로 경매시 후순위 권리자보다 보
   증금을 우선변제 받을 수 없다. 그러므로 틀린 지문이다.

41 개업공인중개사가 선순위 저당권이 설정되어 있는 서울시 소재 상가건물(「상가건
물 임대차보호법」이 적용됨)에 대해 임대차기간 2018. 10. 1.부터 1년, 보증금 5천
만원, 월차임 100만원으로 임대차를 중개하면서 임대인 甲과 임차인 乙에게 설명
한 내용으로 옳은 것은?   제30회

① 乙의 연체차임액이 200만원에 이르는 경우 甲은 계약을 해지할 수 있다.
② 차임 또는 보증금의 감액이 있은 후 1년 이내에는 다시 감액을 하지 못한다.
③ 甲이 2019. 4. 1.부터 2019. 8. 31. 사이에 乙에게 갱신거절 또는 조건 변경의
   통지를 하지 않은 경우, 2019. 10. 1. 임대차계약이 해지된 것으로 본다.
④ 상가건물에 대한 경매개시 결정등기 전에 乙이 건물의 인도와 「부가가치세법」
   에 따른 사업자등록을 신청한 때에는 보증금 5천만원을 선순위 저당권자보다
   우선변제 받을 수 있다.
⑤ 乙이 임대차의 등기 및 사업자등록을 마치지 못한 상태에서 2019. 1. 5. 甲이
   상가건물을 丙에게 매도한 경우, 丙의 상가건물 인도청구에 대하여 乙은 대항
   할 수 없다.

② 감액은 제한 없이 가능하다.
③ 묵시적 갱신이 된 경우 임대차 기간이 만료된 때에 전 임대차와 동일한 조건으로 다시 임대
   차한 것으로 본다.
④ 서울에서 소액임차인의 범위는 환산보증금 6천5백만원 이하여야 한다.

42 개업공인중개사 甲의 중개로 乙은 丙소유의 서울특별시 소재 X상가건물에 대하여 보증금 10억원에 1년 기간으로 丙과 임대차계약을 체결하였다. 乙은 X건물을 인도받아 2020. 3. 10. 사업자등록을 신청하였으며 2020. 3. 13. 임대차계약서상의 확정일자를 받았다. 이 사례에서 상가건물 임대차보호법령의 적용에 관한 甲의 설명으로 틀린 것은?   제31회

① 乙은 2020. 3. 11. 대항력을 취득한다.

② 乙은 2020. 3. 13. 보증금에 대한 우선변제권을 취득한다.

③ 丙은 乙이 임대차기간 만료되기 6개월 전부터 1개월 전까지 사이에 계약갱신을 요구할 경우, 정당한 사유 없이 거절하지 못한다.

④ 乙의 계약갱신요구권은 최초의 임대차기간을 포함한 전체 임대차기간이 10년을 초과하지 아니하는 범위에서만 행사할 수 있다.

⑤ 乙의 계약갱신요구권에 의하여 갱신되는 임대차는 전 임대차와 동일한 조건으로 다시 계약된 것으로 본다.

해설

서울에서 환산보증금은 9억원이며 환산보증금을 초과하는 임대차에 대하여는 다음의 내용만 적용된다. 따라서 환산보증금을 초과하는 임대차에 대하여는 확정일자에 의한 우선변제권을 인정하지 않으므로 확정일자를 받더라도 보증금에 대한 우선변제권을 취득하지 못한다.

1. 대항력
2. 계약갱신요구권
3. 계약갱신의 특례 : 환산보증금액을 초과하는 임대차의 계약갱신의 경우에는 당사자는 상가건물에 관한 조세, 공과금, 주변 상가건물의 차임 및 보증금, 그 밖의 부담이나 경제사정의 변동 등을 고려하여 차임과 보증금의 증감을 청구할 수 있다.
4. 권리금 보호규정
5. 3기 차임연체와 계약해지
6. 상가건물임대차 표준계약서 권장

정답 41 ⑤ 42 ②

43 개업공인중개사가 상가건물을 임차하려는 중개의뢰인 甲에게 「상가건물 임대차보호법」의 내용에 관하여 설명한 것으로 틀린 것은?   제35회

① 甲이 건물을 인도 받고 「부가가치세법」에 따른 사업자등록을 신청하면 그 다음 날부터 대항력이 생긴다.

② 확정일자는 건물의 소재지 관할 세무서장이 부여한다.

③ 임대차계약을 체결하려는 甲은 임대인의 동의를 받아 관할 세무서장에게 건물의 확정일자 부여일 등 관련 정보의 제공을 요청할 수 있다.

④ 甲이 거짓이나 그 밖의 부정한 방법으로 임차한 경우 임대인은 甲의 계약갱신요구를 거절할 수 있다.

⑤ 건물의 경매시 甲은 환가대금에서 우선변제권에 따른 보증금을 지급받은 이후에 건물을 양수인에게 인도하면 된다.

> **해설**
>
> 임차인은 임차건물을 양수인에게 인도하지 아니하면 우선변제권 행사에 따른 보증금을 받을 수 없다. 보증금을 배당받으려면 건물을 양수인에게 인도해야 한다.

정답 ▶ 43 ⑤

경매 및 매수신청대리

01 개업공인중개사가 중개의뢰인에게 「민사집행법」에 따른 부동산경매에 관하여 설명한 내용으로 옳은 것을 모두 고른 것은?　제29회

> ㄱ. 차순위매수신고는 그 신고액이 최고가매수신고액에서 그 보증액을 뺀 금액을 넘지 않는 때에만 할 수 있다.
> ㄴ. 매각허가결정이 확정되어 대금지급기한의 통지를 받으면 매수인은 그 기한까지 매각대금을 지급해야 한다.
> ㄷ. 매수인은 매각대금을 다 낸 후 소유권이전등기를 촉탁한 때 매각의 목적인 권리를 취득한다.
> ㄹ. 매각부동산의 후순위저당권자가 경매신청을 하여 매각되어도 선순위저당권은 매각으로 소멸되지 않는다.

① ㄱ　　　　　　② ㄴ　　　　　　③ ㄱ, ㄷ
④ ㄴ, ㄹ　　　　　⑤ ㄷ, ㄹ

해설
ㄱ. 차순위매수신고는 그 신고액이 최고가매수신고액에서 그 보증액을 뺀 금액을 <u>넘는</u> 때에만 할 수 있다.
ㄷ. 매수인은 매각대금을 다 낸 때에 매각의 목적인 권리를 취득한다.
ㄹ. 매각부동산 위의 모든 저당권은 매각으로 소멸한다.

정답 01 ②

02 매수신청대리인으로 등록한 개업공인중개사가 매수신청대리 위임인에게 「민사집행법」에 따른 부동산경매에 관하여 설명한 내용으로 틀린 것은? 제31회

① 매수인은 매각 대상 부동산에 경매개시결정의 기입등기가 마쳐진 후 유치권을 취득한 자에게 그 유치권으로 담보하는 채권을 변제할 책임이 있다.

② 차순위매수신고는 그 신고액이 최고가매수신고액에서 그 보증액을 뺀 금액을 넘는 때에만 할 수 있다.

③ 매수인은 매각대금을 다 낸 때에 매각의 목적인 권리를 취득한다.

④ 재매각절차에서는 전(前)의 매수인은 매수신청을 할 수 없으며 매수신청의 보증을 돌려줄 것을 요구하지 못한다.

⑤ 후순위 저당권자가 경매신청을 하였더라도 매각부동산 위의 모든 저당권은 매각으로 소멸된다.

해설

매수인은 유치권자에게 그 유치권으로 담보하는 채권을 변제할 책임이 있다. 다만, 압류의 효력이 발생(경매개시결정등기)한 이후에 성립된 유치권은 매수인에게 대항할 수 없다.

03 개업공인중개사가 부동산의 경매에 관하여 설명한 내용으로 틀린 것은? 제20회

① 부동산에 대한 압류는 채무자에게 경매개시결정이 송달된 때 또는 그 결정이 등기된 때에 효력이 생긴다.

② 부동산의 매각은 호가경매, 기일입찰 또는 기간입찰의 3가지 방법 중 집행법원이 정한 매각방법에 따른다.

③ 배당요구에 따라 매수인이 인수해야 할 부담이 바뀌는 경우 배당요구를 한 채권자는 배당요구의 종기가 지난 뒤에 이를 철회하지 못한다.

④ 기일입찰에 매수신청의 보증금액은 매수가격의 10분의 1로 한다.

⑤ 매각허가결정에 대하여 항고를 하고자 하는 사람은 보증으로 매각대금의 10분의 1에 해당하는 금전 또는 법원이 인정한 유가증권을 공탁해야 한다.

해설

④ 매수신청 보증금액은 최저매각가격의 10분의 1로 한다.

⑤ 항고보증금 : 매각허가결정에 대한 항고를 하고자 하는 자는 매각대금의 10분의 1에 해당하는 금전 또는 유가증권을 공탁해야 한다.

04 개업공인중개사가 부동산경매에 관하여 의뢰인에게 설명한 내용으로 **틀린** 것은?

제21회

① 경매신청이 취하되면 압류의 효력은 소멸된다.
② 매각결정기일은 매각기일부터 1주 이내로 정해야 한다.
③ 기일입찰에서 매수신청의 보증금액은 최저매각가격의 10분의 1로 한다.
④ 매각허가결정에 대하여 항고하고자 하는 사람은 보증으로 최저매각가격의 10분의 1에 해당하는 금전을 공탁해야 한다.
⑤ 재매각절차에는 종전에 정한 최저매각가격, 그 밖의 매각 조건을 적용한다.

해설

① 경매신청이 취하되면 압류의 효력은 소멸되나, 매수신고가 있은 뒤 경매신청을 취하하는 경우에는 최고가매수신고인 또는 매수인과 차순위매수신고인의 동의를 받아야 그 효력이 생긴다.
④ 항고보증금 : 매각허가결정에 대한 항고를 하고자 하는 자는 최저매각가격이 아닌 매각대금의 10분의 1에 해당하는 금전 또는 유가증권을 공탁해야 한다.

05 매수신청대리인으로 등록된 개업공인중개사가 매수신청대리의 위임을 받은 경우 그 업무에 관한 설명으로 **틀린** 것은?

제22회

① 매수신청인은 대법원규칙이 정하는 바에 따라 집행법원이 정하는 금액과 방법에 맞는 보증을 집행관에게 제공해야 한다.
② 차순위매수신고는 그 신고액이 최고가매수신고액에서 그 보증액을 뺀 금액을 넘는 때에만 할 수 있다.
③ 공유물지분이 경매되는 경우, 공유자는 매각기일까지 보증을 제공하더라도 최고매수신고가격과 같은 가격으로 채무자의 지분을 우선 매수하겠다는 신고를 할 수 없다.
④ 차순위매수신고인은 매수인이 대금을 모두 지급하면 매수의 책임이 없게 되며, 즉시 매수신청의 보증을 돌려줄 것을 요구할 수 있다.
⑤ 공유자의 우선매수신고에 따라 최고가매수신고인을 차순위매수신고인으로 보게 되는 경우, 매수신청대리인은 그 차순위매수신고인의 지위를 포기할 수 있다.

해설

③ 공유자는 <u>매각기일까지</u> 매수신청보증을 제공하고 최고매수신고가격과 같은 가격으로 채무자의 지분을 우선매수하겠다는 신고를 할 수 있다.
⑤ 공유자가 우선매수신고를 하면 최고가매수신고인을 차순위매수신고인으로 보게 되는데, 매각기일 종결 전까지 차순위매수신고인의 지위를 포기할 수 있다.

정답 02 ① 03 ④ 04 ④ 05 ③

06 부동산경매에 있어서 매각부동산 위의 권리에 관한 설명으로 틀린 것은? (다툼이 있으면 판례에 의함)   제21회

① 담보목적이 아닌 최선순위 소유권이전등기청구권 보전의 가등기는 매각으로 소멸하지 않는다.

② 매각부동산 위의 모든 저당권과 담보가등기권리는 매각으로 소멸된다.

③ 임차건물이 매각되더라도 보증금이 전액 변제되지 않는 한 대항력 있는 임차권은 소멸하지 않는다.

④ 최선순위의 전세권으로서 가압류채권에 대항할 수 있는 경우 전세권자가 배당요구를 하더라도 전세권은 매수인이 인수한다.

⑤ 압류의 효력이 발생한 후에 경매목적물의 점유를 취득한 유치권자는 매수인에게 대항할 수 없다.

해설

저당권, 근저당권, 압류, 가압류, 담보가등기는 매각으로 항상 소멸한다. 지상권, 지역권, 전세권, 등기된 임차권, 소유권이전등기청구권 보전가등기는 저당권, 근저당권, 압류, 가압류, 담보가등기에 대항할 수 있으면 인수되고 대항할 수 없으면 소멸한다. 다만, 최선순위 전세권은 배당요구를 하면 소멸한다.

07 개업공인중개사가 부동산경매에 관하여 의뢰인에게 설명한 내용으로 옳은 것은?   제23회

① 기일입찰에서 매수신청의 보증금액은 매수신고가격의 10분의 1로 한다.

② 차순위매수신고는 그 신고액이 최고가매수신고액에서 그 보증액을 뺀 금액을 넘는 때에만 할 수 있다.

③ 매수인은 매각대금이 지급되어 법원사무관 등이 소유권이전등기를 촉탁한 때에 매각의 목적인 권리를 취득한다.

④ 매각허가결정이 확정되면 매수인은 법원이 정한 대금지급기일에 매각대금을 지급해야 한다.

⑤ 재 매각절차에서 전(前)의 매수인은 매수신청을 할 수 있다.

해설

① 최저매각가격의 10분의 1

③ 매수인은 법원이 정한 대금지급기한까지 매각대금을 지급해야 하며, 매수인은 매각대금을 다 낸 때에 소유권을 취득한다.

④ 대금지급기한까지 매각대금을 지급해야 한다.

⑤ 재매각에서 종전 매수인은 매수신청을 할 수 없으며 매수신청보증을 돌려 줄 것을 요구하지 못한다.

08 매수신청대리인으로 등록한 개업공인중개사가 매수신청대리 위임인에게 「민사집행법」의 내용에 관하여 설명한 것으로 틀린 것은? (다툼이 있으면 판례에 따름)

제33회

① 후순위 저당권자가 경매신청을 하면 매각부동산 위의 모든 저당권은 매각으로 소멸된다.

② 전세권 및 등기된 임차권은 저당권·압류채권·가압류채권에 대항할 수 없는 경우에는 매각으로 소멸된다.

③ 유치권자는 유치권이 성립된 목적물을 경매로 매수한 자에 대하여 그 피담보채권의 변제를 청구할 수 있다.

④ 최선순위 전세권은 그 전세권자가 배당요구를 하면 매각으로 소멸된다.

⑤ 매수인은 매각대금을 다 낸 때에 매각의 목적인 권리를 취득한다.

> **해설**
>
> 유치권자는 경락인에 대하여 그 피담보채권의 변제가 있을 때까지 유치목적물인 부동산의 인도를 거절할 수 있을 뿐이고 그 피담보채권의 변제를 청구할 수는 없다(95다8713).

09 개업공인중개사가 경매에 대해 의뢰인에게 설명한 내용으로 옳은 것은? 제26회

① 기일입찰에서 매수신청인은 보증으로 매수가격의 10분의 1에 해당하는 금액을 집행관에게 제공해야 한다.

② 매각허가결정이 확정되면 법원은 대금지급기일을 정하여 매수인에게 통지해야 하고 매수인은 그 대금지급기일에 매각대금을 지급해야 한다.

③ 「민법」·「상법」 그 밖의 법률에 의하여 우선변제청구권이 있는 채권자는 매각결정기일까지 배당요구를 할 수 있다.

④ 매수인은 매각부동산 위의 유치권자에게 그 유치권으로 담보하는 채권을 변제할 책임이 없다.

⑤ 매각부동산 위의 전세권은 저당권에 대항할 수 있는 경우라도 전세권자가 배당요구를 하면 매각으로 소멸된다.

> **해설**
>
> ③ 배당요구의 종기는 첫 매각기일 이전으로 정한다.
>
> ④ 유치권은 매수인에게 인수되므로, 매수인이 점유를 이전받으려면 유치권자에게 그 유치권으로 담보하는 채권을 변제할 책임이 있다.

정답 ▶ 06 ④ 07 ② 08 ③ 09 ⑤

10 개업공인중개사가 중개의뢰인에게 「민사집행법」에 따른 부동산 경매에 관하여 설명한 내용으로 틀린 것은? 제28회

① 부동산의 매각은 호가경매(呼價競賣), 기일입찰 또는 기간입찰의 세 가지 방법 중 집행법원이 정한 방법에 따른다.

② 강제경매신청을 기각하거나 각하하는 재판에 대하여는 즉시항고를 할 수 있다.

③ 경매개시결정을 한 부동산에 대하여 다른 강제경매의 신청이 있는 때에는 법원은 뒤의 경매신청을 각하해야 한다.

④ 경매신청이 취하되면 압류의 효력은 소멸된다.

⑤ 매각허가결정에 대하여 항고를 하고자 하는 사람은 보증으로 매각대금의 10분의 1에 해당하는 금전 또는 법원이 인정한 유가증권을 공탁해야 한다.

> **해설**
> 법원은 다시 경매개시결정을 하고, 먼저 경매개시결정을 한 집행절차에 따라 경매한다(「민사집행법」 제87조 제1항).

11 법원은 X부동산에 대하여 담보권 실행을 위한 경매 절차를 개시하는 결정을 내렸고, 최저매각가격을 1억원으로 정하였다. 기일입찰로 진행되는 이 경매에서 매수신청을 하고자 하는 중개의뢰인 甲에게 개업공인중개사가 설명한 내용으로 옳은 것은? 제30회

① 甲이 1억 2천만원에 매수신청을 하려는 경우, 법원에서 달리 정함이 없으면 1천 2백만원을 보증금액으로 제공하여야 한다.

② 최고가매수신고를 한 사람이 2명인 때에는 법원은 그 2명뿐만 아니라 모든 사람에게 다시 입찰하게 하여야 한다.

③ 甲이 다른 사람과 동일한 금액으로 최고가매수신고를 하여 다시 입찰하는 경우, 전의 입찰가격에 못 미치는 가격으로 입찰하여 매수할 수 있다.

④ 1억 5천만원의 최고가매수신고인이 있는 경우, 법원에서 보증금액을 달리 정하지 않았다면 甲이 차순위 매수신고를 하기 위해서는 신고액이 1억 4천만원을 넘어야 한다.

⑤ 甲이 차순위매수신고인인 경우 매각기일이 종결되면 즉시 매수신청의 보증을 돌려줄 것을 신청할 수 있다.

> **해설**
> ② 그들만 재입찰 ③ 전의 입찰가격에 못 미치는 가격으로는 입찰할 수 없다.
> ⑤ 차순위매수신고인은 매수인이 대금을 납부한 때 즉시 매수신청의 보증을 돌려줄 것을 요구할 수 있다.

12 매수신청대리인으로 등록한 개업공인중개사가 X부동산에 대한 「민사집행법」상 경매절차에서 매수신청대리의 위임인에게 설명한 내용으로 틀린 것은? (다툼이 있으면 판례에 따름)

제34회

① 최선순위의 전세권자는 배당요구 없이도 우선변제를 받을 수 있으며, 이때 전세권은 매각으로 소멸한다.

② X부동산에 대한 경매개시결정의 기입등기 전에 유치권을 취득한 자는 경매절차의 매수인에게 자기의 유치권으로 대항할 수 있다.

③ 최선순위의 지상권은 경매절차의 매수인이 인수한다.

④ 후순위 저당권자의 신청에 의한 경매라 하여도 선순위 저당권자의 저당권은 매각으로 소멸한다.

⑤ 집행법원은 배당요구의 종기를 첫 매각기일 이전으로 정한다.

해설

최선순위 전세권의 경우 전세권자가 배당요구를 하지 않으면 매수인이 인수한다. 최선순위 전세권은 전세권자가 배당요구를 해야 우선변제를 받을 수 있으며 배당요구를 하면 매각으로 소멸된다.

13 개업공인중개사가 「민사집행법」에 따른 강제경매에 관하여 중개의뢰인에게 설명한 내용으로 틀린 것은?

제35회

① 법원이 경매절차를 개시하는 결정을 할 때에는 동시에 그 부동산의 압류를 명하여야 한다.

② 압류는 부동산에 대한 채무자의 관리·이용에 영향을 미치지 아니한다.

③ 제3자는 권리를 취득할 때에 경매신청 또는 압류가 있다는 것을 알았을 경우에도 압류에 대항할 수 있다.

④ 경매개시결정이 등기된 뒤에 가압류를 한 채권자는 배당요구를 할 수 있다.

⑤ 이해관계인은 매각대금이 모두 지급될 때까지 법원에 경매개시결정에 대한 이의신청을 할 수 있다.

해설

③ 「민사집행법」 제92조 제3자는 권리를 취득할 때에 경매신청 또는 압류가 있다는 것을 알았을 경우에는 압류에 대항하지 못한다.

④ 「민사집행법」 제88조 집행력 있는 정본을 가진 채권자, 경매개시결정이 등기된 뒤에 가압류를 한 채권자, 「민법」·「상법」, 그 밖의 법률에 의하여 우선변제청구권이 있는 채권자는 배당요구를 할 수 있다.

정답   10 ③   11 ④   12 ①   13 ③

14 「공인중개사의 매수신청대리인 등록 등에 관한 규칙」에 따른 개업공인중개사의 매수신청대리에 관한 설명으로 옳은 것은? (다툼이 있으면 판례에 따름)   제34회

① 미등기건물은 매수신청대리의 대상물이 될 수 없다.

② 공유자의 우선매수신고에 따라 차순위매수신고인으로 보게 되는 경우 그 차순위 매수신고인의 지위를 포기하는 행위는 매수신청대리권의 범위에 속하지 않는다.

③ 소속공인중개사도 매수신청대리인으로 등록할 수 있다.

④ 매수신청대리인이 되려면 관할 지방자치단체의 장에게 매수신청대리인 등록을 하여야 한다.

⑤ 개업공인중개사는 매수신청대리행위를 함에 있어서 매각장소 또는 집행법원에 직접 출석하여야 한다.

> **해설**
> ① 미등기건물도 경매신청 대상이 될 수 있으므로 매수신청대리의 대상물이 될 수 있다.
> ② 공유자의 우선매수신고에 따라 차순위매수신고인으로 보게 되는 경우 그 차순위매수신고인의 지위를 포기하는 행위는 매수신청대리권의 범위에 포함된다.
> ③ 소속공인중개사는 매수신청대리인으로 등록할 수 없다.
> ④ 매수신청대리인이 되려면 관할 지방법원장에게 매수신청대리인 등록을 하여야 한다.

15 공인중개사법령상 중개사무소의 개설등록과 공인중개사의 매수신청대리인등록 등에 관한 규칙 및 예규의 매수신청대리인 등록에 관한 설명 중 틀린 것은?   제18회

① 공인중개사는 중개사무소 개설등록을 하지 않으면 매수신청대리인으로 등록할 수 없다.

② 중개사무소의 개설등록은 등록관청에 해야 하고, 매수신청대리인 등록은 관할 지방법원의 장에게 해야 한다.

③ 매수신청대리인 등록을 하고자 하는 자는 등록신청일 전 1년 이내에 법원행정처장이 지정하는 교육기관에서 부동산경매에 관한 실무교육을 받아야 한다.

④ 손해배상책임을 보장하기 위한 보증은 중개사무소개설 등록요건 및 매수신청대리인 등록요건이다.

⑤ 중개사무소 개설등록의 결격사유와 매수신청대리인 등록의 결격사유는 서로 다르다.

> **해설**
> 중개사무소 개설등록 후 업무개시 전까지 보증을 설정하여야 하므로 보증은 중개사무소 개설등록요건이 아니다. 그러나 매수신청대리등록의 경우 대리등록신청 전에 보증을 설정해야 하므로 등록요건에 해당한다.

16 공인중개사의 매수신청대리인 등록 등에 관한 규칙에 관한 설명으로 틀린 것은?

제20회

① 법원에 매수신청대리인으로 등록된 개업공인중개사가 매수신청대리의 위임을 받은 경우 「민사집행법」에 따른 공유자의 우선매수신고를 할 수 있다.

② 이 규칙상의 업무정지기간은 1개월 이상 2년 이하로 한다.

③ 소속공인중개사도 매수신청대리인 등록을 신청할 수 있다.

④ 매수신청대리인이 되고자 하는 개업공인중개사는 위임인에 대한 손해배상책임을 보장하기 위해 보증보험 또는 협회의 공제에 가입하거나 공탁을 해야 한다.

⑤ 매수신청대리인으로 등록된 개업공인중개사가 보수를 받은 경우 예규에서 정한 양식의 영수증을 작성하여 서명날인한 후 위임인에게 교부해야 한다.

해설

공인중개사인 개업공인중개사 및 법인인 개업공인중개사만 매수신청대리인 등록을 신청할 수 있다.

17 공인중개사법령과 공인중개사의 매수신청대리인 등록 등에 관한 규칙에 관한 설명으로 틀린 것은?

제21회

① 매수신청대리인으로 등록된 개업공인중개사가 매수신청대리의 위임을 받은 경우 「민사집행법」의 규정에 따른 매수신청보증의 제공을 할 수 있다.

② 매수신청대리인으로 등록한 개업공인중개사는 업무를 개시하기 전에 위임인에 대한 손해배상책임을 보장하기 위하여 보증보험 또는 협회의 공제에 가입하거나 공탁을 해야 한다.

③ 개업공인중개사가 매수신청대리를 위임받은 경우 대상물의 경제적 가치에 대하여 위임인에게 성실 · 정확하게 설명해야 한다.

④ 개업공인중개사가 매수신청대리 위임계약을 체결한 경우 그 대상물의 확인 · 설명서 사본을 5년간 보존해야 한다.

⑤ 중개업과 매수신청대리의 경우 공인중개사인 개업공인중개사가 손해배상책임을 보장하기 위한 보증을 설정해야 하는 금액은 같다.

해설

매수신청대리인이 되고자 하는 개업공인중개사는 손해배상책임을 보장하기 위하여 보증보험 또는 협회의 공제에 가입하거나 공탁을 해야 한다. 보증은 매수신청대리 등록요건에 해당한다.

정답   14 ⑤   15 ④   16 ③   17 ②

18 개업공인중개사의 매수신청대리에 관한 설명으로 틀린 것은? 제22회

① 모든 개업공인중개사가 매수신청대리인으로 등록할 수 있는 것은 아니다.
② 공인중개사인 개업공인중개사는 매수신청대리인으로 등록하지 않더라도 경매대상 부동산에 대한 권리분석 및 알선을 할 수도 있다.
③ 매수신청대리인은 부도임대주택의 경매에 있어서 「구 임대주택법」의 규정에 따른 임차인의 임대주택 우선매수신고를 대리할 수 있다.
④ 매수신청대리인은 매수신청대리 대상물의 권리관계, 경제적 가치, 매수인이 부담해야 할 사항 등에 대하여 위임인에게 성실·정확하게 설명하고 등기사항증명서 등 설명의 근거자료를 제시해야 한다.
⑤ 「입목에 관한 법률」에 따른 입목은 중개대상물이 될 수 있으나 매수신청대리의 대상물이 될 수 없다.

해설
입목, 광업재단 및 공장재단 : 중개대상물(○) 부동산 거래신고(×) 매수신청대리 대상물(○)

19 개업공인중개사 甲은 「공인중개사의 매수신청대리인 등록 등에 관한 규칙」에 따라 매수신청대리인으로 등록하였다. 이에 관한 설명으로 옳은 것을 모두 고른 것은? 제33회

> ㄱ. 甲은 「공장 및 광업재단 저당법」에 따른 광업재단에 대한 매수신청대리를 할 수 있다.
> ㄴ. 甲의 중개사무소 개설등록이 취소된 경우 시·도지사는 매수신청대리인 등록을 취소해야 한다.
> ㄷ. 중개사무소 폐업신고로 甲의 매수신청대리인 등록이 취소된 경우 3년이 지나지 아니하면 甲은 다시 매수신청대리인 등록을 할 수 없다.

① ㄱ   ② ㄴ   ③ ㄱ, ㄷ
④ ㄴ, ㄷ   ⑤ ㄱ, ㄴ, ㄷ

해설
ㄴ. 중개사무소 개설등록이 취소된 경우 지방법원장은 매수신청대리인 등록을 취소해야 한다.
ㄷ. 중개사무소 폐업신고로 매수신청대리인 등록이 취소된 경우는 결격사유에 해당하지 않는다.

20 「공인중개사의 매수신청대리인 등록 등에 관한 규칙」에 따라 매수신청대리인으로 등록한 甲에 관한 설명으로 틀린 것은?

① 甲은 공인중개사인 개업공인중개사이거나 법인인 개업공인중개사이다.

② 매수신청대리의 위임을 받은 甲은 「민사집행법」에 따른 공유자의 우선매수 신고를 할 수 있다.

③ 폐업신고를 하여 매수신청대리인 등록이 취소된 후 3년이 지나지 않은 甲은 매수신청대리인 등록을 할 수 없다.

④ 甲의 공인중개사 자격이 취소된 경우 지방법원장은 매수신청대리인 등록을 취소해야 한다.

⑤ 甲은 매수신청대리권의 범위에 해당하는 대리행위를 할 때 매각장소 또는 집행법원에 직접 출석해야 한다.

해설

중개업의 폐업 또는 매수신청대리업의 폐업을 이유로 매수신청대리 등록이 취소된 자는 등록취소 후 3년이 경과되지 않았더라도 결격사유에 해당하지 않는다.

21 공인중개사의 매수신청대리인 등록 등에 관한 규칙의 내용으로 틀린 것은?

① 공인중개사는 중개사무소 개설등록을 하지 않으면 매수신청대리인 등록을 할 수 없다.

② 공인중개사법령상 실무교육을 이수하고 1년이 경과되지 않은 경우 별도의 매수신청대리에 대한 실무교육은 면제된다.

③ 개업공인중개사는 매수신청대리에 관한 보수표와 보수에 대하여 위임인에게 위임계약 전에 설명해야 한다.

④ 개업공인중개사는 매수신청대리행위를 함에 있어서 매각장소 또는 집행법원에 직접 출석해야 한다.

⑤ 개업공인중개사가 매수신청대리 업무정지처분을 받은 때에는 업무정지사실을 해당 중개사사무소의 출입문에 표시해야 한다.

해설

법원행정처장이 지정하는 교육기관에서 별도의 경매실무교육을 받아야 한다.

22 공인중개사의 매수신청대리인 등록 등에 관한 규칙의 내용으로 **틀린** 것은? 제26회

① 개업공인중개사의 중개업 폐업신고에 따라 매수신청대리인 등록이 취소된 경우는 그 등록이 취소된 후 3년이 지나지 않더라도 등록의 결격사유에 해당하지 않는다.

② 개업공인중개사는 매수신청대리인이 된 사건에 있어서 매수신청으로서 매수신청을 하는 행위를 해서는 아니된다.

③ 개업공인중개사는 매수신청대리에 관하여 위임인으로부터 보수를 받은 경우, 그 영수증에는 중개행위에 사용하기 위해 등록한 인장을 사용해야 한다.

④ 소속공인중개사는 매수신청대리인 등록을 할 수 있다.

⑤ 매수신청대리인 등록을 한 개업공인중개사는 법원행정처장이 인정하는 특별한 경우 그 사무소의 간판에 "법원"의 휘장 등을 표시할 수 있다.

> **해설**
>
> ③ 개업공인중개사는 매수신청대리 사건카드, 확인·설명서, 보수 영수증에「공인중개사법」에 따라 등록관청에 등록한 인장을 사용하여 서명날인을 해야 한다.
> ⑤ 매수신청대리인 등록을 한 개업공인중개사는 그 사무소의 명칭이나 간판에 고유한 지명 등 법원행정처장이 인정하는 특별한 경우를 제외하고는 "법원"의 명칭이나 휘장 등을 표시하여서는 아니된다.

23 공인중개사의 매수신청대리인 등록 등에 관한 규칙의 내용으로 **옳은** 것은? 제27회

① 중개사무소의 개설등록을 하지 않은 공인중개사라도 매수신청대리인으로 등록할 수 있다.

② 매수신청대리인으로 등록된 개업공인중개사는 매수신청대리행위를 함에 있어 매각장소 또는 집행법원에 중개보조원을 대리출석하게 할 수 있다.

③ 매수신청대리인이 되고자 하는 법인인 개업공인중개사는 주된 중개사무소가 있는 곳을 관할하는 지방법원장에게 매수신청대리인 등록을 해야 한다.

④ 매수신청대리인으로 등록된 개업공인중개사는 매수신청대리의 위임을 받은 경우 법원의 부당한 매각허가결정에 대하여 항고할 수 있다.

⑤ 매수신청대리인으로 등록된 개업공인중개사는 본인의 인감증명서 첨부된 위임장과 매수신청대리인등록증 사본을 한 번 제출하면 그 다음날부터는 대리행위마다 대리권을 증명할 필요가 없다.

> **해설**
>
> ① 중개사무소 개설등록을 한 공인중개사 또는 법인이 등록신청
> ② 개업공인중개사 직접 출석
> ⑤ 같은 날 같은 장소에서 대리행위를 동시에 하는 경우에는 하나의 서면으로 갈음할 수 있다.

24 甲은 매수신청대리인으로 등록한 개업공인중개사 乙에게 경매대상 부동산에 대한 매수신청대리의 위임을 하였다. 이에 관한 설명으로 틀린 것은? 제28회

① 보수의 지급시기에 관하여 甲과 乙의 약정이 없을 때에는 매각대금의 지급기한일로 한다.

② 乙은 「민사집행법」에 따른 차순위매수신고를 할 수 있다.

③ 乙은 매수신청대리인 등록증을 자신의 중개사무소 안의 보기 쉬운 곳에 게시해야 한다.

④ 乙이 중개업을 휴업한 경우 관할 지방법원장은 乙의 매수신청대리인 등록을 취소해야 한다.

⑤ 乙은 매수신청대리 사건카드에 중개행위에 사용하기 위해 등록한 인장을 사용하여 서명날인해야 한다.

해설

중개업의 휴업은 그 휴업기간 동안 매수신청대리 업무를 정지하는 처분을 해야 하는 절대적 업무정지 사유이며, 중개업의 폐업은 매수신청대리 절대적 등록취소 사유이다.

25 「공인중개사의 매수신청대리인 등록 등에 관한 규칙」에 따라 甲은 매수신청 대리인으로 등록하였다. 이에 관한 설명으로 틀린 것은? 제31회

① 甲이 매수신청대리의 위임을 받은 경우 「민사집행법」의 규정에 따라 차순위매수신고를 할 수 있다.

② 甲은 매수신청대리권의 범위에 해당하는 대리행위를 할 때 매각장소 또는 집행법원에 직접 출석해야 한다.

③ 매수신청대리 보수의 지급시기는 甲과 매수신청인의 약정이 없을 때에는 매각대금의 지급기한일로 한다.

④ 甲이 중개사무소를 이전한 경우 그 날부터 10일 이내에 관할 지방법원장에게 그 사실을 신고하여야 한다.

⑤ 甲이 매수신청대리 업무의 정지처분을 받을 수 있는 기간은 1개월 이상 6개월 이하이다.

해설

1개월 이상 2년 이하

정답 22 ④   23 ③   24 ④   25 ⑤

26 매수신청대리인으로 등록한 개업공인중개사 甲이 매수신청대리 위임인 乙에게 「공인중개사의 매수신청대리인 등록 등에 관한 규칙」에 관하여 설명한 내용으로 **틀린** 것은? (단, 위임에 관하여 특별한 정함이 없음) 제32회

① 甲의 매수신고액이 차순위이고 최고가매수신고액에서 그 보증액을 뺀 금액을 넘는 때에만 甲은 차순위매수신고를 할 수 있다.

② 甲은 乙을 대리하여 입찰표를 작성·제출할 수 있다.

③ 甲의 입찰로 乙이 최고가매수신고인이나 차순위매수신고인이 되지 않은 경우, 甲은 「민사집행법」에 따라 매수신청의 보증을 돌려줄 것을 신청할 수 있다.

④ 乙의 甲에 대한 보수의 지급시기는 당사자 간 약정이 없으면 매각허가결정일로 한다.

⑤ 甲은 기일입찰의 방법에 의한 매각기일에 매수신청대리 행위를 할 때 집행법원이 정한 매각장소 또는 집행법원에 직접 출석해야 한다.

> **해설**
>
> 보수의 지급시기는 매수신청인과 매수신청대리인의 약정에 따르며, 약정이 없을 때에는 매각대금의 지급기한일로 한다.

27 개업공인중개사 甲은 「공인중개사의 매수신청대리인 등록 등에 관한 규칙」에 따라 매수신청대리인으로 등록한 후 乙과 매수신청대리에 관한 위임계약을 체결하였다. 이에 관한 설명으로 **옳은** 것은? 제35회

① 甲이 법인이고 분사무소를 1개 둔 경우 매수신청대리에 따른 손해배상책임을 보장하기 위하여 설정해야 하는 보증의 금액은 6억원 이상이다.

② 甲은 매수신청대리 사건카드에 乙에게서 위임받은 사건에 관한 사항을 기재하고 서명날인 한 후 이를 3년간 보존해야 한다.

③ 甲은 매수신청대리 대상물에 대한 확인·설명 사항을 서면으로 작성하여 사건카드에 철하여 3년간 보존해야 하며 乙에게 교부할 필요는 없다.

④ 등기사항증명서는 甲이 乙에게 제시할 수 있는 매수신청대리 대상물에 대한 설명의 근거자료에 해당하지 않는다.

⑤ 甲이 중개사무소를 이전한 경우 14일 이내에 乙에게 통지하고 지방법원장에게 그 사실을 신고해야 한다.

> **해설**
>
> ② 5년 ③ 교부하고 사건카드에 철하여 5년간 보존
> ④ 개업공인중개사가 매수신청대리를 위임받은 경우 권리관계, 경제적 가치, 매수인이 부담해야 할 사항 등에 대하여 위임인에게 성실·정확하게 설명하고 등기사항증명서 등 설명의 근거자료를 제시해야 한다.
> ⑤ 10일 이내에 지방법원장에게 신고해야 한다.

정답 26 ④ 27 ①

MEMO

제36회 공인중개사 시험대비 **전면개정판**

2025 박문각 공인중개사
정지웅 기출문제 **2차** 공인중개사법·중개실무

초판인쇄 | 2025. 1. 5.   **초판발행** | 2025. 1. 10.   **편저** | 정지웅 편저
발행인 | 박 용   **발행처** | (주)박문각출판   **등록** | 2015년 4월 29일 제2019-000137호
주소 | 06654 서울시 서초구 효령로 283 서경빌딩 4층   **팩스** | (02)584-2927
전화 | 교재 주문 (02)6466-7202, 동영상문의 (02)6466-7201

저자와의
협의하에
인지생략

정가 25,000원
ISBN 979-11-7262-504-7